Holger Greiner-Petter, 1959 in Thüringen geboren, war von 1972 bis 1982 Hochleistungssportler im Skispringen. Seit 1980 unternimmt er mit seiner Frau Petra, einer ehemaligen Rennschlittensportlerin, Rucksack- und Kanutouren in der Slowakei, Skandinavien, Island, im Alpenraum sowie in Nord- und Südamerika. Die beiden 1984 und 1989 geborenen Kinder, Lennart und Sarah, begleiteten die Eltern von Anfang an auf ihren Extremtouren.

Holger Greiner-Petter

Wildnis-
abenteuer mit
Familie

**Zu Fuß, mit Pferd und Kanu
unterwegs
in Nord- und Südamerika**

SIERRA

Das Zitat auf S. 9 wurde entnommen aus dem Band »Die Erde ist uns heilig«
von Rudolf Kaiser, erschienen 1992 im Herder Verlag, Freiburg.

Die Deutsche Bibliothek – CIP-Einheitsaufnahme
Ein Titeldatensatz für diese Publikation ist bei
Der Deutschen Biblothek erhältlich.

REISEN · MENSCHEN · ABENTEUER
Originalausgabe, 1. Auflage 2001
SIERRA bei Frederking & Thaler Verlag, München
in der Verlagsgruppe Randomhouse GmbH
Alle Rechte vorbehalten
Fotos: Holger Greiner-Petter
Lektorat: Gisela Fichtl, München
Umschlaggestaltung: Atelier Seidel, Altötting
Satz/DTP: Martin Strohkendl, München
Herstellung: Sebastian Strohmaier, München
Druck und Bindung: Clausen & Bosse, Leck
Das Papier wurde aus chlorfrei gebleichtemZellstoff hergestellt
ISBN 3-89405-152-3
Printed in Germany

www.frederking-und-thaler.de

Inhalt

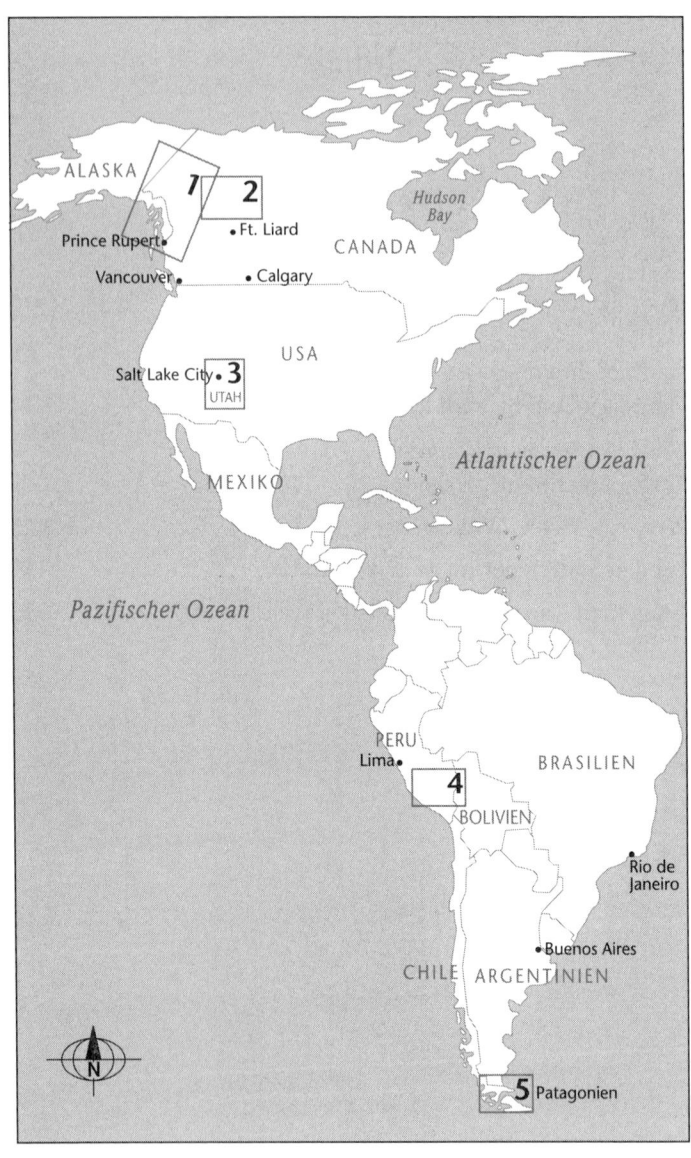

Bevor die Reise beginnt

Die folgenden Geschichten schildern unsere Erlebnisse vom Norden Alaskas bis hinunter ins windgepeitschte Patagonien an der Spitze Südamerikas. Wenn schon das Reisen in solche Regionen an sich ein Höhepunkt ist, war es für mich das höchste Glück, diese Abenteuer mit der ganzen Familie erleben zu können. Selbst das Erklettern noch höherer Berge oder das Befahren noch wilderer Flüsse hätte mir nicht einen Bruchteil der Freude verschaffen können, die ich empfinde, wenn ich gemeinsam mit meiner Frau Petra und unseren Kindern Sarah und Lennart unterwegs bin.

Bei vielen Zeitgenossen erregten wir auf Grund der ungewöhnlichen Zusammensetzung unseres Teams Aufsehen, das von Skepsis bis zur Bewunderung reichte. Aber wir haben uns nicht kopfüber und verantwortungslos gegenüber unseren Kindern in Abenteuer gestürzt, die man trainierten Erwachsenen vorbehalten glaubt. Schon im Mutterleib waren unsere Kinder Teilnehmer anspruchsvoller Rucksack-Touren, und es gab ihrerseits keinerlei Proteste in Form von Schwangerschaftsbeschwerden. Das interpretierten wir als das frühe Einverständnis unseres Nachwuchses zur Fortführung dieser Lebensweise auch nach der Geburt. Zelt, Rucksack und etwas später das Kanu gehörten auch weiterhin zur Grundausstattung unserer Freizeit.

Die Grundlagen für das Wildnisreisen mit Kindern waren also vorhanden. Die besondere Herausforderung bestand nun in dem Drahtseilakt, Sarah und Lennart nicht zu überfordern, ein höchstmögliches Maß an Sicherheit zu bieten und das Abenteuer für alle spannend und interessant zu machen. Neben einer funktionierenden Ausrüstung und ausreichender Verpflegung legten wir das Hauptaugenmerk insbesondere auf eine vernünftige Zeitplanung. Niemand wird Spaß daran haben, unter Zeitdruck zu hoch gesetzten Zielen nachzujagen. Der Genuss mit der Familie liegt im gemeinsamen Leben und Erleben draußen und nicht im Brechen irgendwelcher Rekorde. Das klappt nur, wenn man von jedem weiß, inwieweit die spartanischen Bedingungen draußen und körperliche Betätigung nicht als ständige Belastung empfunden werden. Diese Erkenntnisse sind uns nicht in den Schoß gefallen. Denkwürdige Ereignisse verknüpfen sich mit der Vergrößerung unseres Erfahrungsschatzes: Unser vierköpfiges Bad in den märzkalten Fluten der Werra, nur weil sich Petra und ich uns bis zuletzt nicht einigen konnten, auf welcher Seite wir den einzigen Pfeiler der Straßenbrücke in Schwallungen passieren sollten. Ein andermal standen wir in kurzen Hosen im Schneegestöber. Vorhin war das Wetter doch noch so schön … Der erste Bannock-Versuch endete mit dicken Qualmwolken, die aus den aufgerissenen Fenstern der heimischen Küche quollen, und einem Ausdruck von Todesverachtung auf den Mienen von Sarah und Lennart, als sie die viel zu fetten Fladen kosteten.

Die Geschichte der Meinungsverschiedenheiten zwischen Bug- und Heckmann oder -frau beim Canadierfahren ist Legende und sicherlich so alt, wie das Kanu selbst. Einmal zog Petra einen Sechs-Kilometer-Marsch durch unwegsames Gelände der Alternative vor, mit mir weiterzupaddeln. Unterdessen mühte ich mich als Solofahrer mit dem fünf Meter langen Kanu durch die zu diesem Zeitpunkt ziemlich bewegten Wasser des Bärenlochs am Schwarzen Regen und fragte mich, welchen Verlauf solche Situationen wohl im kanadischen Busch nehmen würden. Letztendlich lernten wir aus unseren Missgeschicken und fühlten uns in der Lage, unsere Träume wahr werden zu lassen.

Besonders wer Kinder hat, wird feststellen, wie schnell die Jahre vergehen. Wer möchte schon eines Tages zurückschauen und verpassten Gelegenheiten nachtrauern? Man kann ewig alles abwägen und an morgen denken. Aber man kann auch tun und heute leben und sich die letzten Worte des Blackfoot-Indianers Crowfoot zu Herzen nehmen:

Was ist das Leben?
Es ist das Aufleuchten eines Glühwürmchens in der Nacht.
Es ist der Atem eines Büffels im Winter.
Es ist der kleine Schatten, der über das Gras eilt,
und sich im Sonnenuntergang verliert.

Und so machen wir uns auf in die unendlichen Wälder Kanadas, in die heiße Wüste Utahs, hinauf in die dünne Luft der Anden …

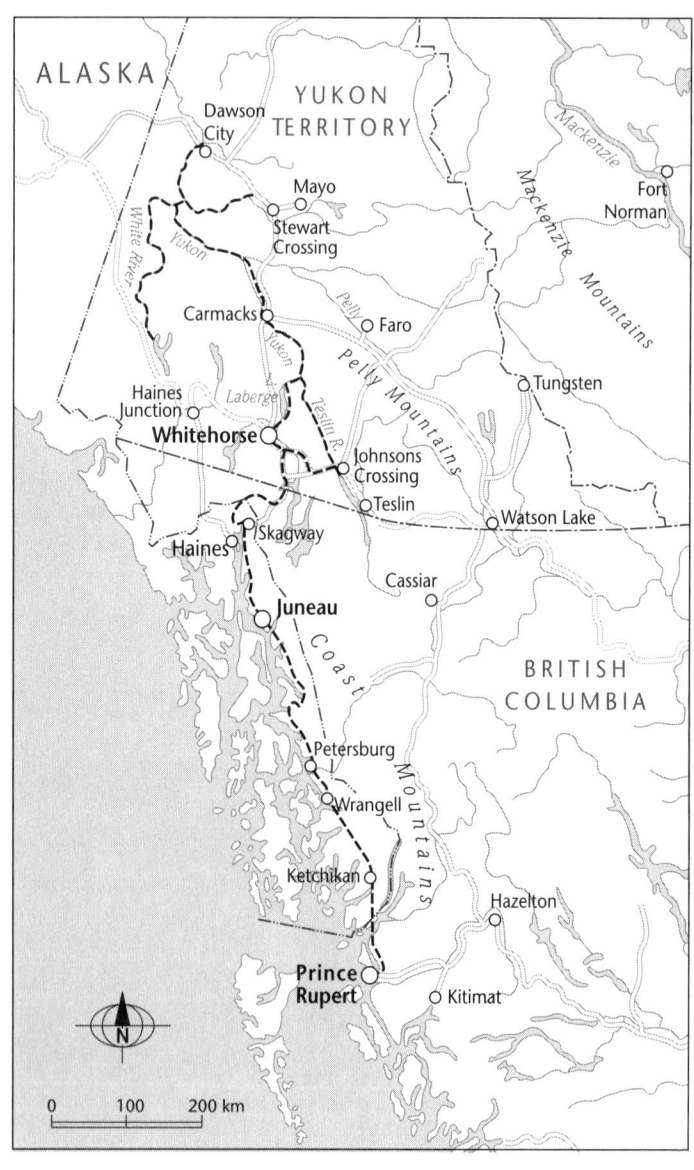

ALASKA

YUKON
TERRITORY

Dawson
City

Mayo

Stewart
Crossing

Faro

White River

Yukon

Carmacks

Pelly

Pelly Mountains

Tungsten

Haines
Junction

Laberge

Whitehorse

Teslin R.

Johnsons
Crossing

Teslin

Watson Lake

Haines

Skagway

Cassiar

Juneau

BRITISH
COLUMBIA

Coast

Petersburg

Wrangell

Mountains

Ketchikan

Hazelton

Prince
Rupert

Kitimat

Mackenzie

Fort
Norman

Mackenzie Mountains

N

0   100   200 km

Goldrauschtour – mit Jack London zum Klondike

MIT DEM SCHIFF DURCH DIE INSIDE PASSAGE

Es ist fünf Uhr morgens, als ich aus dem Zelt krabble. Leichter Nieselregen empfängt mich und vom Pazifik wehen Nebelfetzen herüber. Auch Petra und die Kinder sind schon wach, schließlich steckt uns allen noch die Zeitumstellung in den Gliedern. Aus den Zelten um uns herum dringen Schlafgeräusche. Leise packen wir unsere Sachen.

Vorgestern Abend sind wir nach einer 24-Stunden-Reise von Frankfurt über Vancouver hier in Prince Rupert angekommen, haben unser Lager auf dem Campground aufgeschlagen und sind todmüde in die Schlafsäcke gefallen. Den gestrigen Tag haben wir genutzt, durch die Straßen zu bummeln, die Atmosphäre dieser nördlichsten kanadischen Stadt am Pazifik in uns aufzunehmen und den riesigen Einkaufswagen im Supermarkt mit Verpflegung für unsere ersten Abenteuer vollzupacken: die Schiffsfahrt durch die Inside Passage und die Gebirgstour über den legendären Chilkoot Trail.

Nach einer Stunde sind wir abmarschbereit. Nicht alles hat in den Rucksäcken Platz gefunden, die Petra, Lennart und ich schleppen, einen Teil des Proviants tragen wir in Plastiktüten in der Hand. Am Fährterminal ist es noch still, aber die Malaspina liegt schon vor Anker. Mit ihr wollen wir den Highway befahren, den Alaska Marine Highway, der tief im Süden in Seattle beginnt und sich durch die Inselwelt vor der Küste Alaskas bis hinauf nach Skagway schlängelt.

Vor knapp hundert Jahren wurde diese Wasserstraße für kurze

Zeit, nahezu über Nacht, zu einem der belebtesten Seewege der Neuen Welt, als der Run auf die Goldfelder am Klondike River im kanadischen Yukon Territory einsetzte. Tausende Schiffe wurden bis in den Herbst 1897 hinein von hoffnungsfrohen Männern und Frauen gechartert, in deren Augen das gelbe Fieber glänzte und deren Herzen sich verkrampften in der Angst, zu spät zu kommen. Unsummen wurden bezahlt, schier Unmögliches geleistet, um eine der begehrten Passagen nach Skagway oder Dyea zu bekommen, von wo aus der noch viel härtere Fußmarsch über die Coastal Range hinüber nach Kanada begann. Wie viele wären wohl umgekehrt, hätten sie gewusst, was sie erwartet?

Wir gehen durch die Passkontrolle. Auf dem Schiff müssten wir unsere Uhren eigentlich eine Stunde zurückstellen, denn nun befinden wir uns im nördlichsten Bundesstaat der USA und hier gilt Alaska-Time, zehn Stunden Zeitdifferenz zu Mitteleuropa. Doch für uns kommt es jetzt nicht mehr auf Stunden oder Minuten an, wir rechnen in Tagen. Sarah und Lennart springen die Gangway hinauf nach achtern zu einem teilweise überdachten Sonnendeck. Wir schnappen uns vier Liegestühle, suchen uns ein Eckchen und machen es uns gemütlich. Wenig später summt der Benzinkocher mit dem Wasser für die Trockenmilch. Dann fällt mein Blick auf ein Schild an der Wand: »No cooking, no open fire on board!« – »Kochen und offenes Feuer an Bord verboten!« Verdammt! Verstohlen schaue ich mich um, hoffentlich kommt jetzt niemand von der Crew. Und wie laut der Kocher rattert. Doch um uns herum sind nur einige Rucksacktouristen genau wie wir damit beschäftigt, sich für die Reise einzurichten. Wir atmen auf, als die Milch endlich fertig ist. Die weiteren Mahlzeiten nehmen wir lieber im Selbstbedienungs-Restaurant an Bord ein.

Pünktlich um neun Uhr legt die Fähre ab. Am Heck flattert das Sternenbanner, hier und da lugt die Sonne durch die Wolkendecke. Schon nach kurzer Zeit verschwindet Prince Rupert hinter einer Landzunge und wir gehen auf Kurs Nordwest.

Es ist eine Reise für Genießer. Sicher navigiert die Malaspina durch die zahlreichen Inseln dieses Inside Passage genannten Seeweges. Bequem auf den Liegen ausgestreckt, lassen wir die grandiose Landschaft an uns vorbeiziehen. Dicht bewaldet sind die Hänge, die sich steil direkt aus dem Meer erheben, gekrönt mit den weißen Hauben ewigen Schnees. Gewaltige Gletscherzungen brechen sich ihre Bahn durch das Grün und auf dem Wasser treiben ihre Kinder auf dem Weg nach Süden: riesige Eisbrocken von seltsam blauer Farbe. Schiff und Flugzeug sind die Hauptverkehrsmittel in diesem Teil der Erde, und sie versorgen die wenigen Orte, die sich zwischen das Wasser und den Bergwald quetschen. Ketchikan, Wrangell, Petersburg … – Namen, die an ihre indianische und russische Vergangenheit erinnern. Keine Straße verbindet sie untereinander und in ihren Häfen schaukeln unzählige Boote und Wasserflugzeuge.

Immer wieder gleiten unsere Gedanken zurück zu den Goldsuchern. Ob sie überhaupt ein Auge für die Natur hatten? Oder war ihr sturer Blick nicht vielmehr weit über den Bug nach vorn gerichtet auf einen imaginären Punkt, der ihnen das gelbe Metall verhieß, und die Muskeln ihrer Arme und Beine zuckten in dem ohnmächtigen Wunsch, diese Reise zu beschleunigen?

Auch unser Ziel sind die Goldfelder bei Dawson City und auch für uns birgt die Reise viel Unbekanntes. Sarah und Lennart sind gerade mal fünf und neun Jahre alt, und wir wissen nicht, ob der Chilkoot Trail mit den Kindern und dem vielen Gepäck überhaupt zu bewältigen ist. Aber wir wollen es versuchen. Unser Vorteil gegenüber den Klondikern ist die Zeit. Wir müssen mit niemandem um die Wette laufen und keiner will vor uns seinen Claim am Bonanza Creek abstecken.

Eine Stimme tönt aus den Bordlautsprechern: »Whale on the right!« – »Wale auf der rechten Seite!« Wir stürzen an die Reling. »Da sind sie!« Sarah streckt ihren Arm aus. In knapp fünfzig Meter Entfernung ziehen zwei Wale vorbei. Welch ein Anblick! Steil steigen die Atemfontänen in die Luft, die mächtigen Körper wölben sich, und schließlich heben sich die riesigen Schwanzflossen aus dem Wasser und tauchen elegant wieder ab. Unbeirrt durchpflügen die Wale die See, eine Kraft und Ruhe ausstrahlend, so fern der Zivilisation, wie nur irgend möglich. An wie vielen Fädchen hängt doch das menschliche Leben, die ihm Sicherheit geben sollen, ihm gleichzeitig aber auch zum Netz werden, in dem es gefangen ist. Selten wird der Wunsch nach Unabhängigkeit so ungestüm geweckt, wie beim Anblick dieser Kolosse. Die Ozeane der Welt stehen ihnen offen. Noch lange schaue ich ihnen nach.

Beim Abendessen lernen wir eine kanadische Familie kennen. Martin und Marilyn wohnen in Calgary, sie wollen mit den Kindern George und Penny auf eine Lodge in den Mackenzie Mountains. Auch sie kampieren auf dem Sonnendeck. Dort spielen wir später Karten miteinander.

In der Nacht regnet es in Strömen, und wir kuscheln uns in die Schlafsäcke. Ausgerechnet da, wo ich mit Lennart liege, tröpfelt es durch die Decke. Bettenrücken um Mitternacht.

Am späten Vormittag nähern wir uns Juneau, der Hauptstadt von Alaska. Drohend hängt der Mendenhall Glacier scheinbar direkt über der Stadt. Wie viele Orte im Norden hat auch Juneau ihre Entstehung der Suche nach Gold zu verdanken. Joe Juneau wurde im Jahr 1880 an dieser Stelle fündig, blieb und gab später der aufstrebenden Stadt seinen Namen. Heute leben hier dreißigtausend Menschen und sie ist das Verwaltungszentrum des 49. US-Bundesstaates, der mehr als viermal so groß ist wie Deutschland. Doch auch Juneau ist nur per Flugzeug oder Schiff zu erreichen, weshalb dem Alaska Marine Highway System eine so große Bedeutung zukommt.

Mit jedem Stopp ändert sich die Zusammensetzung der Reisenden auf dem Achterdeck. Meist sind es Rucksacktouristen, Jäger, Angler aus aller Herren Länder. Wenn wir nach unserem Ziel gefragt werden, antworten wir ausweichend, dass wir nach Whitehorse wollen. Wir haben ein wenig Angst, man würde uns für verrückt erklären, wenn wir die Wahrheit sagen. Mit Kindern über den Chilkoot …?! Hat man so was schon gehört!

Endlich fahren wir in den Lynn Channel ein. Eng sind die Berge links und rechts zusammengerückt und lassen nur eine schmale Fahrrinne frei. Wir stehen vorn am Bug und sind wahrscheinlich nicht weniger aufgeregt wie einst die Goldsucher. Irgendwo da vorn, wo die Berge zusammenstoßen, beginnt der schmale Pfad hinauf über den Chilkoot Pass zu den Quellwassern des Yukon River. Um sieben Uhr abends erreichen wir Skagway. Gemeinsam mit Martin und seiner Familie schlagen wir unser Zelt auf dem Campground auf. Wir sitzen noch lange zusammen und fragen uns über unsere Heimatländer aus, die Kinder spielen miteinander und haben nicht die geringsten Schwierigkeiten mit der Sprachbarriere.

Über den Chilkoot Trail nach Kanada

Der nächste Tag beginnt mit einem strahlend blauen Himmel. Ein gutes Zeichen, denn heute wird es ernst. Sorgfältig packen wir die Rucksäcke. Sarah ist am schnellsten fertig. Immerhin will sie in ihrem Minirucksack ihre Malhefte und -stifte und ihr Polly-Pocket-Spielzeug selbst tragen. Lennart transportiert seinen Kleiderbeutel und seinen Schlafsack. Petra und ich gehen erst mal leicht in die Knie, als wir uns gegenseitig beim Aufhucken helfen. Mein lieber Mann, hoffentlich geht das gut!

Zuerst aber deponieren wir das Gepäck im Klondike and Goldrush Information Centre und bummeln durch den Ort, der im Stil der Jahrhundertwende restauriert ist. Hölzerne Bürgersteige säumen die Straßen und bunt bemalte Fassaden laden in Stores oder Bars ein, die meist nichts weiter sind als Blockhütten oder Wellblechbuden. Wo heute in dieser frühen Morgenstunde nur wenige Touristen unterwegs sind, drängten sich im beginnenden Winter 1897 Tausende von Menschen. Hier war die letzte Möglichkeit für die Klondiker, Ausrüstung und Verpflegung zu erwerben und Träger anzumieten. Zwei Gebirgspässe führen ins gelobte Land, die gleichzeitig Grenzübergang nach Kanada waren. Dort oben am White Pass und am Chilkoot Pass warteten die berühmten Rotröcke, die Northwest Mounted Police. Sie ließen nur diejenigen ins Land, die Ausrüstung und Verpflegung für ein Jahr nachweisen konnten. Etwa achthundert Kilogramm Gepäck bedeutete das für einen Einzelnen. Unbestechlich wurde geprüft und gewogen, gnadenlos all jene zurückgeschickt, die die Bedingung nicht erfüllten. Und so boomte es in Skagway, riesige Geschäfte wurden gemacht. Einige gelangten zu Reichtum, ohne auch nur in die Nähe der Goldfelder gekommen zu sein, andere mussten mit leerem Geldbeutel bereits hier ihre Hoffnungen begraben. Ein idealer Nährboden für Kriminalität. Es gab Raubüberfälle, Erpressung, Korruption und Betrug. Ein Mann vor allem bestimmte die Szene – Jefferson Randolph Smith, genannt Soapy Smith, der am 8. Juli 1898 von Frank Reid in einem offenen Duell erschossen wurde.

Die Aussicht auf noch höhere Profite führte schließlich zum Bau der White Pass & Yukon Railway über die Berge hinüber nach Kanada. Eine ingenieurtechnische Meisterleistung für die damalige Zeit, musste doch unwegsamstes Gelände, wie Sümpfe, dichte Wälder, schroffe Berge und Täler, überwunden werden. Doch ihre Fertigstellung fiel nahezu mit dem Ende des Goldrauschs zusammen und der erwartete Gewinn blieb aus. Heute zählt Skagway etwa siebenhundert ständige Einwohner und auch sie leben durch den Tourismus letztlich noch immer von den Folgen des Goldrauschs.

Skagway / Alaska – als wäre der Goldrausch gestern gewesen

Gegen Mittag chartern wir einen Taxi-Bus und fahren die vierzehn Kilometer hinüber bis zum Beginn des Chilkoot Trail. Oberhalb von Skagway stoppt der Fahrer kurz. Lachend dreht er sich zu uns um: »Last chance to see the civilisation.« – »Letzte Möglichkeit, die Zivilisation zu sehen.« Malerisch liegt der Ort zwischen den Bergen und der Bucht. Im Hafen ankert ein großes Kreuzfahrtschiff. Wir könnten uns jetzt da unten in einen bequemen Bus setzen und gemütlich nach Whitehorse schaukeln, irgendein Reiseleiter würde uns haarklein jedes Detail über den Goldrausch erzählen, und wir würden jedes Mal nicken, weil wir die meisten schon kennen. Nein, wir sind nicht mehr als achttausend Kilometer gereist, um von anderen bestätigt zu bekommen, was wir gehört und gelesen haben. Wir fiebern dem eigenen Erleben entgegen und der Chance, ein spannendes Kapitel der nordamerikanischen Geschichte mit der Erfahrung ursprünglicher Natur zu verbinden.

Petra und ich schauen uns an und dann auf unsere beiden Steppkes, die in ihrer kindlichen Unbekümmertheit noch ahnungsloser sind als wir gegenüber dem, was uns erwartet. Wir sind uns unserer Verantwortung bewusst und werden keine erkennbaren Risiken eingehen. Ho for the Klondike!

Die Fahrt verläuft parallel zum Meeresufer bis zur Mündung des Taiya River. Hier lag einst Dyea, eine andere Boomtown aus der Goldrush-Zeit, in der sich Ähnliches wie in Skagway abspielte. Bis auf einige klägliche Reste der ehemaligen Kays und den Friedhof erinnert fast nichts mehr an den Ort. Wenig später sind wir am Ausgangspunkt des Chilkoot Trail. Vor einer Brücke über den Taiya River steht ein Schild mit der Aufschrift »Trailhead«. Ein Pfeil weist nach rechts auf einen schmalen Pfad. Die Realität kann so undramatisch sein. Wie oft hatten wir uns hierher gewünscht. Unwillkürlich hält man Ausschau nach etwas Besonderem, so als müsste hinter der nächsten Biegung ein Trupp Goldsucher erschöpft auf seinen Packen hocken. Doch es ist still. Die Mittagssonne brennt heiß herunter, und nur ein leises Lüftchen streicht durch die Baumwipfel. Während wir uns gegenseitig beim Aufsetzen der Rucksäcke behilflich sind, verschwindet unser Taxi schon wieder in Richtung Skagway. Wir sind allein.

Vor uns liegen dreiundfünfzig Kilometer durch die Wildnis des alaskanischen Küstengebirges. Rund eintausendeinhundert Meter beträgt der Höhenunterschied von hier zum Pass, der etwa auf der Hälfte des Weges liegt und die Grenze zu Kanada markiert. Schon bevor der weiße Mann seinen Fuß in diesen Teil Amerikas setzte, nutzten die Tlingit-Indianer den Pfad als Handelsweg mit den Eingeborenen des Landesinneren. Da er die kürzeste Verbindung vom Meer zu den Quellwassern des Yukon darstellt, konzentrierte sich der Hauptteil der Stampede, wie die Amerikaner die Massenwanderungen im Goldrausch nennen, auf dieses Nadelöhr. Fünfundzwanzigtausend Menschen wuchteten

Tonnen von Ausrüstung und Verpflegung im Wettlauf durch die Berge. Und nicht im ergonomisch designten Trekking-Rucksack, sondern mit Holzkisten, Fässern, geschnürten Ballen …; nicht unter den wärmenden Strahlen der Sommersonne, sondern im harten Winter Alaskas 1897/98, nur allzu oft unzureichend gekleidet für die brutale Witterung. Wer es sich leisten konnte, mietete sich Träger, und im unteren Teil auch Pferde, für den Transport der geforderten »ton of goods«, der »Tonne an Ausrüstung«. Doch woher sollte der von seiner ertraglosen kleinen Farm in Nebraska geflohene Bauer oder der Bergmann aus den Kohlegruben in den Appalachen das Geld für Träger nehmen? Namentlich verbürgt sind die Taten derer, die ihre ganze Ausrüstung allein über den Trail schleppten, dreißigmal und öfter den »Marsch durch die Hölle« auf sich nahmen.

Unsere Vorstellungskraft, was eine solche Leidensfähigkeit anbelangt, gerät schon nach wenigen Metern ins Wanken, denn der Pfad führt steil einen Hang hinauf. Doch der Anstieg ist nur kurz, und wir können wieder entspannt durch den pazifischen Regenwald laufen. An den Rucksäcken bimmeln unsere Bärenglöckchen, und die schwüle Hitze treibt uns den Schweiß aus den Poren. Schwärme von Fliegen belästigen uns, aber immer noch besser als Moskitos. Wir machen viele große und kleine Pausen. Nachdem ich den anderen beim Aufhucken geholfen habe, winde ich mich in die Träger meines an einen Baum gelehnten Rucksacks und lasse mich von Petra und Lennart an den Händen in den Stand ziehen. So ist es am kraftsparendsten. Einmal auf den Beinen und mit geschlossenem Hüftgurt, drückt das doch enorme Gewicht nicht mehr ganz so sehr.

Es geht immer am Fluss entlang. Auf der anderen Seite reicht ein Gletscher fast bis an das Ufer. Hier liegt Finnegan's Point. Wir erzählen den Kindern die Geschichte von Pat Finnegan und seinen beiden Söhnen, die hier eine Brücke über den Taiya River gebaut hatten und für deren Benutzung eine Maut verlangten, bis sie von der heranrückenden Masse förmlich überrannt wurden. Wenig später steigt der Pfad wieder an, und nach weiteren zwei Stunden und insgesamt zwölfeinhalb Kilometern erreichen wir Canyon City. Eine alte Blockhütte und ein Bärengestell zum sicheren Aufhängen des Proviantsackes sind die einzigen Annehmlichkeiten an einem Ort, der für ein gutes Jahr florierte – mit vierundzwanzig Geschäften aller Art und tausendfünfhundert ständigen Einwohnern. Wir besichtigen den riesigen Kessel einer fünfzig PS starken Dampfmaschine, die man hierher gehievt hatte und mit deren Hilfe man eine zweiundsiebzig Kilometer lange Gepäckseilbahn bis auf die andere Seite des Passes antrieb. Für sieben Cent das Pfund konnte man seine Habe befördern lassen. Eine verlockende Aussicht, wenn ich an meinen schweren Rucksack denke. Doch erstens sind sieben Cent von damals nicht das Gleiche wie heute, und zweitens starb die Seilbahn genauso schnell, wie sie geboren wurde. Mit Fertigstellung der White Pass & Yukon Railway kaufte die Eisenbahngesellschaft diese lästige Konkurrenz einfach auf, um sie dann nach modernem Sprachgebrauch »abzuwickeln«.

Eine kleine Schlucht mit einem Wasserfall ist heute Abend unser Badezimmer, und am nächsten Morgen machen wir uns frohgemut auf die vermeintlich kurzen achteinhalb Kilometer zum Sheep Camp. Aber wir kommen nicht richtig in Tritt. Immerzu geht es auf und ab, und wir schwitzen, was das Zeug hält. Am frühen Nachmittag erreichen wir Pleasant Camp. Wir machen es uns im Schatten der Bäume gemütlich und genießen die Stille. Von hier bis zum Sheep Camp erstreckten sich einst in nahezu ununterbrochener Kette die Zelte der Goldsucher zum letzten Atemholen vor der eigentlichen Prüfung: dem Weg über den Pass. Die letzten Kilometer bis dahin sind für uns jetzt fast ein Spaziergang.

Sehr romantisch, aber auch geräuschvoll, liegt der kleine Zeltplatz an den Stromschnellen des Taiya, der hier nur mehr ein reißender Gebirgsbach ist. Einige Wanderer haben ihr Lager bereits aufgeschlagen. Wir suchen uns ein Plätzchen, bauen das Zelt auf, hängen die etwas klammen Schlafsäcke in die Sonne und kochen unsere Abendmahlzeit, während die Kinder herumtoben. Als ich mich später noch mal seitwärts in die Büsche schlage, begegne ich zum ersten Mal einem Bären. Unverhofft finde ich mich plötzlich auf sechs, sieben Meter Entfernung einem dunklen Gesellen gegenüber, der eifrig dabei ist, mit seinen Tatzen Beerensträucher durchs Maul zu ziehen. Fasziniert und alles andere vergessend, starre ich ihn an. Wie schön er ist! Als der Schwarzbär mich entdeckt, lege ich vorsichtig den Rückwärtsgang ein und auch er ist auf einmal mit einer raschen Körperdrehung verschwunden. Ich höre nur noch das Unterholz brechen. Euphorisch erzähle ich mein Erlebnis im Zelt.

Als wir alle schon in den Schlafsäcken liegen, klopft es an die Plane und eine Frauenstimme bittet, es möge jemand herauskommen. Draußen steht eine Rangerin in der Uniform der Nationalparkverwaltung. Im unteren Sheep Camp befindet sich während der Saison ein ständiger Posten. Es hat sich herumgesprochen, dass wir mit Kindern unterwegs sind, und die Frau betrachtet es als ihre Pflicht, uns noch einmal eindringlich auf die möglichen Gefahren hinzuweisen. Speziell wegen der Bären sollen wir sie immer nah bei uns halten. Wieder im Zelt finde ich lange keinen Schlaf. Immerzu muss ich daran denken, was noch vor uns liegt. Bis jetzt war alles Spaß, aber morgen fällt die Entscheidung, ob wir den Chilkoot Trail packen oder nicht. Knapp sechs Kilometer und siebenhundertfünfzig Meter Höhenunterschied sind es bis zur Passhöhe und dann weitere sechseinhalb Kilometer bis zum Happy Camp. Diese Strecke ist berüchtigt ob ihrer Steilheit und der schnellen Wetterwechsel. Schon viele mussten hier aufgeben oder auf Besserung hoffen. Bis jetzt hatten wir Riesenglück mit dem Wetter, doch wie schnell kann es umschlagen. Der Alltag am Chilkoot sind eigentlich Regen,

Wind, Nebel und Schneefall auch im Sommer. Zwar sind wir darauf vorbereitet und haben die Regensachen ständig griffbereit, aber es gibt noch genügend Unwägbarkeiten. Irgendwann fallen mir die Augen zu.

5:20 Uhr! Wir kriechen aus den Schlafsäcken. Während wir frühstücken und einpacken, herrscht auch um uns herum Aufbruchstimmung. Das Sheep Camp ist so etwas wie das Basislager für den »Sprung« über den Chilkoot Pass.

Der frühe Start um halb sieben gibt uns, so hoffen wir, genügend Zeit für die schwere Strecke. Zunächst geht es durch dichtes Buschwerk relativ steil bergauf. Eingedenk der Worte der Parkrangerin achten wir heute noch mehr auf die Kinder als sonst. Vor allem für Sarah ist die Strecke schwer zu laufen, da Wurzeln, große Steine und Morastlöcher den engen Weg verblocken. Wir rasten öfter als gewöhnlich. Nach eineinhalb Stunden haben wir die Baumgrenze erreicht. Gleich wird die Luft etwas frischer, es weht ein kühlender Wind, doch das Wetter ist nach wie vor schön. Fünfundzwanzig Grad steil windet sich der Pfad hinauf, und weiter oben erreichen wir ein kleines Hochtal. Während der Stampede erhielt es den Namen The Scales, die Waage, weil hier nochmals das Gepäck abgewogen und die Preise neu ausgehandelt wurden. Es ist ein dramatischer Ort im wahrsten Sinne des Wortes. Hatte sich der Goldsucher bis hier heraufgekämpft, fand er sich mitten im Trubel geschäftiger Menschenmassen wieder. Furcht erregend erhob sich eine fünfundvierzig Grad steile Wand hinter dem Getümmel, an der eine dünne schwarze Kette hinaufkroch, zusammengesetzt aus Menschenperlen. Die goldenen Stufen, die Himmelsleiter, die hinüberführt in das Land, wo das Gold nur darauf wartet, von der Erde aufgelesen zu werden. Hier findet man die meisten Hinterlassenschaften dieses Massenwahns: Gusseiserne Teile eines Ofens, vermoderte Stiefelsohlen, Stofffetzen, Tierknochen, verrostete Werkzeuge … War es, weil viele umkehrten, da sie die Träger nicht mehr bezahlen konnten, oder sie der Mut verließ, beim Anblick dieser Herausforderung? Oder war es, weil der Gebrauchswert so manches Gegenstandes, den man mühsam bis hierher geschleppt hatte, in den Augen seines Besitzers angesichts dieser Tortur so weit sank, dass er ihn plötzlich für entbehrlich hielt?

Auch für uns kommt die Stunde der Wahrheit, hier am Fuß der Golden Stairs. Lennart steigt vor wie eine Bergziege und ist mit seinem Rucksack schnell weit voraus. Sarah kämpft sich mit unglaublicher Energie nach oben. Mitten im Anstieg bekommt sie etwas Angst, weil es so steil ist. Wir reden ihr gut zu, und es geht weiter. Hier darf man sich keinen Fehltritt erlauben. Der Hang ist mit riesigen Felsbrocken übersät, und wir müssen mit Händen und Füßen arbeiten, um vorwärts zu kommen. Noch unvorstellbarer als beim Lesen der alten Berichte zu Hause auf der gemütlichen Couch erscheint es uns jetzt, wie die Menschen sich hier im eiskalten Winter immer wieder neu in die Schlange einreihten, um die geforderte Ausrüstung nach oben zu schuften.

»Wir sind eine Kette von Verdammten«, schrieb Jack London, der sich mit einundzwanzig Jahren der Stampede zum Klondike anschloss. Dicht an dicht keuchten die Menschen nach oben, getrieben von der Gier nach Gold, dem Fünkchen Hoffnung auf ein besseres Leben. Zwei findige Köpfe schlugen über zwölfhundert Stufen in das Eis und verlangten eine Gebühr für deren Benutzung. Wer einmal aus der Reihe trat, um zu verschnaufen, musste unter Umständen Stunden warten, bis sich wieder eine Lücke auftat.

In der Gewissheit, es gleich geschafft zu haben, nähern wir uns der Kante. Der blaue Himmel scheint zum Greifen nah. Plötzlich ruft Lennart von oben: »Hier geht's noch weiter hoch.« Im stillen Hoffen, dass es schon nicht so schlimm sein kann, erreichen wir den Absatz. O Mann, wieder wird der Blick nach oben von graubraunem Geröll versperrt! Das müssen wir erst einmal verarbeiten. Doch die fantastische Aussicht entschädigt für die Mühen: So weit man sehen kann Berge, umgeben vom Gürtel des Regenwaldes. Tief unter uns liegt The Scales, wohin die Goldsucher, nachdem sie ihre Packen am Pass in den Schnee geworfen hatten, auf Planen und Schaufeln hinunterrutschten, wo die Plackerei von neuem begann.

Wir klettern weiter. Unweit des Steinobelisken, den der Bundesstaat Alaska zur Erinnerung an die Stampede errichtet hat, machen wir Mittagspause. Während Petra die Brote schmiert, erkunde ich mit Lennart die Umgebung. Wir finden die mehreren Dutzend zusammengerollten Faltboote, von denen ich schon in den Berichten gelesen hatte. Irgendjemand hat sie hier heraufgeschleppt, um damit auf dem Yukon weiterzureisen, und sie dann doch einfach liegen lassen.

Dann geht es in den Endspurt. Noch ein steiler Anstieg, und wir haben den Chilkoot Pass erreicht. Eine große, eiserne Rolle liegt auf dem höchsten Punkt der ehemaligen Gepäckseilbahn, und das Ahornbanner winkt uns entgegen. Vor uns liegt Kanada, hinter uns Alaska. Wir haben es geschafft und sind unglaublich stolz auf unsere Kinder. Spontan umarmen wir uns und freuen uns gemeinsam über diese Riesenleistung. Nun sind wir uns sicher, dass wir Dawson City erreichen werden.

Vorbei an den Balken und Brettern der ehemaligen kanadischen Grenzstation gehen wir gleich in den Abstieg. Hier wurden zu Goldrauschzeiten die Vollständigkeit der Ausrüstung überprüft und Einfuhrzölle erhoben. Steil führt der Pfad bergab, teilweise über Schneefelder. Unter uns liegt der Crater Lake, einer der Quellseen des Yukon River. Wir passieren Stone Crib, wo die lange Seilbahn von Canyon City herauf endete. Danach kommt eine flache Passage, die vom Schmelzwasser der umliegenden Gletscher überflutet ist. Wir ziehen unsere Sandalen an und waten hindurch. Fast sterben die Füße ab in dem eiskalten Wasser.

Ich laufe noch einmal zurück und trage Sarah auf dem Rücken hinüber.

Es wird noch einmal sehr anstrengend. Ständig geht es bergauf und -ab, gnadenlos knallt die Sonne herunter, und der Weg will und will kein Ende nehmen. Endlich, gegen fünf Uhr nachmittags kommt das Happy Camp in Sicht. Welch treffender Name! Am Fluss legen wir uns in das eiskalte Wasser – eine Wohltat für die schmerzenden Knochen. Sarah und Lennart sind immer noch gut drauf. Sie toben schon wieder herum, während die Erwachsenen mehr oder weniger erschöpft herumliegen. Nach dem Abendbrot gibt es heute für jeden eine halbe Tafel Schokolade als Belohnung.

Ungefähr fünfzehn Hiker campieren hier. In einigen Zelten herrscht schon Ruhe. Auch wir verschwinden bald in unseren Schlafsäcken. Vergessen sind die Strapazen. Es war ein langer und wunderschöner Tag.

Als wir am nächsten Morgen aufstehen, sind die meisten anderen schon auf. Morgenbad im Fluss, Frühstück und Zusammenpacken – die übliche Aufbruchsroutine. Die Landschaft ist herrlich. Eingerahmt von hohen, schneebedeckten Bergen windet sich der Fluss durch das Tal, das Wasser ist kristallklar und die frische Luft macht das Atmen zum Genuss. Mit neuen Kräften starten wir zunächst am Ufer entlang in den Tag.

Der folgende Anstieg zum Schweinerücken am Beginn des Long Lake erinnert uns an den gestrigen Tag, doch jetzt kann uns nichts mehr erschüttern. Am Ausgang des Deep Lake stürzt das Wasser in eine Schlucht. Der Trail bleibt oben am Hang. Unten tobt das Wasser in Wirbeln und Strudeln zum Lake Lindemann. Rutschend und fluchend haben die Goldsucher ihr Gepäck damals auf improvisierten Schlitten durch den zugefrorenen Canyon transportiert. Unsere Achtung vor den Leistungen dieser Menschen ist ständig weiter im Steigen. War die Passüberquerung für uns der körperlich schwerste Abschnitt, warteten schon die nächsten Strapazen auf die Klondiker. Unten am vereisten Lindeman Lake entstand vorübergehend die wohl größte Zeltstadt der Welt. Nahezu jeder Baum in erreichbarer Distanz wurde gefällt und zu primitiven Schiffchen und Flößen verarbeitet. Andere bastelten sich Schlitten und segelten mit ihnen über das Eis bis zum Bennet Lake und bauten dort ihre Boote. Jeder Meter näher am Gold zählte. Dann begann das Warten auf den Eisaufbruch.

In der Hitze des frühen Nachmittags erreichen wir die alte Blockhütte am Zufluss vom Deep Lake in den Lindeman Lake. Tiefblau glitzert der zehn Kilometer lange See in der Sonne. Wir erfrischen uns im kalten Wasser und strecken uns dann am Ufer aus. Wie still es ist. Es bedarf viel Fantasie, sich hier das Ritschratsch der Sägen, das Klopfen der Äxte und Hämmer von Tausenden von Menschen vorzustellen.

Heute führt der Pfad oberhalb des rechten Ufers durch den Wald. Wieder erwartet uns ein kräftezehrendes Auf und Ab bis zum idyllischen Bare Loon Lake. Das Wasser des kleinen Sees ist erstaunlich warm, und so schwimmen wir eine Runde nachdem das Camp steht. Doch keine Idylle ohne Fehler: Die Sand Flies, winzig kleine, stechende Viecher, werden in der Abendsonne so aufdringlich, dass wir zum Mückenschutzmittel greifen müssen.

Schon um halb sieben sind wir wieder auf dem Trail. Draußen auf dem See spielen die Sonnenstrahlen mit den Schleiern des Morgennebels. Ein Loon, der kanadische Eistaucher, lässt seinen klagenden Ruf ertönen, dass uns eine Gänsehaut über den Rücken läuft. Wir tauchen ein in den erwachenden Wald. Es läuft sich gut in der Kühle des frühen Tages. Einmal müssen wir die Erste-Hilfe-Packung in Anspruch nehmen, als Sarah stolpert und sich das Knie aufschlägt. Wir verarzten es mit einem Pflaster, und während die dicken Kullertränen noch fließen, wird sie schon wieder von einem vorwitzigen Ground Squirrel, einem

Erdhörnchen, abgelenkt, das frech über unsere abgestellten Rucksäcke klettert.

Dann wird es noch einmal anstrengend. Vorbei an einer alten
Blockhütte führt der Weg leicht ansteigend durch feinsten Sand,
wie am schönsten Badestrand. Zwei Schritt vor, ein halber zurück. Links hören wir schon den Lindeman Creek rauschen. Endlich öffnet sich der Blick, und im Tal vor uns liegt der Lake Bennet. Noch dreihundert Meter steil hinunter, und wir stehen vor
der alten Holzkirche, die die Goldsucher gebaut haben. Wir sind
am Ziel! Der Chilkoot Trail ist geschafft!

An diesem See vereinigten sich die beiden Ströme der Klondiker, die über den White Pass und den Chilkoot Pass herüber-
kamen. Zwanzigtausend Menschen lagerten hier, bauten ihre
Wasserfahrzeuge und dann die Kirche. Am 29. Mai 1898 brach
das Eis auf und innerhalb einer Woche waren über siebentau-
send Boote auf dem Weg nach Dawson City.

Wir laufen hinunter zur Station der White Pass & Yukon
Railway. Lennart legt sich auf eine Bank und schläft gleich ein.
Wir strecken die Beine aus, kochen uns Tee und Suppe und genießen den Blick auf die herrliche Landschaft und das Gefühl, es
geschafft zu haben.

1899 erreichte die WP&YR den Bennet Lake und ein Jahr später Whitehorse. Doch die große Stampede war bereits vorüber,
und irgendwann wurde der Zugbetrieb eingestellt. Heute fährt
die Bahn als Touristenattraktion von Skagway bis hier herauf.
Mit ihr wollen wir vorübergehend zurück in die Zivilisation.
Am späten Vormittag kommen, von einer modernen Diesellok
gezogen, die historischen Waggons. Fein und sauber gekleidete
Urlauber steigen aus, die auch uns ganz offensichtlich als Relikte des Goldrausches betrachten.

Seit neun Tagen haben wir die gleichen Klamotten an und
dementsprechend sehen sie aus. Während Fotoapparate klicken
und Stöckelschuhe hinüber zur Kirche trippeln, werfen wir die

27

Rucksäcke auf den offenen Gepäckwagen. Der letzte Waggon ist für die Hiker. Sehr rustikal mit den Holzbänken, offenen Plattformen und mit einem gusseisernen Ofen im Inneren. Eine Stunde später beginnt die Rückfahrt. Unser Abschied vom Chilkoot. Es war hart, aber schön!

Eine Zugbegleiterin kann es gar nicht fassen, als sie Sarah sieht. Der Jüngste, der den Trail je geschafft hat, wäre bisher ein achtjähriger Junge gewesen. Dann hat Sarah ja einen Rekord aufgestellt! Wir haben unterwegs immer wieder Anerkennung für die Leistung der Kinder und für unsere Einstellung für diese Art Urlaub erfahren. Gestern meinte ein älteres amerikanisches Ehepaar am Lindeman Lake zu uns: »We are very impressed with your family.«– »Wir sind sehr beeindruckt von eurer Familie.« Allerdings waren wir von dem Paar mindestens genauso beeindruckt.

Unsere beiden kleinen Kämpfer sind jetzt erst einmal eingeschlafen. Draußen zieht der nordische Busch vorbei. In Fraser, an der kanadischen Grenzstation, heißt es: Alle raus aus dem Zug, durch die Passkontrolle laufen und wieder einsteigen. Nur wir bleiben zurück.

Als der Zug verschwunden ist, kommen wir uns vor wie in einem amerikanischen Roadmovie. Einsam liegt der Posten an Bahnlinie und Straße mitten in der Wildnis. Die Fahnen von Kanada und Britisch-Kolumbien flattern im Wind. Drinnen sitzt eine korpulente Grenzbeamtin, die uns erklärt, dass der Bus nach Whitehorse erst heute Abend fährt, wir aber versuchen können zu trampen. Nun gut! Optimistisch nehmen wir neben dem Cola-Automaten Aufstellung. Doch es kommen kaum Fahrzeuge und wenn doch, gibt es keinen Platz für uns vier mit dem ganzen Gepäck. Keine schöne Aussicht, bis heute Abend hier herumzuhängen.

Plötzlich rollt ein riesiges Motorhome mit angehängtem Pkw auf uns zu. Wir können zwei ältere Herrschaften erkennen, die Frau mit gepflegt ondulierten Haaren. Ich sage zu Petra: »Das brauchen wir gar nicht erst zu probieren, die nehmen uns eh nicht mit …« Das »so wie wir aussehen!« bleibt mir schon im Hals stecken, denn die Beamtin winkt uns zu sich. Sie hat für uns gefragt, und die beiden laden uns ein mitzufahren. Verlegen stehen wir am Eingang dieser fahrenden Wohnung und trauen uns nicht recht hinein – ein Gefühl, als ob man in unpassender Kleidung an der Abendkasse der Semper-Oper auftaucht. Doch wie selbstverständlich werden wir hereingebeten und die Rucksäcke verstaut. Sarah und Lennart haben schon ganz große Augen und auch wir kommen aus dem Staunen nicht heraus. »I am Lilien«, stellt sich die Frau vor und weist auf ihren Mann: »This is Marcel«, der sich mit einem Kopfnicken umwendet und das Fahrzeug wieder in Bewegung setzt.

Von der Wildnis in eine Hotelsuite, was für ein Kontrast! Im Heck des Motorhomes ist das Schlafzimmer mit geräumigem Doppelbett, davor Dusche und Toilette, außerdem eine komplette Einbauküche mit Essecke. Lilien hat uns auf der Couchgarnitur platziert, über uns hängt der Fernseher. Marcel thront auf seinem Sitz wie der Kapitän eines Hochseedampfers, Lennart hat es sich als Copilot bequem gemacht.

Aber noch faszinierender ist die Selbstverständlichkeit, mit der sich die beiden um uns kümmern. So viele Fragen müssen wir beantworten, nach dem Woher und Wohin, und wieder ernten die Kinder großes Staunen über ihre Leistung. Doch auch die Geschichte von Lilien und Marcel ist interessant. Vor mehr als vierzig Jahren sind sie aus Frankreich ausgewandert und mit zehn Dollar in der Tasche in Kanada angekommen. Ihr ganzes Leben lang haben sie viel gearbeitet, und jetzt genießen sie das Reisen durch ihr schönes Land. Sie kommen aus Kitchener, einer Stadt weit im Osten in der Nähe von Toronto.

An einem idyllischen Parkplatz machen wir Halt, die Küchenschränke öffnen sich, und wir wissen gar nicht, was wir zuerst essen sollen. Saft, Cola, Bier, Wurst und Brot – uns platzen fast die Bäuche. Als sie uns drei Stunden später am Robert Service Campground in Whitehorse absetzen, will ich mich wenigstens an den Spritkosten beteiligen. »Auf keinen Fall«, wehrt Marcel ab, er erinnere sich nur zu gut an die Zeiten, als sie so reisten wie wir. Der Abschied von solchen Menschen fällt immer schwer.

Auf dem Teslin River zum Yukon

Whitehorse ist für uns nur Zwischenstation. Wir nutzen den folgenden Tag zum Wäschewaschen und den Einkauf der Vorräte für die bevorstehende Kanutour auf dem Yukon River. Diesmal können wir großzügiger sein, da das Boot einiges an Zuladung verträgt. Daneben bleibt noch genügend Zeit, uns ein wenig umzusehen. Als die Stampede zum Klondike hier durchzog, gab es die Stadt noch gar nicht. Hatten die Goldsucher nach ihrem Start in den Bergen die riesigen, windgebeutelten Seen glücklich überquert, fuhren sie in den Miles Canyon ein, an dessen Ende die berüchtigten Whitehorse Rapids lagen. Stromschnellen, von denen die Stadt ihren Namen hat, die inzwischen aber durch die Staumauer des Schwatka Lake gezähmt wurden. Viele Boote der unerfahrenen Goldsucher kenterten hier, und Jack London verdiente sich etliche Dollars dazu, als er auf Grund seiner seemännischen Vergangenheit so manches Gefährt sicher hindurchnavigierte.

Whitehorse verdankt seinen eigentlichen Aufstieg dem Bau des Alaska Highway während des Zweiten Weltkriegs, mit dem die Amerikaner eine schnelle Verbindung zwischen den »lower fortyeight« – den »unteren achtundvierzig«, das sind die US-Staaten zwischen Mexiko und Kanada – und Alaska herstellten, um auf eine drohende japanische Invasion besser vorbereitet zu sein. Aus dem kleinen Dorf wurde bald eine Stadt, und schon 1953 verlegte man den Verwaltungssitz des Yukon Territory von Dawson City nach Whitehorse. Von den knapp 32.000 Einwohnern dieses rund eineinhalbmal so großen Gebietes wie Deutschland leben heute zirka 23.000 in Whitehorse. Eine richtige Wildnishauptstadt am Rande der Zivilisation, mit Regierungsgebäude, Hotels, Supermärkten, Restaurants … Der Tag ist interessant, aber er genügt uns auch. Wir fiebern unserem Flussabenteuer entgegen.

Lautes Rascheln und Rumoren aus der großen Verpflegungskiste weckt uns am nächsten Morgen. Schlaftrunken stürze ich aus dem Zelt und verheddere mich dabei im Schlafsack. Im nächsten Augenblick zischen zwei kleine, braune Blitze den Baum hoch und beschimpfen mich, was das Zeug hält. Die flinken Ground Squirrels zeigen überhaupt keinen Respekt vor dem Schlafwandler da unten, der sich nach ihren Maßstäben nur in Zeitlupe bewegt. Nun ja, etwas Studentenfutter haben wir eingebüßt. Damit müssen sich die zwei zufrieden geben.

Wir machen uns reisefertig. Rund siebenhundertfünfzig Kilometer sind es auf dem Yukon River von hier bis nach Dawson City. Schon von zu Hause aus hatten wir mit Fred Peschke Kontakt aufgenommen. Vor vielen Jahren ist er aus Deutschland eingewandert und vermietet während der Saison Kanus. Als er von der Zusammensetzung unserer Familienexpedition hörte, gab er uns den Tipp, nicht von Whitehorse aus zu starten. Unweit stromab liegt der über fünfzig Kilometer lange Lake Laberge. Dort treten häufig starke Gegenwinde auf, die das Paddeln zum reinsten Masochismus werden lassen – besonders in einem Kanu mit vier Personen und vollem Gepäck. Es wäre erheblich günstiger, den zweihundert Kilometer langen Teslin River bis zu dessen Mündung in den Yukon unterhalb des Lake Laberge sozusagen als Umgehungsstraße zu nutzen. Auch auf ihm hat sich ein Teil der Goldsucher zum Klondike bewegt. Wir waren einverstanden.

Gegen neun Uhr kommt Frau Peschke mit ihrem Kleinbus,

auf dem Dach ein fast sechs Meter langes, weißes Fiberglaskanu, und bringt uns auf dem Alaska Highway die hundertdreißig Kilometer hinüber nach Johnsons Crossing. Nur wenige Kurven musste man für die Trasse in den scheinbar unendlichen Wald schlagen. Trotz Urlaubssaison begegnen uns kaum Fahrzeuge, seit wir den Einzugsbereich von Whitehorse verlassen haben. Die Dimensionen dieses riesigen Landes werden uns wieder so richtig bewusst. Vereinzelt stehen Blockhütten im Busch und die Leute fahren von hier aus zur Arbeit in die Stadt. Das könnten wir uns auch vorstellen.

Unter der Brücke über den Teslin River lassen wir das Boot zu Wasser und verladen unsere Ausrüstung. An den Brückenpfeilern kleben unzählige Schwalbennester. Es sind gern gesehene Vögel hier, denn »sie essen Moskitos«, erklärt uns Frau Peschke. Doch so richtig sind wir nicht bei der Sache. Viel zu sehr kribbelt die Aufregung im Bauch. Vor uns liegen rund siebenhundertachtzig Kilometer Flussfahrt mitten durch die Wildnis. Als Vorsichtsmaßnahme haben wir bei den Rotröcken in Whitehorse unsere geplanten Reisedaten hinterlassen. Sollten wir zum angegebenen Zeitpunkt nicht in Dawson City sein, würde ein Suchtrupp ausgeschickt. Für alles, was dazwischen liegt, sollen vor allem drei Dinge helfen: gute Vorbereitung, gute Ausrüstung und, nicht zuletzt, gesunder Menschenverstand. Und natürlich hoffen wir auch auf ein bisschen Glück. Nur einmal, bei Carmacks, werden wir den Klondike Highway kreuzen und dann wieder in den Wäldern verschwinden. Eine einzigartige Natur erwartet uns, kein Wehr, keine Staumauer unterbricht die Wasserstraße, wir können campen, wo es uns gefällt, und das Ziel, Dawson City, zieht uns magisch an. Wir wollen los!

Mit erhobenem Paddel winken wir zum Abschied und lassen uns von der Strömung in die Mitte des Flusses ziehen. Sarah und Lennart haben es sich bequem gemacht wie auf einem Ausflugsdampfer, während Petra und ich zunächst etwas Mühe haben, das große Kanu mit den relativ kleinen Paddelblättern zu manövrieren. Anfangs begegnen uns noch ein paar Angler, dann sind wir allein.

Was für ein Gefühl! Vor uns glitzert das blaue Band des Flusses in der Sonne, die Ufer sind dicht bewaldet, und die kahlen Gipfel bis zu zweitausend Meter hoher Berge erheben sich aus dem Grün. Still, wie schwerelos gleiten wir über das Wasser, als würden wir träumen. So mühelos erschließt sich uns diese herrliche Landschaft, dass es uns fast zu einfach erscheint im Rückblick auf unsere Mühen am Chilkoot Trail. Doch schon bald sollte es anders werden!

Der leichte Rückenwind wird am Nachmittag immer stärker. Ich bastle aus einer der Rettungsdecken, dem Ersatzpaddel und dem Bergseil ein Segel und überliste damit die langsame Strömung des Teslin. Trotzdem haben wir den Eindruck, kaum vorwärts zu kommen. Linker Hand ragt der 1894 Meter hohe Streak Mountain als deutliche Landmarke aus dem Busch, und nur ganz allmählich schiebt er sich vorbei. Als wir am Abend unser Lager unterhalb der Mündung des Hundred Mile Creek aufbauen, stelle ich jedoch fest, dass wir immerhin gut vierzig Kilometer gepaddelt sind.

Mit der Axt mache ich mich auf, Feuerholz zu holen, aber schon nach wenigen Minuten komme ich wild um mich schlagend zurück. Im Gebüsch haben mich die Moskitos fast gefressen. Vorn am Wasser belästigen sie uns nicht. Wir lassen uns am Feuer nieder und genießen unseren Bannock, das traditionelle Trapper-Fladenbrot. Die Stille wird nur ab und zu von einem platschenden Geräusch im Wasser unterbrochen. Es dauert eine Weile, bis wir im Gegenlicht der tief stehenden Sonne die Ursache entdecken. »Da!« Ein fast meterlanger Fisch schraubt sich aus dem Wasser und fällt klatschend in sein Element zurück. Da wieder einer, und noch einer. Und als wir genauer hinschauen, sehen wir auch, wie sich braunrote Rücken mit den Wellen um die Wette biegen. Es sind Dutzende. Das müssen Lachse sein, der Zug der Lachse aus dem Meer stromauf zu ihren Laichplätzen. Unvorstellbare zweieinhalbtausend Kilometer haben sie von der Mündung des Yukon River vor der Westküste Alaskas bis hierher schon zurückgelegt, ohne zu fressen, nur mit dem biologischen Antrieb, ihre Art zu erhalten.

Lennart will jetzt unbedingt angeln. Wir sind alle satt, aber ich denke mir: »Lass dem Jungen seinen Spaß, die Lachse beißen sowieso nicht.« Stolz schreitet er zur Tat. Seine Schwester assistiert ihm, indem sie ihm ständig zeigt, dass da und da und da ein Fisch schwimmt. Ausholbewegung und Schwung nach vorn lassen Petra und mich die höchsten Haltungsnoten ziehen. Der Blinker ist keine zehn Sekunden im Wasser, da strafft sich die Schnur. Lennart hüpft von einem Bein aufs andere und weiß nicht, was er zuerst machen soll, Sarah quietscht vor Aufregung. Schnell bin ich bei ihnen, und gemeinsam holen wir die Leine ein. Ein Arctic Grayling, gut einen halben Meter lang, kämpft um sein Leben. Er hat Glück, dass wir schon gegessen haben. Vorsichtig löse ich ihn vom Haken, und wir schenken ihm die Freiheit wieder. Während ich zum Feuer zurückschlendere, holt Lennart zum zweiten Versuch aus. »Papa, Papa da ist schon wieder einer!« Das gibt's doch nicht, wieder hängt ein Grayling an der Angel. Das ist ja fast unheimlich. Auch ihn lassen wir zurück ins Wasser und stellen das Fischen für heute ein. Im Moment haben wir keinen Bedarf.

Mit schmerzenden Schultern wachen wir am nächsten Morgen auf, noch ist die Arbeit mit dem Paddel ungewohnt. Schon nach kurzer Zeit auf dem Fluss merken wir, dass es heute nicht einfach wird. Der Wind hat gedreht und bläst uns stark ins Gesicht. Dunkle Wolkenfetzen wirbeln am Himmel und in den Baumwipfeln rauscht es bedrohlich. Sarah hockt geschützt im Bug des Kanus, Lennart kauert vor mir. Beide haben sich ihre Buntstifte gegriffen und malen aus. Petra und ich kämpfen mit dem Sturm, der den Canadier, unser offenes Kanu, das mit Stechpaddeln bewegt wird, ständig aus dem Kurs zu drehen versucht. Nach der Mittagspause kommt das härteste Stück. Der Teslin River wird hier sehr breit, und der Gegenwind bläst mit voller Wucht. Fast meterhoch sind die Wellen, Wasser schlägt ins Boot, die Kinder halten sich am Süllrand fest, immer wieder müssen wir mit dem Paddel Korrekturschläge setzen. Ich fluche vor mich hin, bei Petra fließen sogar Tränen – doch wir können ja nicht einfach aufhören. Irgendwie überwinden wir die kritische Stelle, und danach geht es mit etwas stärkerer Strömung durch dichte Wälder. Petra entdeckt einen riesigen Goldadler am Ufer, der keine Notiz von uns nimmt. Wenn wir zurückschauen, haben wir einen herrlichen Blick auf die Big Salmon Range.

Ewig taucht kein geeigneter Zeltplatz auf. Endlich gegen sieben Uhr legen wir an einem breiten Uferstreifen an. Elchspuren mahnen zur Vorsicht, aber wir sind zu kaputt zum Weiterfahren. Wir improvisieren ein Abendbrot aus Trockennahrung und liegen schon kurz nach acht in den Schlafsäcken.

Der erste Blick tags darauf gilt dem Fluss. Verdammt, noch immer kräuseln sich die Wellenkämme im Gegenwind! Während wir das Kanu beladen, kracht es plötzlich laut im Gebüsch. Schnell suchen wir mit Blicken den Waldrand ab und beschleunigen unseren Rückzug. Ein Bär? Ein Elch auf dem Weg zu seiner Tränke? Nichts lässt sich blicken. Schnell legen wir ab. Noch heute wüssten wir gern, was es gewesen ist. Hand hoch, wer nachgeschaut hätte!

Wider Erwarten kommen wir gut vorwärts. Die Strömung ist recht flott, und wir müssen lediglich darauf achten, nicht zu nahe ans Ufer zu geraten. Häufig ist es stark unterspült. Bäume hängen schräg, manchmal waagerecht über dem Fluss. Hilflos nach Halt suchend verrenken sich ihre Wurzeln zwischen Wasseroberfläche und der dünnen, überstehenden Erdschicht, aus der der Stamm ragt. Irgendwann, ganz plötzlich werden sie umstürzen und können unvorsichtigen Kanuten zum Verhängnis werden.

Die einzigen Stromschnellen des Teslin River sind die Roaring Bull Rapids, die Stromschnellen des brüllenden Büffels. Ein pathetischer Name für den Zustand, in dem wir sie antreffen. Zwar ist das Wasser ziemlich bewegt, aber kein Büffel lässt seinen Ruf ertönen, und wir passieren sie problemlos auf der rechten Seite.

Der Fluss windet sich weiter, die hohen Ufer der Außenkurven mal auf der linken, mal auf der rechten Seite. Ganze Hänge sind hier heruntergebrochen, und Wind und Wetter haben bizarre Formen aus dem verbliebenen härteren Gestein gemeißelt. Manchmal rieselt Sand herab, dann stehen Staubfahnen in der Luft. Das Wasser des Teslin ist dunkler geworden, und am Bootskörper zischt es, als striche jemand mit feinem Schleifpapier darüber.

Am Ufer stromert ein Schwarzbär entlang. Mit Rufen, Pfeifen und Klopfen auf den Süllrand versuchen wir, seine Aufmerksamkeit zu erhaschen. Doch offensichtlich hat er höhere Ziele, als sich mit uns abzugeben. Immer wieder fliegen Weißkopfseeadler über uns hinweg. Oft können wir ihre dunklen Körper mit dem hellen Kopf schon von weitem auf Bäumen und Felsvorsprüngen ausmachen. Die Lachssaison bringt ihnen reiche Beute.

Nach einem Gewirr von kleinen Inseln landen wir am späten Nachmittag an einem schönen, leicht ansteigenden Strand. Oben am Waldrand erkennen wir die Ruinen zweier Blockhütten. Ein Blick auf die Karte zeigt, dass wir Mason Landing erreicht haben, einen alten Goldgräberposten. Ob es hier im Norden überhaupt einen Fluss oder Bach gibt, an dem noch kein Abenteurer seine Goldwaschpfanne ins Wasser getaucht hat? Sicher war es für viele Klondiker ein logischer Gedanke, ihr Glück schon auf dem Weg nach Dawson City zu erproben. Ein Erfolg hätte ihnen die weitere Reise und viel Konkurrenz erspart. Auch Mason Landing mag so entstanden sein, doch hier wie an den meisten anderen Stellen blieb der große Erfolg aus.

Im Schatten der Bäume direkt neben dem alten Gebälk errichten wir unser Camp. Während Petra das Fladenbrot zubereitet und ich Feuerholz hacke, bauen Sarah und Lennart splitternackt Sandburgen unten am Wasser. Eine richtige Strandidylle, die uns fast vergessen lässt, dass wir uns über dem 61. nördlichen Breitengrad befinden.

Bis zur einbrechenden Dunkelheit sitzen wir am Feuer. Die Flammen werfen unruhige Schatten auf die Blockhauswand, wie flüssiges Silber glänzt der Teslin und über dem schwarz gezackten Horizont des Waldes gehen die ersten Sterne auf.

»Sarah, Lennart, waren da nicht Schritte in der Hütte? Huschte da nicht ein Lichtschein durch die Fensterhöhle? Vielleicht sitzen die Goldsucher gerade beim Abendbrot.« Gespannt lauschen wir, ob uns nicht ein bärtiger Geselle hineinbitten will … doch sie sind schon lange fort.

Auf dem Yukon River nach Dawson City

Der sonnige Vormittag des nächsten Tages bringt uns zur Mündung in den Yukon River. Als ob dunkle Wolken am Himmel aufziehen, pulsieren die braunen Fluten des Teslin in die klaren, blauen Wasser des großen Flusses und vermischen sich nur langsam mit der schnellen Strömung. Schon nach wenigen Paddelschlägen legen wir an Shipyard Island an. Im Hintergrund ragen die Überreste des Dampfbootes Evelyn auf. Auch diese großen Schaufelraddampfer gehören zur Geschichte des Goldrausches. In Spitzenzeiten verkehrten über sechzig Schiffe auf dem Yukon. Sie transportierten das Gold ab und brachten Ausrüstung und Verpflegung nach Dawson City. In bestimmten Abständen entstanden sogenannte »Woodcamps« am Ufer, die den Heißhunger der gefräßigen Dampfmaschinen mit frisch geschlagenem Feuerholz stillten. Bevor der Fluss zufror, zog man die Steamer mittels Pferdekraft und Winden auf diese Insel zum Überwintern. Die »Evelyn« hat hier ihre letzte Ruhestätte gefunden. Nach dem Essen umrunden wir ihre hölzerne Ruine mit dem erstaunlich geringen Tiefgang und der beachtlichen Ladekapazität. Heute fährt keines dieser Dampfboote mehr, nur bei Dawson City gibt es eine nachgebaute Miniaturausgabe für Touristen.

Es vergeht ein geruhsamer Nachmittag im Kanu. Die Sonne scheint, ein böiger Gegenwind zwingt uns ab und an zum Paddeln, ansonsten machen wir uns erst einmal mit dem Yukon River bekannt. Er ist deutlich größer als der Teslin. Weit liegen seine Ufer auseinander, die Kurven sind länger gezogen. Anfangs paddeln wir von Innenkurve zu Innenkurve, aber schon bald erkennen wir, dass uns die Hauptströmung schneller voranbringt. Nur wenn der Wind zu stark wird, suchen wir Schutz in der Nähe des Ufers. Eine flache Kiesinsel mit einem riesigen Schwemmholzhaufen wird uns diese Nacht zur Heimat.

Leuchtend blauer Himmel direkt über uns scheint am nächsten Morgen einen schönen Tag zu versprechen. Doch irgendetwas ist anders als sonst. Der Frühnebel stromab hat eine seltsam rotgraue Farbe und deutlicher Brandgeruch schwebt in der Luft. Ob dort der Busch brennt? Wir werden es wohl noch erfahren. Auf dem Wasser sind wir jedenfalls sicher.

Der Wind hat sich gelegt, und wir finden schnell unseren Rhythmus. Aber je weiter wir kommen, umso dichter wird der Dunst, umso aufdringlicher steigt der Rauch in unsere Nasen. Die Sonne hat keine Chance, ihre Strahlen durch den Qualm zu schicken, und es bleibt kalt. Nach einer Dreiviertelstunde passieren wir die Mündung des Big Salmon River. Schemenhaft erkennen wir einige Hütten des verlassenen Indianerdorfes; die bunten Tupfer von zwei, drei Zelten und ein paar umgedrehte Kanus am Ufer zeigen uns die Anwesenheit anderer Flussfahrer an. Es ist unheimlich still, und das eintönige Pitsch-Pitsch der eintauchenden Paddel dringt fast überlaut an unser Ohr.

Dann erreichen wir das Waldbrandgebiet. Es ist kein flammendes Inferno, was sich hier abspielt. Langsam, doch unerbittlich frisst sich das Feuer am rechten Ufer stromauf, verbrannte Erde und verkohlte, dürre Baumleichen hinter sich lassend. Wie ein Lebenselixier begrüßen die Flammen jeden Windstoß, in Sekundenschnelle den nächsten Baum in eine Fackel verwandelnd und sich danach wieder am Boden zusammenduckend. Die Luft ist zum Schneiden dick, die Augen tränen, und auf dem Wasser treiben Aschepartikel. Ein faszinierendes Bild. Wir haben die Paddel aus den Händen gelegt und starren hinüber. Das wird uns fast zum Verhängnis. Nahe am Ufer treibend, übersehen wir einen im Wasser liegenden Baum. Ohne Zeit zur Kurskorrektur zu haben, rauschen wir mit voller Wucht durch seine Krone und aufs Ufer. Wären wir hier gekentert, hätten wir bei der schnellen Strömung einiges zu tun gehabt, um Kinder, Kanu und Ausrüstung zu bergen. Gerade noch einmal Glück gehabt! Um das Boot wieder flott zu bekommen, müssen wir aussteigen. An einigen Stellen glimmt der Boden noch, und wir versinken knöcheltief in der warmen Asche.

Viele Inseln und der starke Dunst erschweren bei der Weiterfahrt die Orientierung. Wie ein Phantom taucht das Wrack eines Goldbaggers aus dem Nebel. Da alle Gold führenden Flüsse letztendlich in den Yukon münden, kamen findige Köpfe auf den logischen Schluss, dass das Edelmetall mit der geeigneten Technik auch dort zu finden sein müsste. Aber die Resultate blieben unter den Erwartungen, und niemand machte sich die Mühe, die nutzlose Investition zu demontieren.

Endlich am frühen Nachmittag liegt das Buschfeuer hinter uns. Nichts filtert mehr die Sonnenstrahlen und sofort wird es sehr warm. Lennart entdeckt ein Indianercamp am Ufer. An einem hölzernen Gestell hängen Hunderte von Lachsen zum Trocknen an der Luft. Unweit der Mündung des Little Salmon River liegt das gleichnamige Indianerdörfchen. Wir kraxeln die steile Uferböschung hinauf, trauen uns dann aber doch nicht ganz in den Ort hinein. Moderne Autos stehen vor alten Block-hütten, einige neue Häuschen sind im Bau. Man nimmt keine Notiz von uns, und wir wollen nicht aufdringlich sein. Schließ-lich ist das kein Museum, sondern hier wohnen Menschen, die wohl kaum Interesse daran haben, wie Fossilien fotografiert zu werden.

Es wird noch ein langer Nachmittag. Nachdem wir uns im Ka-nu dinierend an spektakulären Felsformationen wie dem Eagle Bluff haben vorbeitreiben lassen, folgen dicht bewaldete Inseln und Uferpartien. Wir hören förmlich das Summen der Moskitos im Gebüsch. Nein, das wollen wir uns nicht antun. Endlich taucht nach einer großen Linkskurve eine sandige Insel in Sichtweite des Robert Campbell Highway auf. Nach der Hitze des Tages ge-nießen wir das Bad im Yukon und verzehren mit Heißhunger unseren Bannock und die in der Glut des Lagerfeuers in Alu-folie gegarten Kartoffeln. Was für ein Leben! Wir vermissen nichts!

Trotz geringer Strömung brauchen wir am nächsten Morgen nur dreieinhalb Stunden bis Carmacks. Von Johnsons Crossing sind es rund dreihundertsiebzig Kilometer bis hierher. Jetzt ha-ben wir noch etwa vierhundertzehn Kilometer vor uns. Inzwi-schen ist es für uns das Normalste von der Welt, durch die Wild-nis zu paddeln. Unvorstellbar, dass diese Reise einmal ein Ende haben könnte!

Carmacks entstand auf Grund von Steinkohlevorkommen einst als Versorgungsstation der Flussdampfer. Auch heute noch liegt der Ort verkehrsgünstig an der Yukonbrücke des Klondike Highway. Unser Stopp ist nur kurz. Sehenswürdigkeiten gibt es keine, und die Selbstbeherrschung beim Nachkauf von etwas Proviant fällt uns angesichts der Preise leicht. Jetzt können wir die Geldbörsen wieder tief im Inneren der Rucksäcke verstauen.

Gleich nach Carmacks schlängelt sich der Yukon River durch zwei Hundertachtzig-Grad-Kurven, so dass acht Flusskilometer einer Entfernung von zwei Kilometern Luftlinie entsprechen. Einige Meilen später, am Eingang zum Red Bluff Canyon, wo sich der Fluss auf wenige hundert Meter Breite verengt, entdecken wir ein Schild am Ufer. Angestrengtes Paddeln quer zur Strömung bringt uns hinüber. Hier befand sich einst die Five-Finger-Coal-Mine, mit deren Kohle man die Schiffe und die Häuser in Carmacks beheizte. Der zugeschüttete Eingang des Stollens, der bis unter das Flussbett führte, ist noch gut zu erkennen.

Wir haben diesmal eine unruhige Nacht. Wie schon im Sheep Camp am Chilkoot Trail liegt wieder eine unbekannte Herausforderung vor uns: die Five Finger Rapids, eine von insgesamt nur drei Stromschnellen des gewaltigen Flusses, in der es aber schon Todesfälle gegeben hat.

Heute wird das Gepäck im Canadier gut verzurrt, und wir prüfen sorgfältig den Sitz der Schwimmwesten. Keine halbe Stunde von unserem Nachtlager entfernt, nähern wir uns der kritischen Stelle. Nach einer Rechtskurve wird der Yukon breiter und nimmt Geschwindigkeit auf. Wie riesige Säulen stehen vier Felsen in der Strömung und teilen den Fluss in fünf Arme, die »Fünf Finger«. Vorsichtig tasten wir uns am rechten Ufer entlang, legen in einer kleinen Bucht vor den Schnellen an und klettern nach oben, um die Rapids zu inspizieren. Die rechte Durchfahrt verspricht die wenigsten Probleme, und so treffen wir im Boot die letzten Vorbereitungen. Sarah weint, sie hat Angst, gar zu bedrohlich laut rauscht das Wasser. Wir beruhigen sie, so gut es geht. Dann legen wir ab, paddeln ein Stück zurück, um die beste Anfahrt zu finden und nehmen Kurs auf die deutlich erkennbare Stromzunge. Das Felsentor saugt uns förmlich an. Links und rechts brechen sich die Wellen an den Wänden und laufen diagonal auf die Mitte zu; wo sie aufeinander treffen, sind sie meterhoch. Genau da müssen wir hindurch. Mit präzisen Schlägen halten wir den Canadier in der Strömung. Als wir in den Bereich der Wellen kommen, wird der Bug angehoben, als ob man im Fahrstuhl auf den Knopf gedrückt hätte. Einen Augenblick lang schwebt er in der Luft – platsch! schlägt er im Wellental auf. Literweise spritzt Wasser ins Boot. Und schon geht es den nächsten Berg hinauf. Das wiederholt sich einige Male, wir stabilisieren das Kanu mit der flachen Paddelstütze – dann sind wir durch. Sarah lacht wieder, die Berg-und-Tal-Bahn hat ihr Spaß gemacht. Lennart hat keine Miene verzogen, offensichtlich war er überzeugt, dass es gut geht. Petra und ich schauen uns über die Länge des Kanus hinweg an: Wieder gemeinsam etwas geschafft, wir vier sind ein richtig gutes Team!

Sicherlich, die Five Finger Rapids sind bei diesem Wasserstand auf der sechsstufigen Wildwasserskala höchstens bei Schwierigkeitsstufe 2 einzuordnen, trotzdem kann man solche Hindernisse bei einer Wildnistour nicht leichtfertig angehen. Bootsverlust heißt gleichzeitig Verlust der gesamten Ausrüstung und dann geht das Survival los! Also kein unnötiges Risiko. Übrigens, die Raddampfer schafften es stromauf nicht durch die Schnellen. Mittels einer Winde mussten sie durch den östlichen Kanal gezogen werden.

Nur acht Kilometer weiter warten mit den Rink Rapids schon die nächsten Wildwasser auf uns. Aber hier ist es einfacher. Um den Steamern die Durchfahrt zu ermöglichen, sprengte man auf der rechten Flussseite eine Fahrrinne frei, die es uns jetzt erlaubt, gefahrlos an den Schnellen vorbeizupaddeln. Wir passieren die Ruinen von Yukon Crossing, eine alte Postkutschenstation auf der vornehmlich im Winter genutzten Stage Road von Whitehorse nach Dawson City.

Nach der Mittagspause schlägt das Wetter um. Ein starker Gegenwind, der sich fast zum Sturm auswächst, schiebt von Norden eine dunkle Wand vor sich her. Doch es sind keine Regenwolken. Der starke Brandgeruch signalisiert uns, dass wieder ein Buschfeuer voraus liegt. Dicht am Ufer kämpfen wir uns vorwärts. Der Yukon ist hier sehr breit, mit vielen Inseln. Da sich diese Flusslandschaft ständig verändert, hilft uns die Karte beim Orientieren kaum weiter. Verbissen ziehen wir die Paddel durch. Direkt vor uns bricht etwas durchs Unterholz und schreckt uns auf: eine Elchkuh mit ihrem Jungen ergreift die Flucht. Nur kurz halten wir inne, denn sofort drückt der Wind das Kanu stromauf. Kopf runter und weiter. Grau in grau erscheint die Landschaft und nirgendwo ein geschütztes Plätzchen für unser Zelt.

»Da, ein Haus!«, rufen Sarah und Lennart fast gleichzeitig. Unser Blick folgt ihren ausgestreckten Armen. Durch die Bäume sehen wir silbern ein Blechdach schimmern. Ein großes Blockhaus steht da am Hang, und jemand winkt uns vom Fenster aus zu. Wir beschließen anzulegen und uns zu erkundigen, wo genau wir uns eigentlich befinden. Als wir den steilen Hang hochgekraxelt sind, werden wir zunächst von drei kleinen, bissigen Hunden empfangen. Ein scharfer Ruf hält sie zurück, und zwei Frauen mittleren Alters begrüßen uns freundlich. Wir müssen nur wenige Worte wechseln, um festzustellen, dass wir Landsleute sind. Erika Heinz und ihre Schwägerin stammen aus dem Schwarzwald und leben seit zwanzig Jahren in Kanada. Angesichts des aufkommenden Sturmes laden sie uns ein, zu bleiben. Schnell ist das Zelt unter den hohen Fichten aufgebaut. Den Abend verbringen wir gemeinsam am warmen Ofen in der Küche des erst halb fertigen Blockhauses. Zwanzig Hektar (!) Land hat die Familie Heinz hier am Yukonufer gekauft und seit zwei Jahren bauen sie an ihrer Lodge. Dieter Heinz ist Sprengmeister und zur Zeit beruflich unterwegs. Ein schönes Fleckchen Erde ist das hier. Vom großen Fenster hat man einen herrlichen Blick über den Fluss. Ungestört kann man das Wild beobachten. Letzten Winter kamen die Wölfe über den zugefrorenen Yukon bis ans Haus, und am Eingang zur Vorratskammer musste Dieter Heinz schon einen allzu vorwitzigen Schwarzbären erlegen.

Hier erfahren wir auch mehr über das eigentliche Ausmaß der Buschfeuer. Es ist der heißeste Sommer seit den vierziger Jahren. Links und rechts des Yukon stehen 37.000 Hektar Wald in Flammen. In Whitehorse mussten Leute mit Rauchvergiftungen ins Hospital gebracht werden. Die Kanadier lassen es brennen. Waldbrände gelten hier als Naturereignisse, wie Regen und Schnee. Nur wenn sich das Feuer einer Ortschaft nähert, werden Gegenmaßnahmen ergriffen. Das Funkgerät ist ständig in Betrieb, so dass wir mithören können. Irgendwo ist ein einzelner Siedler im Busch von den Flammen eingeschlossen. Der Feuermeister ermahnt ihn, die Ruhe zu bewahren. Der Dialog geht hin und her. Man wird ihn ausfliegen. Das ist des Risiko des Einsiedlerlebens, wegen einer einzelnen Hütte im Busch rückt die Feuerwehr nicht aus.

Am darauf folgenden Tag lassen uns die beiden nicht ohne ein fulminantes Frühstück ziehen. Es gibt köstliche Pancakes mit Butter, Sirup und Marmelade. Sie müssen richtig im Sirup schwimmen. Lennart verdrückt drei Stück davon. Es ist wie im Yukon Inn in Whitehorse. Es könnte uns nicht besser gehen. Auch das Wetter passt wieder. Der Wind hat sich gelegt, und die Sonne strahlt an einem klaren, blauen Himmel. Noch lange winken wir den beiden kleiner werdenden Gestalten am Ufer zu.

Anderthalb Jahre später bekamen wir Weihnachtspost: »Wir haben Euch nicht vergessen. Das letzte Jahr war ein Katastrophenjahr, beinah hätten wir unser Haus verloren. Wir waren umgeben von unwahrscheinlichen Feuerstürmen, hervorgerufen durch Blitzeinschläge. Die Flammen waren 200 Meter hoch an den Gipfeln, Helikopter haben uns gerettet. Das Land ist Wüste …« Angesichts der Fotos von verkohlten Baumleichen stiegen uns Tränen in die Augen, in Erinnerung an die einstige Idylle und den Fleiß und die Liebe, mit der die Heinzens hier ihren Traum verwirklichen wollten.

Mit unseren vollen Bäuchen brauchen wir eine Weile, bis wir die übliche Schlagzahl erreichen. Am späten Vormittag passieren wir das verlassene Indianerdörfchen Minto, das von seinen Bewohnern wegen einer ungeklärten Mordserie in den fünfziger Jahren aufgegeben wurde. Kurz danach überraschen wir eine Herde Bergziegen beim Tränken. Sofort stellen wir das Paddeln ein und lassen uns lautlos vorbeitreiben. Verdutzt beäugen uns die drei Tiere am Flussufer, während der Rest der Herde, oben am Hang verteilt, Wache hält.

Die geringe Strömung und die vielen Inseln stellen uns oft vor die Qual der Wahl nach der günstigsten Route. Am Nachmittag schiebt sich eine hohe, kilometerlange Basaltwand ins Blickfeld. An dieser Stelle mündet der Pelly River in den Yukon, und auf dem gegenüberliegenden Hochufer liegt Fort Selkirk, unser heutiges Ziel.

Mitte des 19. Jahrhunderts war hier ein Handelsposten der Hudson Bay Company gegründet worden. Nur wenige Jahre später brannten ihn Küstenindianer nieder. Der Überfall verlief unblutig, aber die Handel treibenden Indianer brachten auf diese Weise unmissverständlich zum Ausdruck, was sie von der neuen Konkurrenz hielten. Die wenigen Weißen verstanden den Wink und verzogen sich weit flussab zum nächsten HBC-Posten. Erst der Goldrausch erweckte den Ort zu neuem Leben. Ein Fort der Yukon Field Forces, einer Abteilung der kanadischen Armee, wurde errichtet, der Handelsposten lebte wieder auf, und es gab sogar eine Schule. Mit dem Bau des Klondike Highway von Whitehorse nach Dawson City Anfang der fünfziger Jahre verließen fast alle zweihundert Einwohner Fort Selkirk sozusagen über Nacht. Seitdem steht das Dorf leer, nur ein indianisches Ehepaar blieb.

Wir vertäuen das Kanu sicher am Fuß des Steilufers und schleppen unsere Ausrüstung über eine Hühnerleiter hinauf auf das Plateau. Wow! Malerisch liegen die bunten Blockhäuser auf der Wiese. Fort Selkirk wird heute als großes Freilichtmuseum erhalten. Die meisten Gebäude sind noch im Urzustand oder wurden originalgetreu restauriert. Ein Trupp Indianer ist gerade dabei, ein Blockhaus aufzustellen. Genügend herumliegende Holzabfälle entheben uns der Arbeit des Feuerholzmachens. Schnell ist unser Camp eingerichtet, und schon stromern wir durch die alten Hütten. Vor den einzelnen Gebäuden stehen Schilder mit den Namen der ehemaligen Besitzer, oder Aufschriften wie »RCMP« (Polizei) oder »Post Office« (Post) weisen auf ihre einstige Bestimmung hin. In der Schule, die nur aus dem Klassenraum besteht, erinnern mich die wuchtigen alten Pultbänke an meine Kindheit. Petra nutzt die Gelegenheit und vergattert Sarah und Lennart wegen »in der Wildnis rumtreiben« und »Schule schwänzen« zu einer Stunde nachsitzen, die Begnadigung folgt auf dem Fuß.

Wie mag wohl das Leben in so einer Wildnisgemeinde ausgesehen haben? Autark mussten die Bewohner sein, denn der Kontakt zur Zivilisation war nur über die Wasserstraße des Yukon möglich. Einfach ist es bestimmt nicht gewesen, und der eilige Umzug an den Highway ist ein Hinweis darauf, dass man sich davon eine Erleichterung des Daseins versprach. Der aus dem hektischen Mitteleuropa auf Zeit entflohene Romantiker sieht das natürlich mit anderen Augen. Aber die vielen primitiven Gerätschaften in den Häusern lassen doch eine Ahnung aufkommen, wie anders ein Alltag ohne Strom, fließendes Wasser, Fußbodenheizung und Geschirrspüler ist.

Ein Blockhaus hat ein überdimensionales Fenster zum Yukon hin, das Ahornbanner flattert davor und zwei Huskies heulen wie die Wölfe. Hier wohnt Danny Roberts, der mit seiner Frau als Einziger geblieben ist. Immer wenn Kanuten ankommen, klemmt er sich das Besucherbuch unter den Arm und trippelt auf seinen Stock gestützt hinunter, wo die Zelte aufgestellt werden. Danny ist ein Original und von ihm gibt es zahlreiche Geschichten, wie zum Beispiel diese:

Dannys Augen sind zwar nicht mehr die besten, aber wenn Touristen unten am Schulhaus sind, kann er das von seiner Hütte aus erkennen. Eines Tages kamen wieder welche an, Danny schnappte sich flugs das Visitor Book, nahm seinen Stock und marschierte los. Als er näher kam, sah er, dass einer der Touristen inzwischen auf das Schuldach geklettert war. Außerdem hatte er so komische, runde Ohren weit oben am Kopf. »Was sind das denn für Touristen mit so komischen Ohren?«, dachte Danny. Als er schließlich nahe genug heran war, erkannte er, dass es drei Bären waren. »Und was hast du dann gemacht?«, fragt ihn die atemlos gewordene Zuhörerschaft. »Ich habe sie sich ins Buch eintragen lassen, wie es sich gehört!«

Auch wir müssen uns diese Nacht mit wilden Tieren herumschlagen. Unsere beiden Verpflegungssäcke stehen mit den Rettungsdecken geschützt abseits vom Zelt. Irgendwann werde ich munter. Draußen raschelt und wuselt es hin und her: Eine Mäusefamilie hat sich zum Abendessen eingeladen. Eine Weile höre ich mir das an, dann husche ich hinaus und binde die Säcke fest zu. Es ist kalt und neblig, und ich bin froh, als ich wieder im warmen Schlafsack liege. Die Stille währt nur kurz, wieder nimmt das Geknusper munter seinen Lauf. Ich könnte sie alle erschlagen! Inzwischen habe ich Angst, dass sie die Leinwand durchknabbern. Wütend stakse ich noch einmal raus und hole die Säcke ins Zelt. Endlich tritt Ruhe ein!

Am nächsten Morgen begutachten wir den Schaden. So ein

paar Angeber! Machen einen Krach, dass wir schon Angst hatten, halb verhungert in Dawson City anzukommen und dann fehlen grade mal ein paar Erdnüsse und etwas Müsli.

Es ist ungemütlich kalt, dicker Nebel liegt über dem Yukon. Wir kramen die warmen Sachen heraus und gegen zehn Uhr sind wir wieder auf dem Fluss. Alles ist in ein diffuses Licht getaucht. Wie durch einen Schleier wabert die Landschaft in Fetzen an uns vorbei: Senkrechte Felswände, Inseln, bewaldete Hänge … Es ist noch stiller als sonst. Aufgeschreckt startet ein Schwarm Jungenten seine ersten Flugversuche. Das plötzliche Geräusch lässt uns zusammenfahren, schmerzhaft knattert das Flügelschlagen in den Ohren. Die matte Sonnenscheibe steigt höher und höher, aber ihre Kraft reicht nicht aus, um Wärme zu spenden. Alle Konturen sind verwischt, es ist, als ob wir durch Wolken treiben. Das Gefühl für Raum und Zeit geht langsam verloren. Sind wir überhaupt noch auf derselben Erde, auf der Millionen Menschen jetzt in diesem Augenblick ohne Rast und Ruhe von A nach B hetzen? Oder ist jene andere Welt nur ein Alptraum, der eigentlich gar nicht existiert?

In der Wildnis ist alles ehrlicher, direkter. Niemand sagt uns, wo es lang geht. Wir müssen unsere Entscheidungen selbst treffen und tun es im Bewusstsein der Verantwortung für unsere Kinder, aber auch für die Natur, die uns umgibt. Der Spielraum ist groß, und die Regeln sind einfach: Ein Lagerplatz ist nur weit genug oberhalb der Wasserlinie sicher, der Windschutz funktioniert nur, wenn die hintere Plane gegen die Windrichtung steht, ein Glöckchen am Gürtel gibt dem Bär die Chance, dem Menschen aus dem Weg zu gehen, ohne sich bedrängt zu fühlen … Das tägliche Leben besteht aus manchmal harter, körperlicher Arbeit und aus viel Improvisation. Trotz der grandiosen Schöpfung, die uns umgibt und in der wir nur Winzlinge sind, fühlen wir uns größer und stärker ohne die unsichtbare Last des Alltags der Zivilisation auf den Schultern.

Unser Schlafzimmer wird eine flache Insel unterhalb der Mündung des Isaac Creek. Ihr sandiger Boden ist durch die lange Trockenheit in viele kleine Schollen zerfurcht. Wie durch Butter flutschen die Heringe hinein. Trotz der Kühle werden wir von Schwärmen kleiner Fliegen malträtiert. Unser Abgang zur Nachtruhe gestaltet sich deshalb wie eine olympiareife Akrobatiknummer: Reißverschluss auf – der Erste hechtet ins Zelt – Reißverschluss zu. Das wiederholt sich noch dreimal, wobei wir den Verschluss bei Sarah weit öffnen müssen, da die Erdanziehung die geplante Flugrolle trotz vielversprechendem Anlauf zu einem Purzelbaum verkümmern lässt. Im Zelt wetteifern wir darum, wer in der kürzesten Zeit die meisten von den Viechern erschlägt, die es trotzdem hereingeschafft haben.

In der Nacht hat es einige Stunden stark geregnet. Die Yukoner werden sich freuen wegen der großen Trockenheit und der Waldbrände. Morgens bleiben wir faul in den Schlafsäcken liegen, bis uns die warmen Sonnenstrahlen aus dem Iglu treiben. Ja, das Wetter hat sich wieder gemacht, nur einige Wolken stehen noch am Himmel. Wir vertrödeln viel Zeit beim Frühstücken und Zusammenpacken. Erst am späten Vormittag brechen wir auf. Die Strömung ist hier nicht allzu stark. Gemütlich paddeln wir vor uns hin und genießen die fjordähnliche Landschaft. An einem Bergbach fassen wir frisches Wasser, und als am Ufer ein Pfad abzweigt, stromern wir einige hundert Meter in den Busch hinein, bis wir eine alte Blockhütte entdecken. Ein rostiges Ofenrohr wächst aus dem mit Grassoden bedeckten Dach, drinnen riecht es muffig und einige Mäuse huschen in ihre Verstecke, als wir die knarrende Tür öffnen. In der Mitte des Raumes hängt an einem starken Draht ein Plastikbeutel herunter. Trocken und unerreichbar für die Nager sind darin Mehl, Backpulver, Streichhölzer, Kerzenstummel und andere Nützlichkeiten verstaut: eine sinnvolle Tradition hier im Norden, die schon so manchem in Not geratenen Waldläufer das Leben gerettet hat. Es ist Ehrensache, verbrauchte Rationen zu ersetzen, um so dem Nächsten die gleiche Chance zu lassen.

Nach der Mittagspause steigen im Südosten schwarze Regenwolken auf. Vier Raubvögel, die sich um einen großen Fisch streiten, liefern uns ein spannendes Schauspiel. Der erfolgreiche Jäger wird so lange in der Luft bedrängt, bis er die Beute schließlich fallen lässt. Sich gegenseitig behindernd versuchen sie, den noch um sich schlagenden Fisch im Sturzflug von der Wasseroberfläche zu greifen. Wir können nicht mehr erkennen, ob es einem von ihnen gelingt.

Am rechten Flussufer weckt ein abgestellter Lkw unsere Neugier. Eine morastige Trasse führt nur wenige Meter in den Wald hinein, dort hat ein Bulldozer die Erde aufgewühlt. Dann entdeckt Petra die Reste einer Blockhütte im Gebüsch. Wir reimen uns zusammen, dass hier ein altes Goldgräbercamp stand und dass man jetzt mit maschinellen Mitteln darauf hofft, das Edelmetall effektiver aus dem Boden zu holen. Keine Straße führt hierher, offensichtlich wurden die Geräte auf dem Fluss herangeschafft. Im Lastwagen steckt der Zündschlüssel, eine halbe Umdrehung – sofort springt der Motor an. Diese Sorglosigkeit ist absolut berechtigt, denn wer sollte damit wohin fahren?

Die Pause hat unseren Vorsprung auf die Wolkenbank verringert. Der Himmel verdunkelt sich zusehends. Sarah und Lennart streifen sich die Regenanzüge über. Wir befinden uns gerade in Höhe einer Insel, als es anfängt zu tröpfeln. Sofort drehen wir den Bug stromauf und seilfähren hinüber. Der Regen wird stärker, im Nu sind Petra und ich bis auf die Haut nass. Rasend schnell bauen wir das Zelt auf, werfen die Rucksäcke hinein, drehen das Kanu kieloben und kriechen ins Iglu. Während die Tropfen auf die Plane prasseln, richten wir uns in der Enge ein. Vier Personen auf knapp dreieinhalb Quadratmeter Grundfläche. Wir machen Verrenkungen wie bei einem Bauchtanzkurs, um die Iso-Matten und die Schlafsäcke auszubreiten und die restliche Ausrüstung zu verstauen. Als der Regen kurz Atem holt, schlüpft Lennart hinaus und holt die Trinkflaschen und Müsliriegel. Das ist heute unser Abendbrot. Nach dem Essen lesen wir, spielen Karten und Schiffe versenken. Das Trommeln auf der Zeltwand lässt nicht nach. Irgendwann schlafen wir ein.

Die ganze Nacht drischt der Regen auf unsere Insel ein. In der Hoffnung, dass es doch noch aufhört, schieben wir das Aufstehen vor uns her. Ohne Erfolg! Schließlich geben wir uns geschlagen, kramen die Regenanzüge hervor und fangen an, das nasse Zeug einzupacken. Ein Camp im Regen auf- und abbauen gehört zu den unangenehmen Dingen des Outdoorlebens! Im Schutz des umgedrehten Kanus kochen wir unsere Frühstücksmilch. Der Aufbruch ist wie eine Erlösung, wir paddeln in schnellem Rhythmus und bald vertreibt die Bewegung die feuchte Kälte von der Haut. Gut eingepackt sitzen die Kinder nebeneinander vor mir, bis zu den Hüften stecken sie zusätzlich geschützt in einem frei gewordenen Verpflegungssack.

Wir sind noch keine halbe Stunde unterwegs, da entdecken wir eine kanadische Fahne am Ufer und dahinter ein lang gestrecktes Blockhaus. Hätten wir das nur gestern gewusst! Wir legen an. Auf der Wiese vor der Hütte stehen Kinderspielzeug, ein Rasenmäher und eine Waschmaschine. Am Eingang lehnen vier Winchester-Büchsen mit Munition am Kolbengurt. Nichts regt sich. Auf unser Klopfen öffnet erst nach einer ganzen Weile ein kleiner Junge die Tür, dann steckt sein größerer Bruder den Kopf heraus. Die beiden sind allein. Wir seien am Kirkman Creek, erklären sie uns auf unsere Frage hin. Aha! Wir wissen, dass hier zivilisationsmüde Aussteigerfamilien leben. Leider sind die Erwachsenen nicht da, und wir wollen weiter.

Der Regen bleibt unser Begleiter und zu allem Übel frischt auch noch Gegenwind auf. Wie Automaten stechen wir die Paddel ins Wasser und ziehen das Kanu vorwärts. Nur kurz sind die Pausen für einen Schluck warmen Tee und eine Hand voll Nüsse und Rosinen. Auf einer Sandbank hinter der Mündung des Thistle Creek tauchen plötzlich lautlos zwei schmale, lang gestreckte Schatten auf: Dünne, sehnige Beine, dichtes graues Fell und ein kräftiger Hals. Ihr federnder Gang erinnert an die Elastizität einer Stahlfeder. Nein Sarah, das sind keine Hunde, das sind Wölfe! Sie gelten als sehr scheu. Kein Wunder, wo ihnen der Mensch doch seit Jahrhunderten gnadenlos nachstellt. Misstrauisch beobachten sie uns, ergreifen aber nicht die Flucht. Die riesigen Weiten der nördlichen Wälder und Tundren sind ihr Zuhause. Einen Kontinent von der Größe Europas können sie durchstreifen, ohne dass sie jemand aufhält. Ich muss an die Wale in der Inside Passage denken.

Am frühen Nachmittag erreichen wir die Mündung des White River. Geboren an den Eishängen der Fünftausender im Kluane National Park bringt er trübes Gletscherwasser mit. Als würde man Milch in Kaffee kippen, wälzen sich die Fluten des White River in die regenbraunen Schlammwasser des Yukon. Kilometerweit paddeln wir, bis die Elemente der beiden Flüsse sich endgültig vermischt haben und der Yukon die Farbe von Milchkaffee annimmt. Aber der Fluss hat auch neue Energie erhalten und mit starker Strömung nähern wir uns unserem Tagesziel.

Stewarts Island liegt unterhalb der Einmündung des Stewart River. Schon von weitem erkennen wir den weiß gestrichenen Burian's Store. Diese Insel war zu Zeiten des Goldrausches mehr als doppelt so groß wie heute. Nach jeder Schneeschmelze holt sich das Frühjahrshochwasser seinen Tribut, irgendwann wird sie verschwunden sein. Einige Blockhäuser des großen Handelsposten, den sie einst beherbergte, sind noch erhalten. Die Letzten, die den kleinen Laden betrieben, war die Familie von Fred Burian. Heute lebt nur noch die alte Frau den Sommer über hier und ein junges Mädchen bewirtschaftet die Cabins für die Flussfahrer. Nach dem Überfluss an Feuchtigkeit der letzten vierundzwanzig Stunden ziehen wir mit Sack und Pack in eine der Hütten ein. Während ich Holz spalte und den Herd schüre, spannen Petra und die Kinder unser Bergseil kreuz und quer durch den Raum und hängen die nassen Habseligkeiten zum Trocknen auf. Schnell wird es warm, und wenig später sitzen wir um den Tisch und schaufeln einen Topf voll Nudeln in uns hinein. So lassen wir es uns gefallen, soll es doch draußen gießen.

Am Abend halten wir beim Schein der Öllampe Kriegsrat. Sarah und Lennart möchten gern noch einen Tag bleiben und auch uns gefällt die Atmosphäre in der urigen Hütte. Wir schauen uns die Karte an. Bis Dawson City sind es noch hundertzwölf Kilometer. Wenn wir früh genug aufbrechen, können wir die Strecke an einem Tag schaffen. Noch drängt uns nichts, aber wir wollen genügend Zeit haben, Dawson City und die Goldfelder zu erkunden. Okay, wir versuchen es in einem Ritt!

Die letzte Nacht unter einem festen Dach liegt Wochen zurück. Uns ist viel zu warm. Weit lassen wir die Tür geöffnet. Am Morgen platschen immer noch Regentropfen auf die Veranda. Nach dem Bad im Yukon hacke ich Holz auf Vorrat, und dann erkunden wir die Insel. In einer Hütte hat man ein kleines Museum eingerichtet. Richtige Schätze gibt es hier. Staunend legt Sarah vor dem drei Meter langen Stoßzahn eines Mammuts, der in weitem Bogen bis zur Decke reicht, den Kopf in den Nacken. Daneben liegen achttausend Jahre alte Speerspitzen – alles gefunden beim Wühlen in der Erde nach dem gelben Metall. Unzählige Utensilien von Fallenstellern und Goldsuchern sind nebeneinander aufgereiht: rostige Vorderlader, Fallen, Gläser, monströse Bügeleisen, Wasserkessel, … Alte Fotos lassen die Geschichte dieser Gegenstände lebendig werden.

Vor einem anderen Blockhaus liegen mehrere Elchschaufeln. Junge, sind die schwer! Lennart hebt sich fast einen Bruch daran. Neugierig schauen wir durchs Fenster. An den Wänden hängen Fangeisen und Pelze. Fred Burians Sohn nutzt die Cabin noch heute, wenn er im Winter der Fallenstellerei nachgeht.

Ein schmaler Pfad führt in den Wald. Wir haben die Angel dabei und wollen uns ein günstiges Plätzchen suchen. Schon nach kurzer Zeit lassen uns mächtige und frische (!) Grizzlyfährten den geordneten, aber schnellen Rückzug antreten. Wer weiß, vielleicht hätten wir uns vertragen, aber wir wollen es lieber nicht herausfinden. In »unserem« Blockhaus kehrt jetzt so richtig der Alltag einer Wildnisfamilie ein. Sarah fegt zum x-ten Mal den Bretterboden, Lennart versucht sich im Holzhacken, und ich bessere die Ausrüstung mit Nadel, Faden und Lederfett. Petra backt einen turmhohen Stapel Honigbannock. Kaum steigt uns der süße Duft in die Nasen, sitzen wir auch schon um den Tisch und verzehren die Fladen um die Wette. Später erhitzen wir Wasser in einem Zinkbottich, waschen uns die Haare, und als krönenden Abschluss quetschen wir uns noch selbst hinein.

Das Wetter hat sich im Laufe des Tages famos gemacht. Zwar ist es deutlich kälter geworden, aber der Himmel ist blau, und wir genießen den Blick auf den großen Fluss im Schein der Abendsonne. Unsere Gedanken wandern zurück auf das Sonnendeck der »Malaspina«, zu den Golden Stairs am Chilkoot Trail, den stürmischen Tagen auf dem Teslin River. Was haben wir nicht alles erlebt! Das nahe Ziel macht uns kribbelig, obwohl die Goldclaims doch alle schon vergeben sind. Wir sind zuversichtlich, dass wir Dawson City morgen erreichen. Es dauert lange, bis wir Schlaf finden, zu schön ist die Stimmung in unserem Zuhause.

Um sechs Uhr ist die Nacht vorbei. Über uns ist der Himmel klar, aber die Gipfel der Berge sind in Wolken gehüllt, und über dem Fluss wehen Nebelfetzen. Raureif liegt auf dem Gras und als ich das Kanu umdrehen will, gleiten meine Hände an einer Eisschicht ab. Der erste Frost im Yukon. Es ist der vierundzwanzigste August.

Mit wehmütigem Blick nehmen wir Abschied von unserer

Cabin. Hier hätten wir es noch lange ausgehalten. Heute, da ich diese Zeilen schreibe, wissen wir, dass das Blockhaus inzwischen nicht mehr existiert. Innerhalb weniger Jahre haben die Hochwasser das steile Kiesufer abgehobelt und die Hütte stürzte ein. Uns bleibt die Erinnerung, dabei hatten wir gehofft, eines Tages wiederzukommen.

Wir paddeln hinein in die eisgraue Wolkenbank. Bald ist die Sonne verschwunden, und es wird beißend kalt. Schmerzhaft macht es sich bemerkbar, dass wir keine Handschuhe eingepackt haben. Schließlich ziehen sich Petra und die Kinder Strümpfe über die Hände. Knapp drei Stunden brauchen wir bis zur Mündung des Sixty Mile River. Vorher haben wir die Ogilvie Insel mit den Ruinen des ersten Postbüros im Yukon passiert. Eine Viertelstunde lassen wir uns treiben und verzehren einige Fladen unseres auf Vorrat gebackenen Bannocks. Die breite Hauptströmung windet sich zwischen Inseln hindurch, flache Seitenarme gaukeln uns eine Abkürzung vor, aber der längere Weg im Stromzug ist doch der schnellere. Wir kommen gut vorwärts, ab und zu eine kurze Rast am Ufer für kleine und große Geschäfte und es geht weiter. Beim Indian River folgt die nächste Mahlzeit im Boot. Fünfundsiebzig Kilometer sind geschafft. Die Sonne macht uns Hoffnungen. Erst fliegt ab und zu ein Fenster in der Wolkendecke auf, und ein Stück blauer Himmel lugt hindurch. Dann verschwinden nach und nach die Wolken, und schließlich hebt sich auch der letzte Nebel von den Bergspitzen. Wir haben das schönste Wetter und die herrlichste Landschaft, die man sich denken kann. Steile, hellbraune Felswände wechseln sich mit dicht bewaldeten, dunkelgrünen Hängen ab. Mit den Sonnenstrahlen schöpfen wir neue Kraft, denn langsam wurden die Arme schwer. Am Nachmittag biegen wir auf eine lange Gerade ein. Über den Hügeln an ihrem Ende thront der Midnight Dom, der Hausberg von Dawson City. Nach einer lang gezogenen Linkskurve können wir weit vor uns die ersten Häuser erkennen. Plötzlich haben wir es nicht mehr eilig. Fast feierlich und etwas melancholisch ziehen wir die hölzernen Paddel durch das Wasser. Wie soll man dieses Gefühl beschreiben? Wir sind stolz und glücklich, unser Ziel erreicht zu haben und doch gleichzeitig traurig, dass wir diese Reise nicht einfach fortsetzen können, weiter durch Alaska, hin zur Beringsee …

Dawson City – an der Wiege des Goldrauschs

Oberhalb der Stadt mündet der Klondike River in den Yukon. Langsam lassen wir uns vorbeitreiben. Deutlich erkennen wir die Hotels und Geschäfte an der Front Street, den Raddampfer Keno und das Gebäude der Canadian Imperial Bank of Commerce, wo das Gold vor dem Abtransport eingelagert wurde. Vergeblich halten wir Ausschau nach dem Trubel der Goldrauschzeit, als sich mehr als dreißigtausend Menschen in der Stadt drängten. Für kurze Zeit war Dawson City die größte Ansiedlung westlich von Winnipeg. Jetzt liegt es still in der Abendsonne. Auch die Touristensaison ist nahezu vorbei. Unterhalb der Yukonfähre gegenüber der Stadt legen wir an und errichten unser Lager auf dem primitiven Campground. Nach einem kräftigen Abendessen fallen wir todmüde in die Schlafsäcke.

Erst gegen neun Uhr werden wir munter. Keine Stunde später setzen wir mit einem Rucksack voll Schmutzwäsche über den Yukon. Während sich die verschwitzten Klamotten im Münzwaschsalon drehen, unterziehen auch wir uns einer Generalreinigung. Endlich sind wir stadtfein und können Dawson City erforschen.

Noch uriger als in Skagway erinnert hier die Gegenwart an die Vergangenheit. Wir erkennen viele Gebäude wieder, die uns von alten Fotos bekannt sind. Man muss sich einmal vorstellen, wie Dawson entstanden ist: Hatte jeder, der sich nach dem ersten großen Goldfund in der Nähe befand, nichts Eiligeres zu tun, als sich seinen Claim abzustecken, ging ein Mann namens Joseph Ladue her und sicherte sich die Landansprüche auf die sumpfige Ebene am Zusammenfluss von Klondike und Yukon River. Weitsichtig hatte er die strategisch günstige Lage als Umschlagplatz zwischen den Goldfeldern und dem Fluss als Transportweg erkannt. In kürzester Zeit blähte der Goldrush das Örtchen zu einer pulsierenden Stadt auf, die sich im Wahn, schier unerschöpfliche Goldquellen zu besitzen, mit dem Flair einer Weltstadt umgab und die selbst der eisige kanadische Winter nicht in den Schlaf zwang. Hotels, Bars, Hurenhäuser und Spielhöllen warteten nur darauf, dass ihnen die schwer arbeitenden Miner ihren Anteil vom Edelmetall in die Stadt brachten. Im Sommer 1899 eröffnete das Palace Grand Theatre; hier wurden sogar Opern aufgeführt. Die Dampfschiffe lieferten neben den alltäglichen Notwendigkeiten Luxusgüter wie Südfrüchte, Kleider nach der letzten Mode, Wein und Parfüm. Die Preise dafür waren horrend, aber sie wurden bezahlt. Trunken vor Glück schmiss so mancher über Nacht reich gewordene Habenichts mit Gold um sich. Von den drei Tageszeitungen meldete »The Klondike Nugget« eines Tages: »Die erste Milchkuh, die man jemals in Dawson sah, kam am Mittwoch an. Sie scheint sich hier nicht besonders wohl zu fühlen, aber das erste Melken brachte Milch für 130 $ in Goldstaub.«

Jeder Schritt auf den hölzernen Bürgersteigen erinnert an diese Zeit. Da steht das Post Office. In seinem Inneren zeigen Fotos eine große Menschenansammlung, die nach der Ankunft eines Flussdampfers auf die Verteilung der Post wartet. Schräg gegenüber liegt das Palace Grand Theatre, wo heute allabendlich die Gaslight Follies, eine Westernshow im besten Sinne, über die Bühne gehen. Wir kommen an Diamond Tooth Gertie's vorbei, dem einzig legalen Spielsalon Kanadas. Im Trading Post gegenüber vom Westmark Inn kann man sich mit allem ausrüsten,

was ein Trapper oder Goldsucher benötigt: Waffen, Goldwasch-
pfannen, Fangeisen, Pelzkleidung, geflochtene Schneeschuhe …
Hier bekommen wir den Eindruck, dass der Rush eben doch
noch nicht vorbei ist. Diese Gegenstände sind nicht nur für Touristen gedacht, und auf den staubigen Straßen begegnen wir Typen, die einem der Fotos entsprungen sein könnten. Heutzutage
kommen sie mit einem klapprigen Jeep oder einem verbeulten
Pick-up in die Stadt, auf ein Bier in einer der zahllosen Kneipen,
um Neuigkeiten auszutauschen und um ihre Vorräte zu ergän-
zen. Fast wie in alten Zeiten, nur dass es jetzt viel weniger sind.

Wir laufen hinauf zur achten Avenue. Hier lebte in einer kleinen Hütte mit schönem Blick auf das Tal Robert Service, der
durch seine Gedichte über den Goldrausch und den hohen Norden berühmt wurde. Am bekanntesten dürfte seine Ballade »The
Cremation of Sam McGee« sein, in welcher der unglückliche
Sam, kurz bevor er auf dem Weg zu den Goldfeldern erfriert,
seinen Partner bittet, seine Leiche zu verbrennen. Dieser erfüllt
ihm den Wunsch und unternimmt dann einen Spaziergang, um
die Feuerbestattung nicht mit ansehen zu müssen. Als er zu-
rückkehrt, findet er Sam lachend in den Flammen sitzen. Endlich hatte es Sam McGee wieder warm.

Nur wenige Meter weiter steht das Blockhaus des Mannes,
dessen Weltruhm mit den wilden Tagen am Klondike begann –
Jack London. Ursprünglich an seinem Claim am Henderson Creek
platziert, baute man die kleine Hütte 1969 hier wieder auf. Doch
nur zur Hälfte besteht sie aus den alten Stämmen, den Rest er-
setzte man durch neue. In Oakland, Kalifornien, der Heimatstadt
des Schriftstellers, steht das zweite »Original«, auch zur Hälfte
aus alten und neuen Balken. Als Goldgräber hatte Jack kein
Glück, aber seine Erlebnisse und Erfahrungen aus dem »letzten
gemeinsamen Abenteuer der Weißen«, wie er die Stampede
zum Klondike nannte, waren ihm Inspiration für seine spannenden Geschichten, die auch uns hierher lockten!

Nach dem Taumel des großen Rausches fiel Dawson City in einen langen Dornröschenschlaf, aus dem es erst durch den Tourismus zu neuem Leben erwachte. Die wenigen, die blieben, verdienten sich ihren Lebensunterhalt durch Fallenstellerei, Arbeit auf den nun industriell ausgebeuteten Goldfeldern und, in den Zeiten der Prohibition, mit Alkoholschmuggel ins nahe Alaska. Einen echten Klondiker nannte man Sourdough, Sauerteig, und diesen Titel verdiente sich nur, wer es schaffte, den lebensnotwendigen Sauerteigstarter auch im alles erstarrenden Yukonfrost am Leben zu erhalten. Neuankömmlinge titulierte man verächtlich als Cheechakos, was man getrost mit »Grünschnabel« übersetzen kann.

Über den Winter können wir leider nicht bleiben, aber eine Möglichkeit gibt es doch, sich bei den alten Haudegen Respekt zu verschaffen. Am Abend haben wir noch eine Verabredung im Westmark Inn. Captain Dick, vor Jahren in Dawson City gestrandet, verwaltet eine Reliquie, deren Geburtsstunde in einer frostklirrenden Nacht in den dreißiger Jahren schlug. Damals erfror sich ein Alkoholschmuggler seinen großen Zeh, und mangels schneller medizinischer Hilfe amputierte er sich das nutzlose Stück selbst. Da der beinhart gefrorene Boden eine Erdbestattung unmöglich machte, verwahrte er ihn in einer Flasche Hochprozentigem. Viele Jahre später geriet diese Flasche mit dem mittlerweile wohlkonservierten Zeh in die Hände von Captain Dick. Von da war es nur noch ein kleiner Schritt, in einer der deftigen, feuchtfröhlichen Runden den Sourtoe-Club zu gründen, den Orden vom Sauren Zeh. Die Aufnahmeprüfung besteht im Leeren eines Glases Alkohol eigener Wahl, in dem zuvor eben dieser Zeh platziert wird, und wohin man ihn nach dem Austrinken wieder zurückzubefördern hat. Sarah und Lennart bekommen Stielaugen, als Captain Dick ein schmuckes Holzkästchen öffnet und das wachsgelbe Ding mit dem Zehennagel zum Vorschein kommt. Mein Gott, muss ich mir das wirklich antun! Doch es gibt kein Zurück mehr, zu viele Augen sind auf mich gerichtet. Ich bestelle Weißwein. Feierlich manövriert Dick den Zeh in mein Glas. Tief Luft holen, runter mit dem Zeug, aufpassen, dass man nicht zu viel verschluckt und den Zeh zurückspucken. »Welcome to the club!«, klopft er mir auf die Schulter. – Ach, lieber hätte ich doch den Winter hier verbracht! Auf dem Weg zur Yukonfähre kämpft der fade Geschmack in meinem Mund mit meinem Hirn, das mir sagt, dass der Zeh steriler ist, als der Hamburger drüben an der Imbissbude. Doch jetzt bin ich ein Sourtoe!

Am nächsten Tag chartern wir uns einen Kleinbus, der uns hinaus auf die Goldfelder bringt. Nach wenigen Kilometern biegen wir vom Klondike Highway ab und fahren am Bonanza Creek aufwärts. Hier sieht es aus wie auf dem Mond. Wie oft dieses Stück Erde wohl schon durchwühlt wurde? Am Discovery Claim erinnert ein Gedenkstein an den 17. August 1896. Hier also begann der größte Goldrausch in Nordamerika. Drei Männer, George Carmack, Skookum Jim und Tagish Charlie, rasteten an diesem Tag hier am Rabbit Creek und fanden das Gold in dicken Lagen wie »Käse in einem Sandwich«. Ihre Nachricht löste die wohl größte Massenhysterie der Neuen Welt des ausgehenden neunzehnten Jahrhunderts aus. Innerhalb kürzester Zeit gruben Tausende jeden Quadratzentimeter Erde um. Als im Sommer 1898 die Hauptmasse der Stampede hier ankam, waren die Claims längst vergeben, aus dem Rabbit Creek der Bonanza Creek geworden. Sollten all die Strapazen umsonst gewesen sein? Das Zusammenkratzen der letzten Barschaft für die Ausrüstung und die Schifffahrt nach Skagway, die Schufterei über den Chilkoot Trail, der mühsame Bootsbau am Lindeman Lake, die Fahrt durch die gefährlichen Whitehorse Rapids, die harten Rudertage auf dem Yukon …

In verzweifelter Hoffnung erschloss man auch die angrenzenden Gebiete. Mit Feuer wurde der Permafrostboden scheib-

60

chenweise aufgetaut, und so grub man sich immer tiefer hinein in die Erde. Eimer um Eimer zogen handgetriebene, hölzerne Winden den halb gefrorenen Matsch aus den Schächten und türmten ihn zu Halden auf. Von dort schaufelte man den Dreck schließlich in die Sluice Box, wo darübergeleitetes Wasser das Gold vom tauben Gestein trennte. Ausgehend vom Discovery Claim erhielten die 152 Quadratmeter großen Parzellen ihre Bezeichnungen. So ist Claim 17 b/d der siebzehnte Claim unterhalb des Entdeckungsclaims (below Discovery Claim), Nummer 9 a/d ist der neunte stromauf (above). Freud und Leid lagen eng beieinander. Während der eine Gold für eine halbe Million Dollar aus dem Bachbett wusch, reichten dem Nachbarn seine Erträge nicht einmal, um die Kosten zu decken. Und auch von den spät gekommenen Stampedern machten noch einige ihr Glück. Der Cheechako Hill steht als Synonym dafür.

Noch heute sind viele der Claims in privaten Händen, und man hatte uns eindringlich davor gewarnt, aufs Geratewohl irgendwo die Goldpfanne ins Wasser zu tauchen. Unter Umständen sei das lebensgefährlich. Es gibt noch so manchen modernen Glücksritter, der hier den Sommer über mit dem Einsatz schwerer Technik mehrere hunderttausend Dollar herausholt. Schwarze Totenkopffahnen neben der Bonanza Road zeigen deutlich, was sie von ungebetenem Besuch halten. Einzig in Claim 7 a/d, da wo der Eldorado Creek in den Bonanza Creek fließt, ist freies Goldwaschen gestattet.

Auch wir versuchen unser Glück, schmeißen Schaufeln voll Dreck auf unsere Pfannen und schwenken sie fachmännisch hin und her. Das Ergebnis könnte fast süchtig machen: Jedes Mal glitzert feiner Goldstaub am Boden, und Lennart wäscht gar ein Zehn-Dollar-Nugget heraus. Jammerschade, dass kein Claim mehr frei ist.

Trotz allem waren die Zeiten der harten Einzelkämpfer schon nach wenigen Jahren vorbei und die meisten Grundstücke von gro-

Dredge Nr. 4, der riesige Goldwaschbagger

ßen Bergwerksgesellschaften aufgekauft. Damit begann der systematische und maschinelle Abbau des Goldes. Riesige Schwimmbagger fraßen sich die Bachbetten stromauf, filterten das Edelmetall in ihrem Inneren heraus und spuckten Tonnen von Kies wieder aus. Selbst auf diesem Abraum kann man heute noch fündig werden, da besonders große Nuggets oder der sehr feine Goldstaub in den Löchern der Trommeln nicht hängen blieben. Auf Claim 17 b/d ruht der Schwimmbagger Dredge Nr. 4 als beeindruckender Zeuge dieses Zeitalters, das bis in die sechziger Jahre dauerte. Sein hölzerner Rumpf bedeckt zwei Drittel eines Fußballfeldes und ist acht Stockwerke hoch. Ein 920 PS starker Elektromotor bewegte die 2.722 Tonnen, die Energie dazu lieferte ein achtundvierzig Kilometer entferntes Wasserkraftwerk. Bis zu siebzehn Meter unter der Wasseroberfläche konnte die

Maschine Gestein abbauen, in ihrer besten Saison förderte sie die Hälfte des goldenen Jahresertrages des Yukon Territory.

Mit vielen Eindrücken kehren wir zu unserem Lager zurück. Ein Abenteuer liegt noch vor uns. Um Geld zu sparen, haben wir beschlossen, die rund fünfhundert Kilometer auf dem Klondike Highway zurück nach Whitehorse zu trampen. Petra backt aus dem restlichen Mehl einen großen Haufen Bannock als Wegzehrung, und am nächsten Morgen sitzen wir mit Sack und Pack an der Straße neben der Mündung des Klondike River in den Yukon. Es ist Samstag früh und kaum Verkehr. Trotzdem sind wir guter Hoffnung. Petra hält als Erste den Daumen raus, und schon nach kurzer Zeit hält ein Jeep. Die junge Frau bringt uns ein Stück hinaus auf den Highway, wo die Chancen zum Trampen größer wären, wie sie sagt, bevor sie zu ihrem Haus in den Busch abbiegt.

Wir postieren uns an einem Verkehrsschild und harren der Dinge, die da kommen mögen. Das ist zunächst einmal – nichts. Schnurgerade und kilometerlang verläuft die Straße Richtung Osten. Highway – was man in Deutschland oft mit »Autobahn« übersetzt, ist hier eine breite Schotterpiste durch die Wildnis.

Es vergehen Stunden. Selten genug kündigt Motorengebrumm ein nahendes Fahrzeug an. Sofort springen wir in Position und heben die Daumen. Nichts! Die Einheimischen fahren nur um die nächste Ecke, und die wenigen Touristen in ihren Motorhomes blicken stur geradeaus. Jedes Mal, wenn sich so ein großes Wohnmobil nähert, haben wir die irrsinnige Hoffnung, dass es Lilien und Marcel sind. Irgendwie muss es doch weitergehen.

Wir essen Bannock und trinken Saft. Petra macht mit den Kindern ein Hüpfspiel am Straßenrand. Wir essen Kekse und trinken Saft. Immer wieder flackert zwischendurch die Hoffnung auf. Nichts! Die Stimmung nähert sich dem Nullpunkt. Die Alternative wäre ein teurer Flug nach Whitehorse.

Vier Uhr Nachmittag hält ein kleiner Pick-up. Der Mann nimmt uns auf der offenen Ladefläche bis zur Hunker Road mit. Das sind zwar nur fünf Meilen, aber wenigstens bewegt sich etwas. Kaum liegen die Rucksäcke auf der Straße, stoppt auf unser Zeichen ein junger Indianer. Er ist auf dem Weg zur Arbeit an der Tankstelle bei der Kreuzung mit dem Dempster Highway. Immerhin, als wir dort aussteigen, haben wir in sieben Stunden schon vierzig Kilometer geschafft. Vielleicht überwintern wir doch hier!

Der Dempster Highway führt über 743 Kilometer nordwärts bis hinauf nach Inuvik ans Eismeer. Wer mit dem Auto da hochfährt, muss den gleichen Weg zurück – es ist eine Sackgasse in die Wildnis. Ein verlockendes Ziel für uns, doch wir müssen südwärts, leider!

Gegen fünf Uhr nähert sich ein Nissan Jeep. Obwohl nur der Fahrer drinsitzt, halte ich nicht mal den Daumen raus, so hoffnungslos überladen scheint mir das Fahrzeug. Bedauernd die Arme hebend braust er vorbei. Keine zehn Minuten später steht der Jeep plötzlich drüben auf der anderen Straßenseite. Er ist umgekehrt, weil er das traurige Gesicht meiner Frau gesehen hat, wie er mir später erzählt. Terry ist Amerikaner und auf dem Rückweg von seinem Grundstück in Alaska hinunter nach Utah in den Südwesten der USA. Er möchte uns gerne helfen, aber die Kiste ist wirklich krachend voll. Uns ist alles egal, Hauptsache wir kommen weiter. Seine Vorfahren hätten diesen riesigen Kontinent nicht erobert, wenn sie sich nicht zu helfen gewusst hätten. Unkompliziert und hilfsbereit scheint uns Terry ein typischer Vertreter dieses Pioniergeistes zu sein. Irgendwie stopfen wir unsere Packen hinten rein. Bis zur letzten Zehntelsekunde stützt die Hand das Gepäck, um es am Herausfallen zu hindern, bevor die Ladeklappe zuschlägt. Dann stapeln wir uns zu viert auf dem Beifahrersitz. Sieben Stunden später und fünfhundert Kilometer weiter tasten wir uns mit eingeschlafenen

Beinen und Sitzflächen am Campground in Whitehorse aus dem Wagen. Eine Reise, die mein Hintern nie vergisst! Und so genießen wir noch einmal die warme Gastfreundschaft der Menschen in diesem Teil der Erde, ehe wir zurückmüssen ins enge, übervölkerte Mitteleuropa.

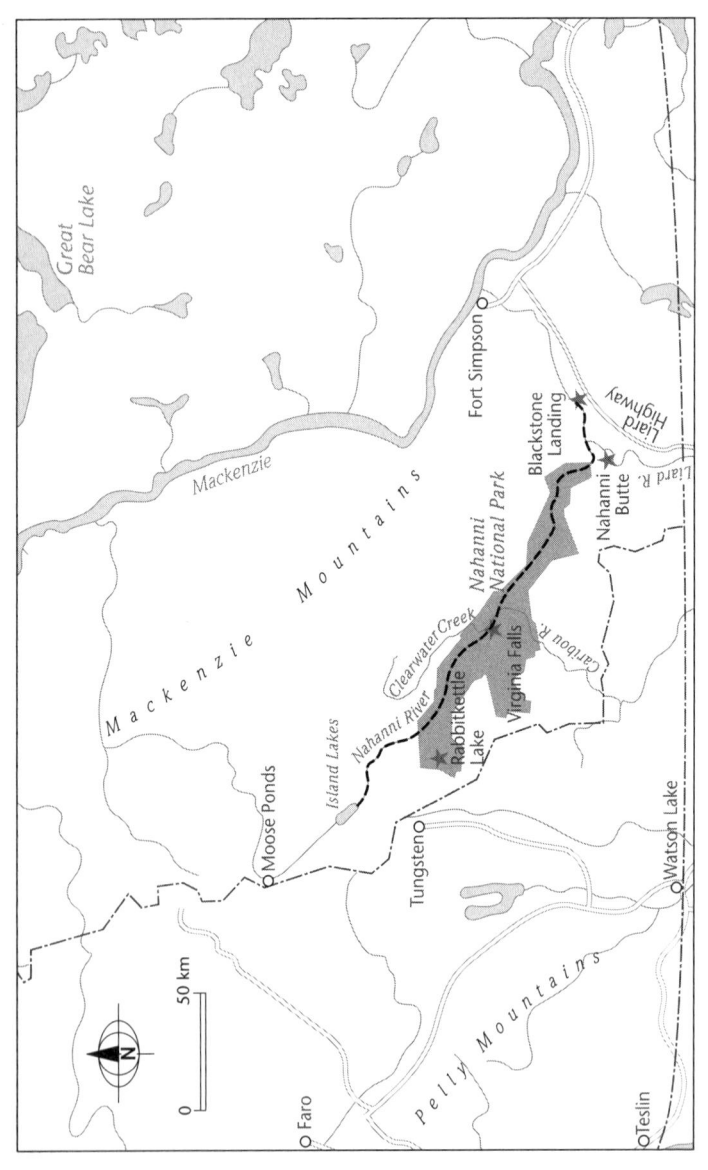

Wilde Wasser, tiefe Canyons – Abenteuer South Nahanni

Mit dem Buschflugzeug in die Wildnis

Für die meisten Kanu- und Wildnisfanatiker ist der South Nahanni River in den kanadischen Northwest Territories ein Traumziel. Am 63. nördlichen Breitengrad startet er seine rund fünfhundertfünfzig Kilometer lange Reise in südöstlicher Richtung durch die abgeschiedene Wildnis der Mackenzie Mountains, bis er seine eiskalten Wasser bei dem Indianerdörfchen Nahanni Butte dem Liard River übergibt, der sich bei Fort Simpson mit dem mächtigen Mackenzie River verbindet und dem Polarmeer entgegenfließt. Geographie und Geschichte machen den South Nahanni so einmalig, dass ihn die UNESCO in ihre World Heritage List aufnahm.

Irgendwann einmal bekamen auch wir Informationen über diesen Fluss in die Hände. Wir lasen von Wildwasserstrecken bis zur Schwierigkeitsstufe 4, von riesigen Wasserfällen und tiefen Canyons, vergletscherten Bergen und heißen Quellen. Und dann gibt es da noch die alte Sage von einem riesigen Goldvorkommen, dem schon viele auf der Spur waren. Doch niemand hat bis heute etwas gefunden, wohl aber haben einige der Glücksritter auf unheimliche und ungeklärte Art und Weise ihr Leben lassen müssen. Namen wie Broken Skull River (Fluss der gebrochenen Schädel), Funeral Range (Begräbnisberg) oder Headless Creek (Bach der Kopflosen) erinnern an diese Zeiten. Und die reiche Fauna des kanadischen Nordens mit Elch, Grizzly, Schwarzbär, Weißkopfseeadler und vielen anderen macht das Gebiet noch attraktiver.

Uns war sofort klar, dass wir da hin müssen. Aber wie? Eigentlich gab es für unser vierköpfiges Team nur zwei Optionen: Entweder fahren Petra und ich allein, oder wir gedulden uns, bis Sarah und Lennart größer geworden sind.

Variante eins schied von vornherein aus. Entweder alle oder keiner! Solange es uns möglich ist und alle Freude daran haben, wollen wir zusammen reisen. Und Variante zwei? Welche Instanz sagt uns denn, ab welchem Alter es vernünftig ist, die Kinder auf diesen Wildnistrip mitzunehmen, wo doch der vorsichtige (und überwiegende) Teil der Menschheit selbst bei Erwachsenen bedenklich den Kopf hin und her wiegt ob solcher Unternehmungen. Es gibt keine Behörde, die uns dafür einen Schein ausstellt und uns die Verantwortung abnimmt. Sollen wir lieber zu Hause bleiben und weiterträumen, nur weil es dort die Ampel nicht gibt, die uns sagt, wann der Weg frei ist?

Nichts da! Die Indianer leben zum Teil heute noch mit ihren Familien da draußen im Busch und fuhren bis vor wenigen Jahren sogar noch den South Nahanni im Frühjahr in ihren Elchhautbooten mit Sack und Pack hinunter. Keine Hightech-Produkte erleichterten ihnen das Leben und Überleben in der Wildnis, nur die Erfahrungen von Generationen und ihr gesunder Menschenverstand. Das ist der Standpunkt, von dem aus auch wir an die Verwirklichung unseres Ziels herangehen wollen. Den South Nahanni River zu viert in einem Kanu mit vollem Gepäck und Verpflegung anzugehen, ist eine Herausforderung, deren Risiken genau kalkuliert werden müssen. Knapp vier Wochen werden wir unterwegs sein, allein auf einem anspruchsvollen Fluss fern der Zivilisation. Sicherheit ist das oberste Gebot.

Fast anderthalb Jahre vergehen mit akribischen Vorbereitungen. Wir sammeln Infos, legen Route, Zeitplan und Proviantliste fest und vervollständigen unsere Ausrüstung. Zur Verbesserung unserer Paddelkünste absolvieren wir einen Wildwasserkurs beim German Open Canoe e.V. Alle absehbaren Schwierigkeiten sollen von Beginn an auf ein akzeptables Maß reduziert werden.

Und dann ist es soweit. Sarah und Lennart sind inzwischen sieben und elf Jahre alt. Nach dem Atlantikflug von Frankfurt nach Calgary genießen wir für eine Nacht die Gastfreundschaft von Martin und seiner Familie. Tags darauf bringt uns die Regionallinie der Canadian Airlines bei traumhafter Bodensicht auf die Rocky Mountains hinauf nach Fort Nelson. Alles klappt bestens und bei der Landung werden wir schon von einem Jeep der Deh Cho Air, unserer Buschflieger-Company, erwartet. Zunächst vervollständigen wir unsere Vorräte im Supermarkt, dann geht es auf dem staubigen Liard Highway weiter nordwärts nach Fort Liard. Es ist kaum Verkehr, und wenn uns doch Fahrzeuge begegnen, vermindern wir das Tempo und halten uns weit rechts. Ein riesiger Truck, der sich mit voller Geschwindigkeit in der Mitte der Fahrbahn nähert, zwingt uns sogar zum Anhalten. Minutenlang sind wir in eine Staubwolke gehüllt, ein Steinregen prasselt auf den Jeep. Nick, unser Fahrer, verzieht keine Miene, hier gilt das Gesetz des Stärkeren und man akzeptiert es. Wie durch ein Spinnennetz schauen wir durch die vielen Sprünge der Windschutzscheibe hinaus auf die Landschaft. Als dunkle Masse erheben sich am Horizont die Mackenzie Mountains. Dort wartet der South Nahanni River auf uns. Wie oft war ich mit dem Finger auf der Landkarte schon hier, wie vertraut sind mir die Namen der Flüsse, die wir überqueren: Fort Nelson River, Petitot River …

Zweieinhalb Stunden später stehen unsere Zelte am Hay Lake unweit der Indianersiedlung Fort Liard. Freudig werden wir von den Moskitos begrüßt, so dass wir es vorziehen, unser Abendbrot am Seeufer einzunehmen. Die Zeitumstellung lässt uns beizeiten in die Schlafsäcke kriechen.

Dafür sind wir am nächsten Tag schon um fünf Uhr putzmunter. Friedlich glänzt der Hay Lake in der Morgensonne, wie

Schleier wehen Frühnebel über dem See. Einzig Vogelgesang unterbricht die Stille, und die ersten, noch kältesteifen Moskitos torkeln als leichte Beute durch die Luft. Fast behutsam tasten wir uns zum Bad in das spiegelglatte Wasser.

Nach dem Frühstück gehen wir mit vereinten Kräften daran, unsere Ausrüstung fachgerecht zu verpacken. Am Ende der Prozedur stehen drei riesige Rucksäcke, ein Tragegestell mit aufgebundenem Verpflegungssack, eine Provianttonne und ein ebenfalls mit Verpflegung gefüllter Kanusack wie Orgelpfeifen nebeneinander. Daneben türmt sich noch das Handgepäck, wie der vierte Schlafsack, die Schwimmwesten, der Benzinkanister … Theoretisch weiß ich, dass alles ins Kanu passen müsste, aber wenn ich den Haufen jetzt so sehe, kommen mir doch Zweifel.

Pünktlich werden wir abgeholt und fahren hinunter nach Fort Liard. Rund zweihundert Indianer leben in dieser Blockhüttensiedlung am Ufer des Liard River, deren bedeutendste Einrichtungen der Indian Craft Store mit wundervollen indianischen Handarbeiten und das Unternehmen der Deh Cho Air sind. Im Hangar der Company empfängt uns Rob Borelli, General Manager und Chief Pilot des Unternehmens. Er ist einigermaßen verdutzt, als Sarah und Lennart aus dem Auto klettern. Offensichtlich hat er nicht damit gerechnet, dass die beiden noch so klein sind.

Nacheinander legen wir unsere Packen auf eine Waage und stellen uns zum Abschluss selbst darauf. Sogar Sarahs Plüschhusky Terry kommt nicht drum herum. Gewissenhaft notiert Rob die Zahlen, das zulässige Gesamtgewicht des Buschflugzeuges darf nicht überschritten werden. Schließlich verzieht er das Gesicht: »It is much gear in one canoe. I do not know your paddling skills.« – »Viel Gepäck für ein Kanu. Ich weiß ja nicht, wie gut ihr paddelt.« Dabei meint er weniger das Gewicht als vielmehr das Volumen. Ich glaube ihm anzusehen, dass er uns ein bisschen für »crazy Germans« hält, die da mit Kindern an den

Das ganze Gepäck und vier Personen müssen in das fünf Meter lange Kanu passen

Nahanni wollen. Schon vor Monaten bei der telefonischen Organisation hat er mich dreimal zurückgefragt, ob ich sicher bin, dass ich für vier Personen nur ein Kanu brauche. Ein Plakat an der Wand fesselt unsere Aufmerksamkeit. Ja, das ist er, der South Nahanni River, vielmehr eine seiner spektakulären Stellen. Es wird Zeit, dass es losgeht! Rob deutet auf einen jungen Mann im Vordergrund des Fotos: »That's me – thirty pounds ago.« – »Das bin ich. Dreißig Pfund früher.« Wir schmunzeln angesichts seines Bäuchleins. Ich darf ihn auch nur hinter seinem Schreibtisch sitzend ablichten.

Auf dem Liard River wartet unser Taxi in die Wildnis, eine einmotorige Single Otter. An einem der Schwimmer ist bereits ein siebzehn Fuß langes, rotes Kanu befestigt – unser Boot für die nächsten Wochen. Nach der Sicherheitseinweisung über Notausstieg, Funkgerät, Notfall-Ausrüstung verteilt Sam, unser Pilot, Ohrstöpsel. Als er den Motor anlässt, wissen wir warum. Langsam laviert er den Flieger zur Flussmitte, richtet die Nase stromauf und schiebt den Gashebel vor. Während des Startvorgangs bin ich mir eine Weile nicht sicher, ob wir tatsächlich fliegen wollen oder nur einen Wasserausflug auf dem Liard River machen. Eine kleine Ewigkeit rumpelt die Otter über den glatten Fluss, sogar eine Biegung muss noch mitgefahren werden. Schließlich hebt sie doch ab, und langsam schrauben wir uns an den Berghängen in die Höhe. Der Busch unter uns scheint zum Greifen nah.

Als wir das Tal des Liard verlassen, breitet sich vor uns eine fantastische Landschaft aus. Unendlich weit scheinen die dichten Wälder zu sein, aus denen graue Gebirgsmassive mit weißen Schneekappen aufragen. Silbrig schimmernde Bäche schreiben mit zahllosen Windungen ihr Autogramm in das Grün. In den Gipfelregionen entdecken wir mehrfach kleine Herden Bergschafe.

Nach einer Stunde schwenken wir auf den Nahanni ein und fliegen weiter stromauf. Gespannt starren wir hinunter auf den Fluss, den wir mit dem Kanu erkunden wollen und machen uns gegenseitig auf Stellen aufmerksam, die wir erkennen. Aber wir sehen auch, dass der South Nahanni beträchtliches Hochwasser führt. Inseln, die uns von Fotos her bekannt sind, sind überspült, und das Hells Gate wirkt selbst aus unserer Höhe Furcht erregend. Wie mögen die beiden riesigen, rotierenden Strudel erst aus der Bootsperspektive aussehen. Das haben wir um diese Jahreszeit nicht erwartet. Langsam beginnen Zweifel an uns zu nagen. Haben wir uns doch zu viel vorgenommen? Ich schiebe die unangenehmen Gedanken beiseite. Es werden noch gut zwei Wochen vergehen, bis wir in diesen Abschnitt kommen. Sicherlich fällt der Wasserstand bis dahin, schließlich haben wir Sommer.

Insgesamt drei Stunden dauert der Flug. Abwechselnd dürfen wir vorn neben dem Piloten sitzen. Als Lennart an der Reihe ist,

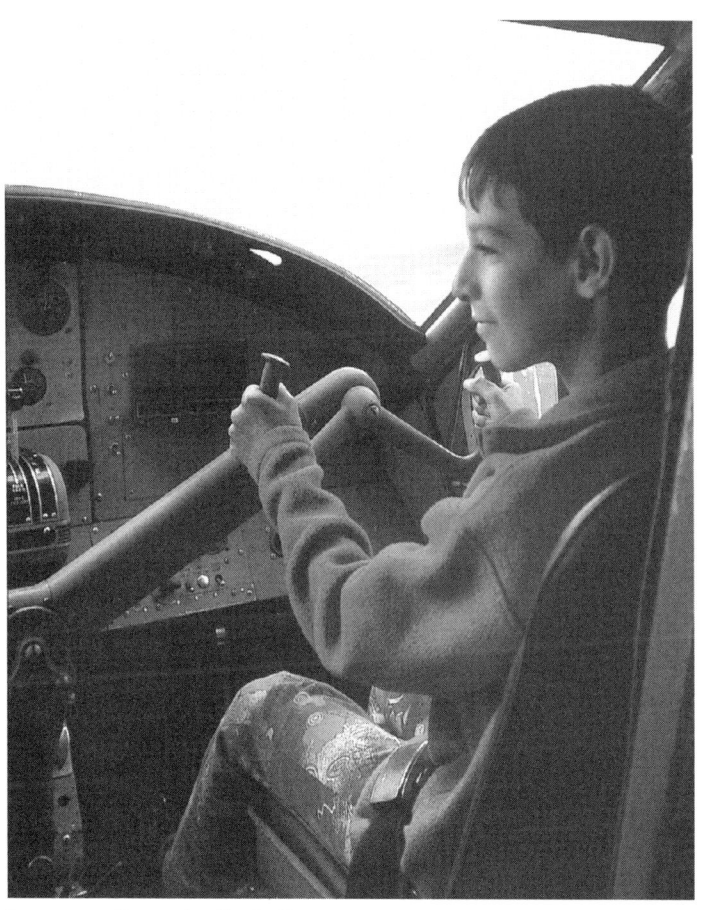

Lennart am Steuer der Single Otter

zeigt ihm Sam, wie Steuerknüppel und Pedale auf dem Platz des Copiloten funktionieren. Dann nimmt Sam Hände und Füße von der Steuerung und gibt Lennart lediglich mit Handbewegungen zu verstehen, was er tun soll. Anfangs ist der Junge stocksteif vor Aufregung und die Otter flattert, als ob sie über

Kopfsteinpflaster fährt. Doch Sam kennt keine Gnade. Über eine halbe Stunde lässt er Lennart fliegen; der ist danach stolz wie ein Spanier: Buschflieger in Kanada – das Selbstverständlichste auf der Welt!

Wie ein kleiner Käfer brummt das Flugzeug das riesige Tal hinauf. Weit vor uns brodelt eine Wetterküche. Aus den Augenwinkeln schaue ich auf Sam, hoffentlich nichts, was uns zum Umdrehen zwingt. Doch den scheint das nicht zu beunruhigen. Wenig später schlagen Regentropfen auf die Cockpitfenster und werden durch den Fahrtwind in lange Streifen gezogen. Aber die Sicht bleibt gut.

Schließlich erreichen wir eine Kette von mehreren Seen – die Island Lakes. Der oberste davon, der Welcome Lake, hat eine fahrbare, direkte Verbindung zum South Nahanni – unser Startpunkt. Das Quellgebiet des Flusses liegt weitere hundertachtzehn Kilometer stromauf. Wir verzichten auf dieses interessante Stück, weil wir es mit dem schwer beladenen Kanu für zu riskant halten.

Inzwischen leitet Sam die Landung ein. Die Otter setzt so sanft auf, dass wir die Berührung mit der Wasseroberfläche kaum bemerken. Das Flugzeug wird an einem Uferbaum vertäut, der Canadier abgebunden und das Gepäck hineingestapelt. Kaum zehn Minuten später sitzen wir im Boot und winken Sam zum Abschied zu. Der hat sich seine Angel gegriffen, hockt auf einem der Schwimmer und will sich noch einen Fisch fürs Abendessen fangen, bevor er zurückfliegt. Wir paddeln um die nächste Biegung – und sind allein. Absolute Stille umfängt uns. Die nächste Siedlung, die nächste Straße sind mehrere hundert Kilometer entfernt. Jetzt sind wir ganz auf uns gestellt.

Die Flitterwochen-Hütte und der Fluss der gebrochenen Schädel

Als wir nach fünfhundert Metern auf den South Nahanni ein-
biegen, haben wir das Gefühl auf einen D-Zug aufzuspringen.
Das eisgraue Wasser steht bis an die Wurzeln der Uferbäume. So
ein Tempo haben wir noch nie erlebt! Wir halten uns nah am
linken Ufer und versuchen, uns durch Rückwärtspaddeln an die
hohe Fließgeschwindigkeit zu gewöhnen. Durch die umfangrei-
che Ausrüstung liegt der Schwerpunkt des Kanus ziemlich
hoch, und es reagiert gar zu kippelig auf die Wellen.

Zum Glück ist das heutige Tagesziel nicht weit entfernt. Nach
wenigen Kilometern erreichen wir Moore's Cabin, die versteckt
hinter dem Ufergebüsch liegt. Fast wären wir vorbeigetrieben,
erst im letzten Moment entdeckt Petra die Hütte. John und Joan
Moore haben sie 1978 nach ihrer Hochzeit gebaut und ein Jahr
hier in der Wildnis gelebt. Deshalb heißt sie auch Honeymoon
Cabin, Flitterwochen-Hütte. Heute dient sie Kanuten wie uns
als willkommener Unterschlupf.

Als wir das Gepäck hineinschleppen, empfängt uns das wü-
tende Gezeter eines Ground Squirrels. Ja, ja, du bist jetzt der
Hausherr hier, aber ein wenig Platz für Gäste wird wohl sein.
Schließlich verschwindet das Erdhörnchen durch eine Ritze
zwischen den Balken. Wir richten uns ein. Das solide gebaute
Blockhaus ist leidlich in Schuss. Zwar steht der verrostete Ofen
vor der Tür, aber das Dach ist dicht, die Fensterhöhlen sind grob
mit Brettern vernagelt und der Fußboden mit Bohlen ausgelegt.
An der Innenseite der Eingangstür hängt noch das Permit der
Moore's für den Bau der Hütte. Alle Achtung! Sechs Wochen
haben sie vom Legen des ersten Balkens bis zum Einzug gebraucht. Und dabei waren sie nur zu zweit und mussten vorher
noch den Wald roden. Erst nach der Emsigkeit des Entladens

und Auspackens wird uns bewusst, dass die Cabin keinen Schutz vor den Mücken bietet. Die Viecher sind so wild, als hätten sie nur auf uns gewartet. Wie im Zeitraffer schlüpfen wir in die Regenanzüge und stülpen uns die Moskitonetze über die Hüte. Als ich später Abendbrot koche, ziehe ich sogar Handschuhe an. Für heute sind wir alle ziemlich geschafft. Ich rolle unsere Matten auf der hölzernen Plattform hinter der Tür und auf dem Fußboden aus. Wenig später liegen wir in den bis zum Hals zugezogenen Schlafsäcken, die Köpfe mit Hut und Netz geschützt. Keine zehn Minuten stehen wir das durch. Die Körperwärme staut sich im Schlafsack, dass wir fast einen Hitzschlag bekommen. Dazu summen die Moskitos ihr unerträgliches Lied direkt neben unseren Ohren. Von was leben sie eigentlich, wenn wir nicht da sind?

Als ich es gar nicht mehr aushalte, springe ich auf und baue in bis jetzt nie wieder erreichter Rekordzeit eines unserer Zelte in der Hütte auf. Endlich Ruhe – zwar ist es zu viert etwas eng, aber die Stechmücken haben das Nachsehen. Nun finden wir auch die Muße, über unsere Situation nachzudenken. Mir schweben noch die Bilder des Fluges vor Augen. Jetzt beim Rückblick auf diese Vogelperspektive wird mir erst so richtig bewusst, wie weit entfernt wir von der nächsten menschlichen Ansiedlung sind.

Seit wir Fort Liard verlassen haben, gab es keine Anzeichen von Zivilisation. Wohin wir den Blick auch wendeten, wie ein grüner Ozean lag der Urwald mit seinen gebirgigen Inseln unter uns. Und nun sind wir vier kleine Pünktchen in diesem Meer gestrandet. Gestern Morgen noch in der hektischen Metropole Calgary und jetzt in einer winzigen Blockhütte mitten in der Wildnis. Draußen rauscht der South Nahanni vorbei. Warum hat er es nur so eilig? Unser Ziel heißt Blackstone Landing am Liard River, und wir kommen nur aus eigener Kraft dahin. Wir sind so froh, endlich hier zu sein, dass es uns noch wie ein Traum erscheint. Unser Ziel ist die Reise und nicht deren Endpunkt.

Was wird uns wohl erwarten? Wir sind sehr gespannt auf das, was vor uns liegt. Der Nahanni hat einige kritische Stellen und über eine davon möchte ich noch gar nicht nachdenken. Fest steht nur eines: Wir werden kein vermeidbares Risiko eingehen! Monoton klopfen die Regentropfen aufs Dach. Bald schlafen wir ein.

Die folgenden Tage verbringen wir bei der Hütte. Petra hat sich noch zu Hause eine starke Erkältung eingefangen, und wir wollen erst weiter, wenn es ihr besser geht. Um mehr Platz zu haben, stelle ich auch unser zweites Iglu drinnen auf. Das Wetter ist fast wie im April, ein ständiger Wechsel von Regen und Sonnenschein. Jeden Morgen nehmen wir ein kurzes Bad im eiskalten Wasser des Nahanni, was Sarah anfangs gar nicht schmeckt. Trotz der Niederschläge können wir dabei beobachten, dass der Wasserstand langsam sinkt. Der Fluss führt so viel Sand mit sich, dass wir unser Trinkwasser durch ein Tuch filtern, damit es nicht zu arg zwischen den Zähnen knirscht.

Wir unternehmen mehrere Ausflüge durch den dichten Busch. Schmale Wildwechsel erleichtern uns dabei das Vorwärtskommen. Alles trieft vor Nässe. Immer wieder müssen wir uns unter tief hängende Äste ducken oder über umgestürzte Bäume klettern. Würde uns jemand hören, müsste er glauben, eine Kuhherde zieht durch den Wald, so laut bimmeln die Bärenglocken an unseren Gürteln. Irgendwo in der Nähe müssen heiße Quellen liegen, deren warmes Wasser uns angesichts der Witterung gerade recht käme. Aber wir finden sie nicht. Immer wieder versperrt uns ein Hochwasserarm des South Nahanni den Weg, dessen Umgehung ein kräftezehrender Hindernislauf auf dem morastigen Boden durch das Dickicht wird. Trotzdem genießen wir das Gefühl, ganz allein in diesen Wäldern zu sein.

Eines Morgens schließlich sortieren wir unsere Ausrüstung und beladen den Canadier fachgerecht. Zum Schluss spannen wir noch die Spritzdecke darüber, die uns Rob im letzten Moment in die Otter gereicht hat. Sie sollte uns auf der weiteren Reise noch gute Dienste erweisen, doch für den reinen Wildwassergebrauch scheint sie uns nicht so geeignet. Zwar ist die Spritzdecke zuverlässig wasserdicht, aber sie besteht aus einem Stück für das ganze Kanu mit zwei angenähten Schläuchen, durch die Vorder- und Hintermann jeweils ins Boot steigen. Der obere Rand dieser Schläuche liegt mittels Gummizug fest um die Hüften. Solange man nicht kentert eine prima Sache, aber wenn doch … Zu viel kostbare Zeit kann vergehen, bis man sich aus dem Schlauch herausgewunden hat! Da ist uns ein offenes Boot mit Auftriebskörpern dann doch lieber. Jetzt geht es zunächst nur darum, das Eindringen von Spritz- und Regenwasser zu verhindern.

Endlich können wir starten. Im Bug sitzt Petra. Vor ihr liegt unser wasserdichter Verpflegungssack und hinter ihrem Sitz türmen sich unsere Provianttonne und zwei große Rucksäcke. In der Gepäckluke der Persenning sitzen nebeneinander Sarah und Lennart. Meine Knie spreizen sich über dem dritten Rucksack und hinter mir im Heck klemmen kleinere Gepäckstücke, wie die Angel, ein Schlafsack, der Benzinkanister usw. Wenn die Verpflegungsvorräte im Lauf der Reise weniger werden, wird es mehr Platz im Kanu geben.

Beim Einsteigen gelingt es mir fast, eine Forelle zu fangen. Mit dem Paddel hatte ich sie im flachen Wasser schon an den Bootskörper geklemmt, als sie doch noch entwischte. Wir seilführen hinaus in den Strom und drehen den Bug flussab. Mach's gut, Honeymoon Cabin! Dort verhungern jetzt Tausende Moskitos. An den Ufern können wir erkennen, dass das Hochwasser weiter zurückgegangen ist. Auch die Geschwindigkeit des South Nahanni erscheint uns jetzt nicht mehr so beängstigend, vielleicht haben wir uns beim morgendlichen Bad auch schon ein bisschen daran gewöhnt. Wir beschränken uns auf ein paar Steuerschläge und genießen den Blick auf die Wälder ohne den lästigen Mückenschutz.

Keine zwei Stunden später stellen uns die Elbow Rapids vor eine erste Bewährungsprobe. Nach einer Linkskurve prallt die starke Strömung in der nächsten Rechtsbiegung mit voller Wucht auf eine felsige Wand und wirft meterhohe Wellen auf. Wir schreiben das Wort »Vorsicht« größer als das »Vielleicht schaffen wir es«, halten uns in der Innenkurve, legen an und treideln um die kritische Stelle. Zu Hause wären wir wahrscheinlich ohne groß zu überlegen darauf zu gefahren. Just in diesem Moment kämpft sich auch die Sonne durch die Wolken, und wir beschließen, hier Mittagspause zu machen. Das Wetter bietet uns ein herrliches Naturschauspiel. Wie bei einer Maskerade verändert die Landschaft in kurzen Abständen ihr Gesicht. Mal regnet es, mal scheint die Sonne, mal hängen die Wolken an den Bergflanken, mal verhüllen sie deren Gipfel – ständig gibt es neue Variationen.

Nach der Rast müssen wir hochkonzentriert weiterfahren, um den Canadier im stark bewegten Wasser auf Kurs zu halten. Später schlängelt sich der Fluss mit guter Geschwindigkeit in vielen Kurven vorwärts und heftiger Gegenwind kommt auf. Aber damit haben wir Erfahrung. Sarah und Lennart sitzen mir gegenüber wie zwei Touristen auf einem Kreuzfahrtschiff. Locker an den Proviantberg gelehnt, die kleinen Hintern auf dem Kanuboden und die Beine oben auf der Spritzdecke ausgestreckt, trinken sie Fruchtsaft und knabbern VIBA-Schnitten in sich hinein.

Am Abend erreichen wir das Delta des Broken Skull River, der von links in den South Nahanni mündet. Petra und ich schalten einen Gang höher und rauschen voller Schwung auf das sandige Ufer einer flachen Insel. In bewährter Arbeitsteilung nehmen wir sie für heute in Besitz. Während ich das Kanu entlade und seitab in den Büschen die Zelte aufschlage, suchen die Kinder Schwemmholz für das Lagerfeuer, und Petra bereitet das Abendbrot vor. Schinken-Cathay-Bannock, in der Glut gegarte Kartoffeln und Tee stehen auf dem Speiseplan. Zum Nachtisch gibt es Schokolade. Wir wüssten nicht, was uns anderswo besser schmecken könnte.

Fluss der gebrochenen Schädel – welch ein schauriger Name, vor allem, wenn man hier an seinem Ufer sitzt. »Warum heißt der Fluss so komisch?« Fragend schaut mich Sarah an. Ich erzähle ihr, was ich darüber weiß: Der große Goldfund am Klondike im Jahr 1896 zog in der Folge Tausende Goldsucher in den hohen Norden Kanadas. Wenige wurden fündig, der Großteil ging leer aus. Nach dem Ende des großen Goldrausches wanderten viele mit neu erwachter Hoffnung weiter zu den neuen Fundstätten nach Fairbanks und Nome in Alaska. Einige blieben aber auch und versuchten ihr Glück in den angrenzenden Gebieten des Yukon. Immer wieder tauchten irgendwo Gerüchte über sagenhafte, verborgene Goldminen auf, noch ergiebiger als die Lager am Bonanza Creek. Nie belegt durch nachgewiesene Funde, aber hinter vorgehaltener Hand unter dem Siegel der Verschwiegenheit immer weitergeflüstert, fielen sie doch auf fruchtbaren Boden und zogen unerschrockene, weiße Abenteurer in die entlegensten Gebiete. Zu diesen Gegenden gehörte auch der South Nahanni River. Zwei Brüder, Frank und Willie McLeod, zogen im Jahre 1905 auf den Spuren einer indianischen Legende von einem Goldschatz den Fluss stromauf. Drei Jahre später fand eine Suchexpedition die beiden Überfälligen tot und ohne Kopf in ihren Schlafsäcken liegend an der Mündung eines Baches. Das Tal dort heißt heute Deadman Valley, und den Bach nennt man Headless Creek. Die Todesursache wurde nie aufgeklärt, doch offensichtlich war das schreckliche Ereignis vielen nur die Bestätigung dafür, dass es da draußen etwas geben muss. Weitere Todesfälle folgten und der Nahanni avancierte zu einem Mysterium, dem man sogar Menschen fressende Eingeborene und Kopfjäger andichtete. Die schaurigen Namen künden noch heute davon und tragen in den abendlichen Stunden am Lagerfeuer zum Reiz einer South-Nahanni-Befahrung bei.

Nachdenklich stochere ich mit einem Stock in der Glut. Es fällt schwer, sich in diese Menschen hineinzuversetzen. Ungeahnte Strapazen nahmen sie in der vagen Hoffnung nach dem großen Glück auf sich. Wie oft war es eiserner Wille mit klarem Verstand und wie oft blindes, verbissenes Anrennen gegen das Schicksal? Meist war die geringe Chance, den ärmlichen Lebensumständen der unteren Bevölkerungsschichten zu entfliehen, der Auslöser für solchen Wagemut. Aus vieler Herren Länder kommend und den unterschiedlichsten Tätigkeiten nachgehend, hatten sie eines gemeinsam: Sie alle gehörten zu einem aktiven Menschenschlag, der sein Schicksal in die eigenen Hände nahm und der angesichts der Annehmlichkeiten der heutigen modernen Zivilisation im Aussterben begriffen scheint. Ihre Gier nach dem gelben Metall ließ sie in Grenzbereiche vorstoßen, die es den Nachrückenden oft erst ermöglichte, diese Gebiete zu erforschen. Wer weiß schon, wie viele auf welche Weise ihre Kühnheit dabei mit dem Leben bezahlten!

Am nächsten Morgen kommen wir spät aus den Schlafsäcken. Petra und Sarah begeben sich zur Küche, Lennart und ich bauen das Camp ab und beladen das Kanu. Ich schichte das Gepäck heute ein wenig um und baue das Tragejoch aus, so dass die Kinder etwas mehr Platz haben. Mit flotter Strömung und ohne Gegenwind kommen wir gut vorwärts. Der Himmel ist teilweise bewölkt, es tröpfelt auch mal kurz, aber insgesamt ist das Wetter gut. Rechter Hand begleiten uns die schneebedeckten, fast dreitausend Meter hohen Gipfel der Ragged Range, links sind die Hänge in glühendes Rot getaucht: Alte Waldbrandgebiete, in denen jetzt das Fireweed blüht. In den Außenkurven und auf Inseln türmen sich riesige Schwemmholzhaufen. Es hat den Anschein, dass die Frühjahrshochwasser ganze Wälder mitnehmen. Eine furchtbare Urgewalt muss das sein, die sich dann hier herunterwälzt. Schenkeldicke, ineinander verkeilte Stämme nicken wie von Geisterhand bewegt in den Wellen vor sich hin. Mäch-

tige, umgestürzte Baumkronen filtern das Wasser, das unge-
bremst hindurchrauscht. Respektvoll halten wir Abstand. Ein
mächtiges Hochtal schiebt sich ins Blickfeld. Da oben thronen
senkrechte Felswände über den Wipfeln. Die höchsten Berge der
Ragged Range, mit dem Mount Sir James MacBrien und dem
Mount Harrison Smith, bilden den »Cirque of the Unclimba-
ble«, den Kreis der Unbesteigbaren, der eine große Herausforderung für jeden Bergsteiger ist. Zu ihren Füßen liegt der Glacier Lake. Von der Mündung des Brintnell Creek, die wir am
frühen Nachmittag erreichen, ist es ein acht Kilometer langer,
beschwerlicher Aufstieg durch dichten Busch bis an diesen herrlichen Bergsee, den wir schon vom Flugzeug aus bewundern
konnten. Wir füllen unsere Trinkbehälter mit dem klaren Wasser des Baches und strecken uns in der Sonne aus. Derweil bauen
Sarah und Lennart voller Eifer Sandpyramiden mit Miniatur-
wasserfällen und Wildwasserstrecken. Eigentlich wollten wir
hier den vorübergehend entbehrlichen Teil unserer Ausrüstung
in die Bäume hängen und eine zweitägige Wanderung an den
Glacier Lake unternehmen. Doch Petra fühlt sich noch nicht fit
genug, um mit dem schweren Rucksack durch das Dickicht zu
kriechen. Außerdem liegt noch einiges vor uns. So verzichten
wir schweren Herzens auf die Tour.

Tufa Mounds und Rommee-Weltmeisterschaft

Stunden später passieren wir ein hölzernes Schild am rechten
Ufer. »Nahanni National Park« steht darauf und markiert den
Beginn des unter Schutz gestellten Gebietes. Wenig später legen
wir an einer zweiten Tafel an. Sollen wir unser Camp hier am
Fluss aufschlagen oder drüben am siebenhundert Meter entfernten Rabbitkettle Lake? Da wir zwei Tage bleiben wollen,
entscheiden wir uns für das Letztere. Wir hieven den Canadier

an Land, verbergen ihn im Gebüsch und machen uns an die Portage (auf so genannten Portagen werden Kanu und Gepäck an gefährlichen oder unpassierbaren Stellen im Fluss vorbeigetragen,
oder sie verbinden voneinander unabhängige Wasserläufe). Petra,
Lennart und ich hucken unsere Rucksäcke auf, Sarah schnappt
sich etwas von dem Kleinkram, und ich schultere noch einen
Verpflegungssack. Steil geht es über zwei Bergrücken durch den
Mischwald und wir kommen tüchtig ins Schwitzen. Endlich
blinkt es blau durch die Stämme. Die Schinderei hat sich gelohnt! Idyllisch liegt der See zwischen den Bergen. Sein blaues,
etwa 20 °C warmes Wasser ist ein ziemlicher Kontrast zu den
grauen, kalten Gletscherfluten des South Nahanni. Auf einer
luftigen Anhöhe errichten wir das Lager und laufen dann hinüber zur Hütte der Nationalpark-Verwaltung am Südende des
Sees. Während der Saison ist hier ein Warden, ein Nationalpark-
Aufseher, stationiert, bei dem sich die vorbeikommenden Kanuten registrieren lassen müssen. Der Nahanni National Park ist
pure Wildnis, es gibt keine angelegten Wege und Stege. Seine
Grenzen sind nur auf der Karte verzeichnet. Um diesen Charakter zu bewahren, wird die Anzahl der Flussbefahrungen seit einiger Zeit begrenzt, und es wird eine Gebühr erhoben. Da der
Oberlauf des Flusses nur per Buschflieger zu erreichen ist, lässt
sich diese Maßnahme leicht durchsetzen und kontrollieren. Den
einzig möglichen, extrem harten Anmarsch über die so genannte
Overland Route nehmen nur sehr wenige auf sich. Sicherlich
wird der South Nahanni nie ein Ziel des Massentourismus werden, da eine Expedition auf ihm Wildniserfahrung und die Be-
herrschung der Kanu-Technik voraussetzt, aber man beugt auf
diese Weise einem Überhandnehmen kommerziell geführter Trips
vor.

Jim, der Warden, staunt nicht schlecht, als wir plötzlich zu
viert auf seiner Schwelle stehen. Und dass wir nur mit einem
Kanu reisen, will er erst recht nicht glauben. Wir grinsen uns

eins und denken gleichzeitig: Mann, der hat's gut! Lungert den ganzen Tag hier in der Wildnis rum und kriegt auch noch Geld dafür. Wir hätten kein Problem damit, uns hier dauerhaft einzuquartieren.

Jim erzählt uns eine haarsträubende Geschichte, die sich letzte Woche hier abspielte: Ein deutsches Pärchen hatte sich ebenfalls zu den Island Lakes fliegen lassen. Sie kampierten nicht in der Hütte, sondern oben am See in ihrem Zelt. Als sie eine Wanderung unternahmen, nutzte ein Schwarzbär die Gelegenheit und machte sich über den Proviant der beiden her. Was zwei Menschen für mehrere Wochen kalkuliert haben, schafft Meister Petz in seiner Fressgier auf einen Ritt. Ihrer Vorräte beraubt und froh, dass nicht mehr passiert war, paddelten die beiden in zwei Tagen zur Warden Station, von deren Existenz sie wussten. Per Funk orderte Jim ein Wasserflugzeug und mit dem Ausfliegen endete das South-Nahanni-Abenteuer der beiden auch schon wieder. Eine Geschichte, die hier jedem passieren kann. Plötzlich wollen wir schnell zurück zu unserem Lager, denn wir haben dort einfach alles stehen und liegen gelassen. Für den nächsten Tag verabreden wir uns zu einem Ausflug.

Der folgende Morgen empfängt uns mit Bilderbuchwetter. Wie siamesische Zwillinge liegen sich die Berge und ihr glasklares Spiegelbild auf dem Wasser des Rabbitkettle Lake gegenüber. Die Portage vom Fluss hat sich wirklich gelohnt. Wir machen große Körperpflege, Petra wäscht ein paar Sachen heraus. Gegen Mittag beginnen wir unsere Wanderung mit dem Warden, im Gepäck eine Gallone Saft und Fruchtschnitten. Jim hat eine riesige Flasche Bärenspray am Gürtel. »Sollten wir einen Grizzly treffen, brechen wir ab«, sagt er. Die Luft flimmert vor Hitze, als wir aufbrechen und einem schmalen Pfad in den Busch folgen. Immer wieder haben wir das Gefühl, uns nach allen Seiten umschauen zu müssen. Ja, irgendwo hier sind sie, diese großen Burschen. Ihre Anwesenheit ist unverkennbar. Da sind die deutlichen Spuren der Krallen an einem Baumstamm weit über meiner Reichhöhe und dort ist die Erde aufgewühlt vom Graben nach einer seiner Lieblingsspeisen, der Eskimokartoffel. Nur blicken lässt er sich nicht.

Der Weg führt am Ufer eines herrlichen, grünen Sees entlang. Jim bedeutet uns, still zu sein und zeigt nach vorn. Aha, die Hausherren machen gerade einen Ausflug. In kaum sechs Metern Entfernung gleitet ein Biberpärchen vorbei. Ein plötzliches Krachen im Sumpf auf der anderen Seite des Pfades lässt uns zusammenfahren. Tief geduckt verrenken wir die Hälse. Was war das? Schwere Schritte glucksen in den morastigen Boden. Als das Laub den Blick etwas freigibt, erkennen wir eine Elchkuh, die mit ihrem Kalb durch das Moor stapft und frische Blätter von den Büschen äst. Hier ist ja richtig Verkehr! Auch die Moskito-Air fliegt wieder, und so machen wir, dass wir weiterkommen. Am Rabbitkettle River hat man ein Seil über den Fluss gespannt, und Jim zieht uns daran in einem Boot hinüber. Nach eineinhalb Stunden haben wir unser Ziel erreicht. Urplötzlich erhebt sich ein gelblicher Hügel aus dem Wald. Er scheint aus lauter kleinen Terrassen zusammengesetzt, wie winzige Reisfelder asiatischer Bergbauern. Wir stehen vor den nördlichsten Kalksinterterrassen der Welt – den Tufa Mounds. Jim erklärt uns, dass das Wasser warmer Quellen hier aus der Erde tritt und im Abkühlen seine Mineralien abgibt, die sich dann ablagern. Pro Jahr wächst die Schicht um zwei Millimeter, jetzt ist der Mound siebenundzwanzig Meter hoch. Lennarts Bereitschaft mir beim Ausrechnen zu helfen, wie lange es dauerte, bis diese Höhe erreicht wurde, hält sich in Grenzen. »Sehr lange!« Nun, das ist jedenfalls nicht falsch, höchstens etwas ungenau. Es war zu einer Zeit, als der Mensch begann, auf dem amerikanischen Kontinent Fuß zu fassen.

Barfuß klettern wir hinauf, bis wir vor dem brunnenähnlichen Loch stehen, aus dem das Wasser überläuft. Sommers wie winters – immer hat es die gleiche Temperatur von rund 20 °C. Der Tufa Mound ist wie eine Aussichtsplattform. Er bietet einen herrlichen Blick auf die Ragged Range. Da drüben ist noch ein zweiter, kleinerer Mound. Eine leichte Brise vertreibt die Mücken. Auf unsere Frage, warum hier so viele Knochen und Skelette kleinerer Tiere liegen, antwortet Jim, dass Adler hier gern ihre Beute verzehren. Ja, ein Gourmet speist eben nur im richtigen Ambiente. Wir kennen auch kein Lokal, das wir diesem Platz vorziehen würden.

Nach dem Rückweg wartet Jim bei seiner Hütte mit einer unangenehmen Überraschung auf. Pflichtbewusst wie er ist, hat er die Nationalparkverwaltung in Fort Simpson über unser Team (vier Mann in einem Boot) unterrichtet. Dort hat man wahrscheinlich die Hände über dem Kopf zusammengeschlagen und festgelegt, dass wir wegen des Hochwassers so nicht durch die Stromschnellen der Canyons fahren dürfen. Irgendwie hatte ich so etwas geahnt. »Und wie soll es weitergehen?« Mit einem der nächsten Flugzeuge, die hereinfliegen, soll ein Raft, ein großes Schlauchboot, am Beginn der Rapids deponiert werden. Damit könnten wir gefahrlos durch die Wellen reiten. Wir besitzen keinerlei Erfahrungen mit solchen Rafts und haben keine Ahnung, ob wir damit im Wildwasser klarkommen. So ein Gefährt hat im Wasser die Schnittigkeit einer Schrankwand und uns graut vor der Vorstellung, damit im unteren, ruhigen Teil des Nahanni, womöglich noch bei Gegenwind, paddeln zu müssen. Ich bespreche mich kurz mit Petra. Andere Optionen scheint es nicht zu geben. Rausschmeißen können sie uns nicht, wir reisen auf eigene Gefahr. Es existiert auch kein weiterer Posten, und so wird es unsere Entscheidung sein, ob wir das Raft nutzen oder nicht. Wir willigen ein. Kommt Zeit, kommt Rat!

Lennart hat diese Nacht fantasiert, dass mir vor Lachen der Bauch wehgetan hat. Irgendwann kniet er plötzlich im Zelt, stützt mit seinen Armen die Plane wie Atlas einst das Himmelsgewölbe und ruft immerzu: »Sarah, da liegt was auf dem Zelt.« Aus der Nachbarvilla erntet er nur Schweigen. Nachdem sich mein erster Schreck gelegt hat, schaue ich ihm interessiert zu. Meiner Meinung nach steht das Zelt auch von allein. Und als er so gar nicht aufhören will, ziehe ich ihn schließlich wieder in seinen Schlafsack, er dreht sich um und schläft weiter. Am nächsten Morgen weiß Lennart von nichts.

Abschied vom Rabbitkettle Lake. Noch am Abend nach der Wanderung haben wir einen Teil unserer Ausrüstung rüber an den Fluss gebracht, so dass wir jetzt nur einmal laufen müssen. Als wir uns, schwer beladen und keine Hand frei, durch den Busch auf den Weg machen, ist Frühstückszeit – nicht für uns, für die Moskitos. Ein scheußliches Gefühl, so als Mahlzeit durch den Wald zu laufen.

Das Kanu liegt unberührt im Gebüsch. Wir ziehen es hervor und machen es flott. Schnell ist das Gepäck verteilt, und wir nehmen unsere Sitzplätze ein. Dann hat der Fluss uns wieder. Die Sonne scheint, aber ein kalter Wind lässt uns trotzdem frösteln. Bald liegen die schneebedeckten Gipfel der Ragged Range hinter uns. Aber noch lange grüßen sie aus der Ferne, wenn wir zurückblicken. Mit träger Strömung und unschlüssig, welche Richtung er einschlagen soll, windet sich der Nahanni voran. Mal fließt er nach rechts, wo ihn die Berge aufhalten, dann macht er eine abrupte Kehrtwendung und kommt auf der anderen Talseite zum gleichen Ergebnis. Fast scheint es, als wollte er den einzig möglichen Ausgang nicht akzeptieren. Dabei hätte er Zeit gehabt, einen anderen, direkteren Verlauf zu nehmen. Geologisch gesehen war der Nahanni vor den ihn umgebenden Bergen da. Geboren in ursprünglich flachem Gelände, suchte er sich mäandernd seinen Lauf. Als sich der Untergrund im Laufe der Jahrmillionen hob, grub sich der Fluss immer tiefer in sein einmal gewähltes Bett. Deutlich können wir an den nackten, felsigen Hängen die Spuren dieser Fräsarbeiten erkennen.

An der Mündung des Hell Roaring Creek hängt weithin sichtbar ein weißes Blatt Papier an einem Stecken im Sand. Irgendwo vor uns müssen andere Flussfahrer sein, die ihre Nachfolger auf dem Zettel vor einem Grizzly warnen, der dieses Delta als sein Gebiet betrachtet. Eigentlich wollten wir hier lagern, aber eine solche Warnung schlägt man nicht in den Wind.

In unserem Camp am Flood Creek versuchen Lennart und ich zu angeln. Der South Nahanni River hat nicht unbedingt den Ruf eines guten Reviers. Offensichtlich fühlen sich die Fische in dem sandigen Gletscherwasser nicht wohl. Jim hatte uns den Tipp gegeben, es dort zu versuchen, wo sich das Wasser klarer Seitenbäche mit dem des Nahanni vermengt. Wieder und wieder werfen wir den Blinker aus – ohne Erfolg. Nur gut, dass wir nicht darauf angewiesen sind.

In den folgenden Tagen lassen wir uns viel Zeit und genießen unser Wildnisleben. Wenn wir auf Kiesbänken rasten, sammeln die Kinder bunte Kiesel, und wir lassen flache Steine über das Wasser tanzen. Die Strömung des Flusses wird immer geringer. Einmal entdecken wir einen Biber, der sich neugierig ein Stück mittreiben lässt und schließlich mit lautem Aufklatschen seines breiten Schwanzes untertaucht.

Für einige Tage okkupieren wir eine idyllische Insel mit einem kleinen Wäldchen und einem schönen Strand. Das Wetter zeigt sich von seiner besten Seite, lediglich an den Nachmittagen prasseln Wärmegewitter herunter. Wir leben wie die Fürsten – nur freier. Petra zaubert regelrechte Kreationen auf unserem Lagerfeuer. Es gibt mit Trockenfleisch verknetete Bannocks, süße Stockbannocks mit Vollmilchpulver und Honig, Kartoffeln in Alufolie, mit Nüssen und Rosinen gefüllte Brötchen. Dazu wird Milch, Tee oder Fruchtsaft kredenzt, und zum Nachtisch naschen wir Schokolade, VIBA-Riegel oder Studentenfutter. Lennart hat die RWM ausgerufen, wie er sie nennt – die Rommee-Weltmeisterschaft, und es gibt heiße Kämpfe um die Spitzenposition. Zwischendurch spazieren wir wie Robinson um unsere Insel oder gehen an den Strand zum Baden. Wo soll es uns besser gehen als hier?

Eines Morgens werde ich durch lautes Plantschen unten am Wasser geweckt. Um Gottes willen, wenn jetzt ein Bär kommt. Es hört sich so nah an. Tausend Gedanken schießen mir durch den Kopf. Schnell die Hosen an und aus dem Zelt geschlüpft. Ein paar Büsche geben mir Deckung und durch das Laub sehe ich drüben am anderen Ufer einen dunklen Kopf aus dem Wasser ragen. Ein Bär? Lennart hat sich inzwischen neben mich geschlichen. Da steigt das Tier aus dem Wasser, und mir fallen Steine vom Herzen, es ist ein Elch. Langsam verschwindet er im Busch.

Die Hitze macht uns träge. Einmal brechen wir sogar den schon begonnenen Abbau des Lagers wieder ab. Keine Lust, einfach zu warm. Das Einzige, was hilft, ist ein kühles Bad im Nahanni und viel Ruhe im Schatten unseres Sonnensegels.

Ab und zu schnappe ich mir die topographischen Karten, breite sie nebeneinander aus und träume mich hinein. Was könnte man hier noch alles unternehmen? Zu viel für eine Expedition, zu viel vielleicht für ein ganzes Leben. Wie riesig ist doch dieses Land! Mein Blick bleibt an einer Gebirgskette hängen, die sich fast schnurgerade von Nahanni Butte nach Norden zum Mackenzie River zieht – die Nahanni Range. An einer Stelle weisen enge Höhenlinien auf eine tiefe Kerbe zwischen den Bergen hin. Die blaue Farbe markiert den Little Doktor Lake, der sich von Osten durch diese Kerbe zwängt. Dort einen Sonnenuntergang zu erleben, muss fantastisch sein. Ich stelle mir vor, wie der rote Sonnenball zwischen dem gigantischen Bergtor über dem See hängt. Oder weiter oben im Norden der Canol Heritage Trail, die Herausforderung eines dreihundertsiebzig Kilometer langen Fußmarsches quer durch die Wildnis vom Mackenzie River hinüber ins Yukon Territory. All das liegt nach den Maßstäben der Kanadier hier gleich um die Ecke und ist doch mehrere hundert Kilometer entfernt. Mehr der Übung halber als aus der Notwendigkeit der Positionsbestimmung errechne ich regelmäßig die wahre Ortszeit, die Sonnenrichtung und die Missweisung. Die Kompassnadel weicht hier um 32° nach Osten ab. Das heißt, dass der magnetische Nordpol, auf den die Nadel zeigt, von hier aus gesehen 32° östlich des geografischen Nordpols liegt, auf den wiederum die Karten ausgerichtet sind. Solange man sich an den Flusslauf hält, ist das von zweitrangiger Bedeutung, aber wenn man sich im Busch verläuft, wird dieses Wissen lebenswichtig. Wir befinden uns in der Zeitzone der Mountain Standard Summer Time. Steht die Sonne über dem 90. westlichen Breitengrad, ist es in der Welt der Nachrichtensprecher Punkt zwölf. Dort, wo die Uhr den Tag in viele kleine Scheibchen zerschneidet, mag das eine Rolle spielen. Zeit ist Geld; Stress oder Ruhe werden im Minutentakt geplant. Unser Standort liegt mehr als 35 Längengrade, über 1800 Kilometer, westlich vom Zeitmeridian, und es gibt keine Termine, die wir verpassen könnten. Bis die Sonne hier den Zenit erreicht, vergehen noch einmal fast zweieinhalb Stunden, Mitternacht zur wahren Ortszeit ist gegen halb drei Uhr morgens. Nur kurz ist die Sonne dann hinter den Bergen verschwunden, aber es bleibt taghell – subarktischer Sommer am Polarkreis.

Irgendwann treiben mich die herrlichen Farben des Morgenrots auf den Bergspitzen mit dem Fotoapparat aus dem Schlafsack. Wir nutzen die Gelegenheit und die frische Kühle und beschließen weiterzufahren. Zwei Stunden später verlassen wir unser Eiland, das nicht einmal in der Karte verzeichnet war. Der Fluss verändert die Landschaft ständig, trägt Inseln ab und lässt neue entstehen. Eine genaue Karte kann es daher niemals geben. Zumindest habe ich ein Kreuz an der Stelle auf der Karte gemacht, wo wir uns so wohl fühlten.

Virginia Falls und Fourth Canyon

Nach anfänglich guter Strömung wird der Nahanni allmählich immer träger und schließlich breit wie ein See. Nur gut, dass wir keinen Gegenwind haben. Weit vor uns markiert der Sunblood Mountain das Ziel des heutigen Tages: Zu seinen Füßen liegen die Virginia Falls, eines der größten Naturwunder am South Nahanni. Die Paddelei dahin wird ziemlich anstrengend, doch die Spannung treibt uns vorwärts. Als wir Stunden später am Steg für die Wasserflugzeuge anlegen, sehen wir vor uns über die ganze Flussbreite weiße Schaumkronen aufspritzen. Ein dumpfes Grollen lässt uns Gewaltiges ahnen. Obwohl wir es kaum erwarten können, die Fälle zu sehen, bauen wir erst unser Lager auf. Die Virginia Falls sind ein beliebter Startpunkt für die Flussreise, deshalb gibt es hier den Komfort kleiner Zeltlichtungen mit Bankgruppe und Feuerstelle im Wald. Unter einem Schutzdach am Ufer liegt doch tatsächlich ein zusammengerollter Gummiballen. Ein Zettel weist ihn als das für uns bestimmte Raft aus. Wir ignorieren es erst einmal und machen uns auf den Weg.

Ein schmaler Trail führt am Ufer entlang bis an den oberen Rand der Fälle. Das Donnern wird immer stärker. Die Sluice Box, ein rund fünfhundert Meter langes Stück Wildwasser der höchsten Schwierigkeitsstufe, bildet den Auftakt bis zur Abbruchkante. Wer hier mit seinem Kanu hineingerät, ist rettungslos verloren, denn über zweiundneunzig bzw. fünfundfünfzig Meter stürzen sich die Wassermassen, geteilt durch den Mason Rock, in die Tiefe. Das ist die doppelte Höhe der Niagara Fälle! Atemlos stehen wir davor, es ist wie in einem Traum. Zu oft haben wir uns hierher gewünscht, als dass unser Verstand diesen Anblick sofort als Realität erkennen könnte. Es ist, als ob man in ein Kaminfeuer blickt. Stundenlang könnten wir auf diese

mächtige, weiße Wasserwand schauen und dem ohrenbetäuben-
den Rauschen zuhören.

Irgendwann reißen wir uns los und laufen über den 1,2 Kilometer langen Portage Trail hinunter in den Fourth Canyon, der
sich unmittelbar an die Wasserfälle anschließt. Hier wachsen
Unmengen von Heidelbeeren im King Size Format, so dass wir
nur langsam vorwärts kommen. Im Talgrund nimmt uns wieder
der imposante Anblick der Virginia Falls gefangen. Schon von
oben galt so manch banger Blick dem Fourth Canyon. Uns war
von Anfang an klar, dass er die Schlüsselstelle auf unserer Reise
sein würde. Diese acht Kilometer lange Schlucht wurde im Laufe der Jahrtausende durch die sich ständig stromauf grabenden
Virginia Falls geschaffen. Das Wasser wird nach seinem Sturz
hier förmlich hineingepresst und fließt mit 20 km/h sehr schnell.
Dabei bilden sich hohe, stehende Wellen, die insbesondere im
Bereich der Felswände oder dort, wo Felsbrocken im Fluss liegen, sehr gefährlich sind. Der Warden am Rabbitkettle Lake
hatte uns erzählt, dass die Wellen auf Grund des Hochwassers
teilweise bis zu sieben Fuß hoch werden. Das sind mehr als zwei
Meter! Dazu kommt das eiskalte Wasser. Im Fall einer Kenterung droht in kürzester Zeit eine lebensgefährliche Unterküh-
lung. Will der Kanute den South Nahanni weiter befahren, muss
er jedoch durch diesen Canyon – es gibt keine Möglichkeit, ihn
zu umgehen!

Wir spähen so weit wie möglich in die Schlucht hinein und
halten nach einer fahrbaren Route Ausschau. Da sind zwar etliche Wellen mit weißen Schaumkronen, aber ganz so hoch scheinen sie nicht zu sein.

Wir kommen gerade rechtzeitig, um das Ablegen einer kom-
merziellen Schlauchboot-Party mitzuverfolgen, deren Mitglie-
der sich hierher haben einfliegen lassen. Gespannt verfolgen wir
den Kurs des mit sechs Personen besetzten Rafts. Der Floßfüh-
rer rudert mit aller Kraft, um das schwerfällige Gefährt in der

Mitte der Strömung zu halten. Als es in den Bereich der Wellen kommt, werden wir dann doch etwas blass. Wie auf einer Berg-und-Tal-Bahn steigt das Schlauchboot in die Höhe, um danach jeweils vollends zu verschwinden. Von wegen nicht sehr hoch! Auf dem Rückweg zu unserem Camp sind wir hin- und hergerissen zwischen Sorgen und Es-wird-schon-gut-gehen-Optimismus.

Dauerregen am folgenden Tag verhindert die geplante Besteigung des Sunblood Mountain. Wir stromern noch einmal zum Heidelbeergarten an der Sluicebox und bessern unsere Verpflegung auf. Uns ist noch nicht klar, wie wir durch den Fourth Canyon kommen. Zu viert in dem fünf Meter langen Kanu erscheint es uns zu gefährlich. Sollen wir doch das Raft nehmen? Oder sollen wir warten, bis der Wasserstand weiter fällt? Zeit haben wir noch.

Inzwischen ist wieder eine Gruppe mit dem Wasserflugzeug angekommen. Zwei junge Mädchen sollen sechs nette, ältere Herrschaften auf einem Schlauchboot den Fluss hinunterbringen. Es ist eine Senior Party, eine Rentnergruppe, die das Abenteuer gebucht hat. Interessiert beobachten wir sie. Alle Achtung! Die beiden Mädchen arbeiten wie die Pferde. Ruck-zuck haben sie das Lager aufgebaut und sind schon dabei, für alle Essen zu kochen. Jill und Ashley sind gelernte Wildnisführerinnen und verantwortlich für das Wohl und die Sicherheit der ihnen Anvertrauten. Unsere Einstellung zu solchen Unternehmen ist gespalten. Bei solchen zusammengewürfelten Gruppen besteht immer die Gefahr, dass die Harmonie nicht stimmt. Schon ein »Stinkstiefel« kann die ganze Tour vermasseln. Darüber hinaus wird die Wildnis letztlich zum Disneyland degradiert: Der zahlende Teilnehmer, der sich allein nie hierher trauen würde, glaubt nicht selten, mit seinem Obolus habe er ein Anrecht auf schönes Wetter, hautnahe (aber ungefährliche) Tierbegegnungen und ein bisschen Nervenkitzel gekauft. Kommt es anders, ist er mangels Vorbereitung total überfordert. Für manche mag es dann ein Schock sein, dass die Brieftasche Fitness und Erfahrung nicht ersetzt. Immerhin haben Guides wie Jill und Ashley ein wachsames Auge darauf, dass die Natur nicht verschandelt wird. Den Satz: Lasse nichts zurück außer deinen Fußspuren! lernen sie offensichtlich in der ersten Stunde ihrer Ausbildung. Eine Verantwortung, die vielen Wildnisreisenden leider noch immer abgeht, wie wir an verlassenen Lagerplätzen oft feststellen mussten.

Natürlich sind Sarah und Lennart eine kleine Attraktion für die Leute. Ein groß gewachsener Mann stellt sich vor: »My name is Siegfried.« »Dann stammen Sie bestimmt aus Deutschland?«, fragen wir zurück und müssen grinsen, als er auf Deutsch antwortet. Er kann den Sachsen nicht verleugnen, obwohl er schon 1957 nach Kanada ausgewandert ist. Im Gespräch nach dem Woher und Wohin kommt natürlich auch die Frage nach dem Fourth Canyon auf. Siegfried erkennt schnell unser Problem, spricht mit Jill und sie erklärt sich bereit, Sarah und Lennart mit durch die Schlucht zu nehmen. Das haben wir kaum zu hoffen gewagt. So können sich Petra und ich etwas unbelasteter an das Wildwasser wagen.

Der nächste Tag beginnt mit der Schufterei über die Portage. Das Kanu, die Ausrüstung, alles muss auf den tausendzweihundert Metern um die Wasserfälle herum transportiert werden. Das flache, obere Stück macht uns kaum Probleme, aber die Serpentinen über den Steilhang hinunter ins Tal fordern eine Menge Kraft. Trotzdem schaffen wir fast alles auf ein Mal, nur ich muss noch einmal zurück, um unsere Verpflegungstonne zu holen. Als ich wiederkomme, brodelt schon das Mittagessen auf dem Lagerfeuer.

Dann präparieren wir uns für die Schlucht. Die Rucksäcke stecken wir zweifach in stabile, große Plastikbeutel und die Spritzdecke wird besonders fest gezurrt. Wir tragen unsere Regenanzüge und haben uns die Hand- und Fußgelenke mit Tape umwickelt, damit bei einer Kenterung möglichst lange kein Wasser eintritt. Dann ziehen wir den Canadier noch ein gutes Stück stromauf, um vor der ersten Kurve genügend Zeit für die günstigste Anfahrt zu haben. Unterdessen legt das Schlauchboot ab und ist schnell um die Biegung verschwunden. Unsere Herzen klopfen bis zum Hals. Petra sagt, dass sie Angst hat. Es ist etwas anderes, hier in einem mit lebenswichtiger Ausrüstung beladenen Kanu einen unbekannten Wildfluss hinunterzufahren, als zu Hause mit leerem Boot, Auftriebskörpern und Neoprenanzug auf mehr oder weniger belebtem Wildwasser unterwegs zu sein. Vom Raft können wir keine Hilfe erwarten. Sollten wir kentern, müssen wir wegen des eiskalten Wassers so schnell wie möglich raus. Das Kanu würden wir dann in der starken Strömung wahrscheinlich verlieren. Solche und ähnliche Gedanken schießen uns durch den Kopf, als wir auf die erste Kurve zurasen. Mit kräftigen Paddelschlägen gelingt es uns, in der Innenkurve zu bleiben. Die ersten großen Wellen drücken uns nach links. Erfolgreich können wir sie queren und gelangen in ruhigeres Wasser. Die Angst ist hoher Konzentration gewichen. Wir merken, dass unser Können ausreicht, hier durchzukommen. Immer wieder korrigieren wir den Kurs, um den Wellen keine Chance zu geben, uns seitlich zu erwischen. Dabei tanzt das Boot, dass man seekrank werden könnte. Mal ist Petra im Bug einen Meter über mir, mal schaue ich vom Heck hinunter in ein wassergefülltes Loch, in dem sie zu verschwinden scheint. Immer wieder schlagen Wellen über das Deck. In ruhigen Sekunden riskieren wir einen Blick auf die Felswände. Es ist ein Jammer, dass wir nicht fotografieren können. Diese herrlichen Farben in der Sonne. Die Kanadier nennen den Fourth Canyon auch die Farbenschlucht. In der vorletzten Kurve müssen wir durch riesige Brecher, die diagonal von den Felswänden prallen, aber auch sie meistern wir. Dann öffnet sich das Tal vor uns, und wir sind einfach nur glücklich. Weit vor uns treibt das Raft, die Kinder winken fröhlich. Sie hatten eine zwar nasse, aber lustige und vor allem sichere Fahrt. Jetzt kann ich Petra auch verraten, dass eine Woche vor uns eine Kanugruppe zwei Boote im Canyon durch Kenterung verloren hat. Jill hatte es mir erzählt, doch ich legte die Finger an die Lippen. Man muss die Angst ja nicht noch vergrößern.

Die Nacht verbringen wir gemeinsam mit der Raft Party auf einer Insel. Die Euphorie lässt uns lange nicht einschlafen. Jetzt, da der Fourth Canyon hinter uns liegt, sind wir uns sicher, dass wir auch die noch vor uns liegenden Schwierigkeiten meistern werden.

Wildwasser, Canyons und Bären

Am nächsten Morgen trennen sich unsere Wege wieder. Dieser Tag bringt uns viele Wildwasserstrecken, und während die Schlauchbootfahrer, durch die Hauptströmung wippend, schnell unseren Blicken entschwunden sind, tasten wir uns mit der gebotenen Vorsicht an die kritischen Stellen heran. Den mächtigen Wellen unterhalb der Mündung des Clearwater Creek weichen wir im flachen Wasser auf der linken Seite aus. Wenig später erwartet uns die anerkannt schwierigste Stromschnelle des South Nahanni River. Schon der Name Hells Gate, Höllentor, flößt uns Respekt ein. Unmittelbar nach einer scharfen Rechtskurve prallt die rasende Strömung auf eine Felswand und wird nach links in einen regelrechten Kanal abgeleitet. Die Schwierigkeit liegt in der Unberechenbarkeit des auf so kurzer Strecke zweimal aus dem Gleichgewicht gebrachten Flusses. Die Hauptströmung ist ein schmaler Grat aus eineinhalb Meter hohen Wellen, der vor der Felswand im rechten Winkel abknickt. Links und rechts davon drehen sich zwei riesige Kreise, die der Stelle auch den Na-

Auf der Portage am Hells Gate

men Figure Eight Rapids, Figur-einer-Acht-Stromschnellen, eingebracht haben. Urplötzlich und ohne jegliche Vorwarnung stoßen dort Wasserpilze nach oben; auf einer Kanulänge kann es
Niveauunterschiede bis zu einem Meter geben, die das Boot
zum Kentern bringen. Die Kunst besteht darin, die Wellen genau im Stromzug abzureiten oder sie rechtzeitig, möglichst am
äußersten Rand des Kreisels zu verlassen. Nur zu gern würden
wir unser Können hier erproben. Doch es wäre purer Leichtsinn,
allein und ohne die Sicherung von Kameraden hindurchzufah-
ren. Auch das Hells Gate hat schon Todesopfer gefordert. Der
Wahl, es vielleicht in einigen Augenblicken zu schaffen oder die
sechshundert Meter lange Portage zu nutzen, ziehen wir die
knapp einstündige Buckelei vor. Ein steiler Anstieg gleich zu Beginn bringt uns hinauf an den Rand der Prallwand, wo wir in
der Sonne verschnaufen und von den reichlichen Heidelbeeren
naschen.

»Ein Bär, ein Bär!« Aufgeregt deutet Petra hinüber auf die Sandbank, die wir vor wenigen Minuten passiert haben. Was wir da sehen, treibt uns doch die Gänsehaut über den Rücken. Es ist ein junges Tier, der ausgeprägte Höcker weist es eindeutig als Grizzly aus, das dort drüben wie ein verspielter Hund hin- und herjagt und Luftsprünge macht. Ob er hinter einem Schmetterling her ist? Wir wissen es nicht, aber die Schnelligkeit und Leichtfüßigkeit dieses vermeintlich plumpen Riesen beeindrucken uns stark. Ein Mensch hätte im Wettlauf keine Chance gegen ihn, der die Geschwindigkeit eines Pferdes erreicht. Fasziniert starren wir hinüber. Es ist ein unbeschreibliches Gefühl für uns, ihn hier in der Freiheit seines Reiches beobachten zu dürfen. Unvorstellbar, ihn zu töten, nur um sein Fell zu Hause an die Wand zu hängen; unvorstellbar, ihn einzufangen, von hier wegzubringen und in einen engen Käfig zu sperren, nur damit er Sonntagnachmittag vor dem Kaffeetrinken begafft werden kann. Natürlich gibt es Momente der Konfrontation, die Notwehr rechtfertigen, doch der gezielte Schuss aus sicherer Deckung ist keine Heldentat für den satten Zivilisationsmenschen, der nicht aus Hunger auf die Jagd geht.

Im Zickzack entfernt sich der Grizzly stromauf, und wir machen uns seufzend an den zweiten Teil der Portage. Der Wrigley Whirlpool ist die letzte Wildwasserschwierigkeit, die uns heute erwartet. Eine Insel teilt den Nahanni in zwei Arme. Dort, wo sie sich wieder vereinigen, drehen sich die Wellen, wie in einer Waschmaschine. Wir inspizieren die Stelle und weichen den Strudeln auf der linken Seite aus. Dann lassen wir uns konzentriert in der schnellen Strömung treiben, navigieren von Innenkurve zu Innenkurve, da in den Außenkurven oft hohe Wellen stehen. An der Mündung des Flat River setzen wir in der Flussmitte beinahe auf. Offensichtlich schiebt der Fluss viel Sand in den Nahanni, so dass sich in diesem Delta Inseln bilden, die jetzt überflutet sind. Wenig später erreichen wir den Eingang zum

Third Canyon. Fast andachtsvoll treten wir ein. Hunderte Meter hoch sind die Felswände links und rechts. Die Fantasie unserer Kinder erkennt in der gigantischen Architektur Märchenschlösser mit Zinnen und Türmchen. Da oben müssen Feen und Schlossgeister wohnen. Insgesamt vier Canyons hat der South Nahanni. Sie sind für den Kanuten in absteigender Reihenfolge nummeriert, da die Goldsucher den Fluss von der Mündung stromauf erkundeten. Der dritte Canyon ist mit vierzig Kilometern der längste, und er hat darüber hinaus noch eine besondere Attraktion zu bieten: Am Abend führt uns der Nahanni auf eine himmelhohe Wand zu, an der er zu enden scheint. Wenig später haben wir The Gate, das Tor, erreicht. Wir wissen, dass der Fluss hier eine 180°-Wendung macht und dabei ohne jegliches Wildwasser zwischen zwei senkrechten, über vierhundertsechzig Meter hohen Felswänden hindurchströmt – aber als wir es mit eigenen Augen erblicken, stehen wir klein und staunend davor.

Unser Lagerplatz im Angesicht des Gate ist einer der schönsten, den wir je hatten. Am nächsten Tag schnüren wir die Bergschuhe und besteigen einen dieser Felsen. Nachdem wir uns erst durch den dichten Busch gewunden haben und dann steil über brüchige Geröllfelder bergauf geklettert sind, werden wir oben mit einer herrlichen Aussicht auf das Tal belohnt. Ängstlich halten wir Sarah und Lennart von der Kante fern, denn der Blick hinunter ist atemberaubend. Tief unter uns liegt der Pulpit Rock, der Kanzelfelsen. Ruhig und gleichmäßig zieht der Nahanni durch die Haarnadelkurve. Unser Kanu ist von hier nur als kleiner roter Punkt zu erkennen. Es ist heiß, und der Aufstieg hat uns tüchtig ins Schwitzen gebracht. Wir suchen uns ein schattiges Plätzchen und genießen bei wohlverdienten Leckereien den Ausblick. Deutlich ist in Richtung Osten das alte Flussbett zu erkennen. Vor Jahrtausenden grub sich der Fluss eine neue Bahn durch weiches Gestein am Fuß des Felsen, eine natürliche Brücke bildend, die irgendwann einstürzte. So entstand das Gate.

Um halb eins in der Nacht läuft es mir eiskalt den Rücken herunter: Ein schauerliches Gebrüll vorn an der Bachmündung hat mich geweckt. Da, noch einmal! Keine Ahnung, ob es ein Bär, ein Elch oder was auch immer ist. Die anderen drei schlafen tief und fest. Ich schnappe mir das Abwehrspray und mein Jagdmesser und schleiche hinaus, um nachzusehen. Hell genug ist es ja. Bis ans Flussufer traue ich mich. Nichts zu sehen, nichts zu hören. Einige Minuten lausche und spähe ich angestrengt – nichts. Schließlich husche ich ins Zelt zurück und verbringe die Stunden bis zum Morgen nur noch im Halbschlaf. Nach dem Frühstück suche ich nach Fährten, aber auf dem Kies kann ich keine Spuren finden.

Gegen Mittag setzen wir unsere Reise fort. Als wir uns durch das Gate treiben lassen, fühlen wir uns wie in einer riesigen Kathedrale. Himmelhoch ragen ihre Mauern auf, und es herrscht ehrfurchtsvolles Schweigen. Hier hat sich die Natur ihren eigenen Tempel errichtet. Nach wenigen Kilometern fesseln zwei Wasserfälle unsere Aufmerksamkeit. Parallel stürzen sie vom Canyonrand und vereinigen sich etliche Meter tiefer zu einem schmalen, silbernen Band, das an der senkrechten Felswand weitere fünfzig Meter heruntergleitet. Ich schaue in der Karte nach. »Das sind die Twin Falls, die Zwillings-Wasserfälle. Wollen wir mal schnell da hoch?« Leichtsinnigerweise nicken alle. Wir müssen uns beeilen, fast sind wir schon vorbeigetrieben. Schnell den Bug im richtigen Winkel stromauf gestellt, und dann hauen wir in die Paddel, was das Zeug hält. Hinter dem schmalen Uferstreifen erwartet uns dichter Busch. Nun gut, jetzt haben wir einmal »A« gesagt … Mit rudernden Armbewegungen kämpfen wir uns hindurch. Danach geht es auf einer Geröllhalde steil nach oben. Von wegen schnell mal da hoch. Vorwurfsvolle Blicke treffen mich, wo hat er uns denn jetzt wieder hingelotst.

Doch als wir am Fuß der Felswand stehen, ist alles vergessen. Wie ein silberner Schleier schwebt das Wasser herab und zerspringt beim Aufprall in unzählige Tröpfchen, die im Sonnenlicht in den Farben des Regenbogens leuchten. Eins, zwei, drei haben wir uns entkleidet und gönnen uns gleich mehrfach das Vergnügen dieser natürlichen Dusche. Was für eine Wohltat bei der Hitze!

Überhaupt scheint die Temperatur heute ihren Höchststand zu erreichen. Auf dem Fluss lässt es sich noch am besten aushalten. Träge räkeln wir uns im Kanu, haben die Hüte ins Gesicht gezogen und lassen die Beine ins Wasser baumeln. Zu den Paddeln greifen wir nur, wenn es uns zu nah ans Ufer drückt oder wenn wir Felsbrocken ausweichen müssen. Am späten Nachmittag vollführt der Nahanni fast wieder eine Kehrtwendung. Big Bend, große Biegung, heißt diese Stelle, wo wir heute lagern wollen. Hier endet mit Verlassen der Funeral Range der Third Canyon, und nach der Kurve beginnt der fünfzehn Kilometer lange Durchbruch durch die Headless Range, der Second Canyon. All diese Gebirgszüge hoben sich in ihrer Entstehung langsamer, als sich der Fluss in den Untergrund hineingrub. Dadurch behielt er seinen stark gewundenen Lauf bei, eine Rarität unter schnell fließenden Gebirgsflüssen.

In der Hitze ist uns jeder Handgriff zu viel. Nachdem Zelte, Windschutz und Feuerstelle endlich stehen, liegen wir bestimmt eine Stunde lang faul im Schatten, bis die Lebensgeister zurückkehren. Die nächsten Runden der Rommee-Weltmeisterschaft werden gespielt, und wir führen unsere Tagebücher. Schon zu Hause hatten wir unsere Kinder gefragt, ob sie nicht Lust hätten, auf der Reise Tagebuch zu schreiben. Sarah war gleich so begeistert, dass sie noch daheim damit anfing, Lennart mussten wir erst ein klein wenig stupsen. Unterwegs haben wir die beiden einfach machen lassen, ohne Stil und Rechtschreibung dauernd zu verbessern. Und als das Feuer zum Ende hin etwas nachließ, übten wir auch keinen Zwang aus. Trotzdem haben sich Petra und ich zu der Idee beglückwünscht. Beide haben sich mit unseren Erlebnissen auseinander gesetzt, malten Bilder hinein, und heute gehören diese Bücher neben den Fotos zu den schönsten Erinnerungen an diese Tour. Sarah hatte gerade ihre erste Schulklasse hinter sich gebracht und schrieb die Worte, wie sie sie hörte. Einige Kostproben: »Und dann get es schon los. Das Flugzeug fliegt los und dann fliegen wir los.« – »Und dann haben wir wollen eine Wandertur zu den heisen Quälen. Aber wir haben sie nicht gefunden.« – »Es ist nicht schön der Tag weil ein Regen über uns prasselt.« – »Und wir gehen zu den Wirschinjafols. Wir flüken Blaubären. Aber wir wollen sie lieber essen als zu flücken.« – »Und wir sind durch die grossen Felsen gefahren. Und vom Flus aus haben wir die Zwielingsfälle gesehen. Und wir halten an und gehen hinauf. Wir haben uns auch geduscht das war toll. Und schon faren wir auf ein kleine Insel.«

Es war nicht immer leicht für uns, das Schmunzeln zu verbergen angesichts der Ernsthaftigkeit, mit der Sarah ihr Buch schrieb, und andererseits den lustigen Holperern und Stolperern einer Siebenjährigen. Unserer Anerkennung konnten sich beide gewiss sein.

Am nächsten Morgen brechen wir zeitig auf, da wir im Second Canyon eine Wanderung machen wollen. Die Felswände sind hier steiler und höher. Mehrfach entdecken wir Bergschafe in den unzugänglichsten Passagen und fragen uns, wie sie wohl dahin gekommen sind. Von uns lassen sie sich überhaupt nicht beeindrucken, sie fühlen sich sicher. Dieses Terrain bietet ihnen auch Schutz vor Wolf und Bär.

Die markanteste Stelle im zweiten Canyon heißt Great Spur. In einem eleganten Bogen schwingt sich der Nahanni durch das Tal. Am Eingang der Kurve landen wir an und wandern durch ein ausgetrocknetes Bachbett, einen sogenannten Dry Wash, aufwärts. Dann folgen zehn Minuten intensiver Auseinandersetzung mit dem verfilzten Busch, bis wir am Fuß des Berghangs stehen. Jetzt wird es sehr anstrengend. Auf Händen und Füßen kraxeln wir über steiles, instabiles Geröll. Die Sonne brennt heiß vom Himmel herunter. Schließlich bleiben Petra und Sarah im Schatten einer Felswand zurück – die kleine Maus will nicht mehr weiter. Wir staunen sowieso, wie sie sich bis hierher gekämpft hat. Ich klettere mit Lennart bis hinauf an den Grat.

Die Schinderei hat sich gelohnt! Immer wieder überrascht uns der South Nahanni mit seinen fantastischen Ausblicken. Als ob er den Berg umarmen will, so gleitet er durch die Great Spur. Die Stille, der blaue Himmel, die massige Ruhe der Berge geben mir das Gefühl, ein wundervolles Gemälde anzuschauen, dessen mannigfaltige Details es nie langweilig werden lassen. Lennart sitzt neben mir, auch er spricht kein Wort. Er genießt die frische Brise und seine Leistung. Dort drüben liegt schon das Deadman Valley, unser Ziel für heute.

Stunden später stehen wir wieder unten im Dry Wash, der gar nicht so trocken ist. Ein kleiner Bergbach murmelt herunter, und in einigen Mulden sammelt sich genug Wasser, um uns zum Bad einzuladen. Wir ziehen uns aus und legen uns hinein. Ah, tut das gut! Das Wasser ist so eiskalt, dass es keiner länger als zehn Sekunden darin aushält.

Als ich auf einem Bein balancierend wieder in meine Radlerhose steigen will, sagt Sarah auf einmal ganz trocken: »Papa, da steht ein Bär.« Ich fahre so schnell herum, dass es mich fast umwirft. Keine zwölf Meter hinter uns steht ein Schwarzbär und schnüffelt in der Luft herum. Da wir den Wind gegen uns haben, bekommt er offensichtlich keine Witterung und kann mit seinen schlechten Augen auch nicht erkennen, was da vor ihm ist. Eine Weile schauen wir uns an, ohne dass etwas passiert. Vorsichtig greife ich mir den Fotoapparat, dann setzt sich Meister Petz langsam in Bewegung und verschwindet seitlich im Gebüsch. Und wir sind richtig happy! Die Situation erschien keinem von uns bedrohlich, und auf dem Weg zum Kanu diskutieren die Kinder jedes Haar im Pelz des Bären. »Und hast du gesehen …«

Wenig später schweben wir um die Great Spur und erreichen das Deadman Valley. Nach der Enge der Canyons nutzt der Fluss den Platz und mäandert zwischen vielen Inseln durch das weite Tal. Gleich da drüben ist die Mündung des Headless Creek, wo man die McLeod-Brüder fand. Natürlich wissen wir, dass dort nichts auf dieses tragische Ereignis hinweist, aber trotzdem starren wir gebannt hinüber.

Weit vor uns entdeckt Lennart einen Bären auf einer Insel. Uns im Kanu sicher fühlend, legen wir einen Zwischenspurt ein, um ihm so nahe wie möglich zu kommen. Als wir die Stelle erreichen, finden wir zunächst nur seine frischen Fußspuren und sehen ihn dann achtzig Meter entfernt im Dickicht verschwinden. Ihm dahin zu folgen, ist nur etwas für Lebensmüde.

Kurz hinter der Mündung des Sheaf Creek taucht am rechten Ufer eine Blockhütte auf, die dem Forest Service gehört. Interessiert blättern wir drinnen in dem dicken Heft, in dem sich ähnlich einem Gipfelbuch die Flussfahrer verewigt haben. Es ist nicht nur ein Ventil für die oft überschäumende Begeisterung über die Natur des South Nahanni, sondern auch eine äußerst sinnvolle Vorsichtsmaßnahme. Sollte jemand nicht zum verabredeten Zeitpunkt wieder in der Zivilisation zurück sein, geben die Eintragungen in diesen Büchern dem Rettungstrupp wertvolle Hinweise über den letzten bekannten Aufenthaltsort und grenzen so das abzusuchende Gebiet ein. Im Ernstfall spart das viel Zeit und erhöht die Überlebenschancen der Vermissten.

Schräg gegenüber strömt in einem weiten Delta der Prairie Creek in den Nahanni. Unterhalb davon entdecken wir mehrere Zelte und ein großes Raft am Ufer. Sollten das »unsere« Senioren sein? Sie sind es! Als wir hinüberpaddeln, werden wir mit großem Hallo empfangen. Hilfsbereit reißen uns die Leutchen fast unsere Packen aus den Händen und helfen beim Aufbau des Lagers. Später liegen wir mit Siegfried in dem großen Schlauchboot und schauen zu, wie der feuerrote Sonnenball langsam hinter der Headless Range versinkt. Was für ein Tag! Bären-tag!

Für den nächsten Morgen hat uns Jill zum Frühstück eingela-den. Kein Müsligeschlabber heute, sondern deftig-kanadisch geht es zu: Pancakes mit Marmelade, Schinken und Orangen, dazu heißer Kakao. Würden wir mit dieser Truppe weiterreisen, kä-men wir wahrscheinlich mit Übergewicht aus dem Wald. Immer wieder müssen wir im Interesse unseres überstrapazierten Ver-dauungstraktes die Nachschläge dankend ablehnen.

Noch lange winken wir ihnen nach, als sie später davongleiten und machen uns dann auf eine Wanderung zum Prairie Creek Canyon. Das vier Kilometer lange Delta des Baches wird von et-lichen Wasserarmen zerfurcht, zwischen denen Kiesbänke lie-gen. Obwohl uns Siegfried auf einer Skizze die günstigste Rich-tung eingetragen hat, suchen wir uns nach dem Prinzip Versuch und Irrtum unseren Weg. Wir haben unsere Sandalen an und fassen uns beim Furten, die Kinder in der Mitte, an den Händen. Immer wieder zwingen uns zu starke Strömungen oder zu tiefe Stellen in dem eiskalten Wasser zum Umkehren. Dazu malträ-tieren uns zu Beginn Unmengen kleiner Sandflies.

Doch wie schon so oft belohnt uns der South Nahanni für un-sere Mühen. Aus einem hundert Meter hohen Felsentor zwängt sich der Prairie Creek ins Freie. Wir weichen nach links über ei-nen bewaldeten, steilen Sattel aus. Ein guter Pfad führt durch den Märchenwald, wir finden wilde Erdbeeren und Himbeeren. Das Tal dahinter ist zauberhaft. Umschlossen von haushohen Wänden liegt es vor uns in der Sonne. Es scheint der friedlichste Platz dieser Erde zu sein. Vogelgesang erfüllt die Luft und der Bach plätschert vor sich hin. Wir suchen uns ein Fleckchen am Wasser, kochen unser Mittagessen, baden und sonnen uns. Soll-ten wir jemals wieder hierher kommen, treideln wir das Kanu herauf und schlagen hier unsere Zelte auf.

Am Abend erreicht eine Gruppe Engländer den Lagerplatz am

Fluss. Wir erkennen die Frau und die fünf Männer wieder, sie saßen mit uns im Flugzeug nach Fort Nelson. Sie haben ihre Reise weiter oben gestartet. Als sie uns erblicken, ruft einer: »Hey, you survived!« – »Hey, ihr habt überlebt!«

Wie so oft, wenn wir als Familie unterwegs sind, gibt es staunende Blicke und viele Fragen. Das Kanu wird inspiziert, die Verteilung des Gepäcks und die Sitzplätze der Kinder. Man fragt uns, wo wir gestartet sind und ob wir unterwegs Verpflegungsdepots hatten. So recht will uns keiner glauben, dass wir alles, einschließlich Proviant für vier Wochen, von Anfang an dabei hatten. Doch bei richtiger Organisation und Planung lässt sich sehr viel erreichen. Wir sind auch keine Hungerkünstler, sondern haben jeden Tag unsere drei Mahlzeiten und dazu noch Schokolade, VIBA-Schnitten und Studentenfutter für zwischendurch. Das Wildnisleben ist so recht nach unserem Geschmack. Täglich sehen und erleben wir Neues. Der unbeschwerte Genuss der freien Natur wird möglich durch unser kleines, eingespieltes Team, in dem jeder weiß, was er zu tun hat: Camp auf- und abbauen, Feuerstelle einrichten, Kanu beladen – alles Tätigkeiten, die unter ständig wechselnden Bedingungen routiniert ablaufen und uns die Zeit geben, uns sofort heimisch zu fühlen, wo auch immer unsere Zelte stehen.

Am späten Abend überrascht uns ein schwerer Gewittersturm. Plötzlich fällt die Tarp, unsere zwölf Quadratmeter große Sonnen- und Regenplane, über uns zusammen, zwei Kanus werden mehrere Meter über den Kies geschoben, ein Zelt der Neuankömmlinge fliegt davon. So schnell es geht, raffe ich mit Lennart die Leinwand zusammen, zerre unser Boot weit aufs Ufer und binde es an einem Busch fest. Dann verziehen wir uns in die Zelte. Drinnen herrscht drückende Schwüle. Mit unheimlicher Wucht zerrt der Orkan am Gestänge und lässt Sandkörner auf die Planen prasseln. Aber unsere Iglus halten stand. Grelle Blitze zucken auf und der gleichzeitige Donner zeigt uns, dass das

Gewitter direkt über uns ist. Förmlich spüren wir, wie geladen die Atmosphäre ist, und sehnen den Regen herbei, der Entspannung bringen müsste. Doch er kommt nicht. Erst spät in der Nacht ist das Unwetter vorüber, und wir fallen in Schlaf.

Kalksteinschlucht und heiße Quellen

So ist es kein Wunder, dass wir am nächsten Tag erst spät aus den Schlafsäcken kommen. Gegen Mittag sitzen wir im Kanu. Nach einem kurzen Abstecher in den Dry Canyon mit seinen himmelhohen Felswänden erreichen wir am Nachmittag Georges Riffle, die Eingangsstromschnelle zum schönsten Abschnitt des South Nahanni, den er sich fast bis zum Schluss aufgehoben hat. Der First Canyon bietet die höchsten und steilsten Felswände, da sich das Wasser hier durch widerstandsfähigen Kalkstein graben musste. Nachdem wir die Rapids auf der linken Seite passiert haben, errichten wir unser Lager auf einer flachen Kiesbank. In den Wellen sind einige Liter Wasser ins Kanu geschwappt, so dass wir jetzt alles zum Trocknen ausbreiten. Bald sieht es aus wie auf einem orientalischen Basar.

Die Szenerie, die uns umgibt, ist einfach gigantisch. Ich springe mit dem Fotoapparat umher, setze mich, lege mich, verrenke mich – doch mit keiner Einstellung bin ich zufrieden. Endlich wird mir klar, dass es kaum gelingen wird, den Eindruck dieses Naturwunders auf ein Foto zu zwingen. Es kann nur helfen, die Erinnerung wach zu halten, aber das persönliche Erleben nie ersetzen. An die tausend Meter hoch werden die Canyonwände. Unvorstellbar lange muss es gedauert haben, bis sich der Fluss hier hineingesägt hatte. Man schätzt, dass sich das Gebirge hier pro tausend Jahre lediglich um 0,5 bis 1 Millimeter hob. Damit blieb dem South Nahanni genügend Zeit, sein einmal gewähltes Bett beizubehalten und es mit der Kraft seiner Fluten immer tiefer einzukerben. Die regelmäßigen waagerechten Spuren im Kalkstein zeugen von dieser Arbeit. Wären die Berge schneller gewachsen, hätte der Fluss den Weg des geringsten Widerstandes um das harte Gestein herum gesucht und einen ganz anderen Lauf genommen. Und wir wären heute nicht hier.

Der Canyon ist mit einer Länge von sechsundzwanzig Kilometern aufgrund der schnellen Strömung in wenigen Stunden zu durchfahren. Wir aber bleiben zwei Tage! Genießen jede Kurve, jeden neuen Ausblick und schlagen unser zweites Lager im unteren Teil der Schlucht an der White Spray Spring auf. Geräuschvoll sprühen hier pro Sekunde Tausende Liter glasklaren, reinsten Trinkwassers aus dem Berg. Voller Elan bauen wir die Zelte auf und richten eine Feuerstelle am Ufer. Während der Tee kocht und die süßen Honigbannocks sich goldbraun in der Pfanne färben, läuft uns schon das Wasser im Mund zusammen. Das Knurren unserer Mägen hat uns vollkommen übersehen lassen, dass sich der Himmel innerhalb weniger Minuten zugezogen hat. Wenig später bricht der Wolkenbruch los. Nun ja, ein Nachmittagsgewitter. Nichts Neues für uns. Wir krabbeln ins Zelt, um es bei einer Runde Rommee auszusitzen. Doch diesmal ist es anders. Das monotone Stakkato der Regentropfen hält unvermindert an, nirgendwo tut sich in der Wolkendecke ein blaues Fenster auf. Schließlich spannen wir die Tarp zwischen die Bäume, holen den Kocher heraus und beenden damit das begonnene Menü.

Geschlagene vierundzwanzig Stunden schüttet der Himmel mit gleichmäßiger Boshaftigkeit seine Wassermassen auf uns herab. Wir spielen etliche Runden Rommee, schlafen, essen dies, trinken jenes, singen Lieder. Einen Dauerregen dieser Heftigkeit haben wir noch nie erlebt. Offensichtlich entlädt sich nun die anhaltende Hitze der letzten Tage. Dem Zelt unserer Damen gibt dieses Wetter allerdings den Rest. Viele Jahre hat es uns gute Dienste geleistet, doch jetzt wird die Außenhaut undicht.

Petra und Sarah helfen sich, indem sie die großen, blauen Müll-tüten zwischen Innen- und Außenzelt ziehen.

Als der Regen am Nachmittag endlich nachlässt, packen wir trotz der fortgeschrittenen Stunde noch alles zusammen. Nass und klamm wie wir sind, lockt uns das nächste Ziel viel zu sehr – ein Bad in den 37 °C warmen Kraus Hot Springs, den heißen Quellen knapp zehn Kilometer von hier.

Auch jetzt, da Nebelschwaden an den Canyonwänden empor-klettern, hat die Fahrt durch diese Schlucht ihren Reiz. Weit oben entdecken wir mehrere Löcher im glatten Fels. Sie sind der Eingang zu einem weit verzweigten Höhlensystem, das vor rund zweitausend Jahren einer Herde Bergschafe zum Verhäng-nis und zum Grab geworden ist. Noch heute liegen ihre konser-vierten Kadaver dort oben, unerreichbar allerdings für uns.

Der First Canyon endet an Lafferty's Riffle, einer Strom-schnelle, die sich problemlos auf der linken Seite passieren lässt. Bereits hier sticht uns ein unangenehmer Geruch von faulen Ei-ern in die Nase. Nach wenigen Kilometern entdeckt Sarah das alte Flussboot von Gus Kraus am Ufer zwischen den Bäumen. Ganz schön groß für den Nahanni, und der alte Gus hat es selbst gebaut. Wir queren den Strom, und wenig später räkeln wir uns wohlig in dem kleinen Pool, der direkt neben dem eiskalten Was-ser des South Nahanni liegt. Das erste warme Bad nach fast vier Wochen. Den starken Schwefelgeruch nehmen wir gar nicht mehr wahr.

Die Stelle ist nach dem deutschstämmigen Kanadier Gus Kraus benannt, der mit seiner indianischen Frau fast vierzig Jahre lang am Nahanni lebte. Er hat schnell die Vorteile der komfortablen Lage hier an den heißen Quellen erkannt und sich häuslich ein-gerichtet. Im Garten der beiden wuchsen Pflanzen wie sonst nir-gendwo im Norden, die Wälder sind voller Wild und mit ihrem Flussboot fuhren sie bis nach Fort Simpson am Mackenzie River, um lebensnotwendige Dinge einzutauschen. Ich denke schon, dass

Petra und ich auf Grund unserer Erfahrungen mittlerweile in der Lage sind, ein Leben in der Wildnis nicht durch die verklärte Brille der Romantik zu betrachten. Dieses Leben hat sehr, sehr harte Seiten, trotzdem ist es klarer und einfacher als das verwickelte Dasein in der heutigen Zivilisation mit all den komplizierten Dingen, die anscheinend nur erschaffen wurden, um den Menschen das Leben zu erschweren. Wir hätten gern mit den beiden getauscht.

Solche Gedanken gehen mir durch den Kopf, während wir uns eineinhalb Stunden einweichen lassen. Der Ausgang des First Canyon liegt noch in Sichtweite, und ich bin ein wenig traurig, dass all diese Wunder nun schon wieder hinter uns liegen. Sarah und Lennart hängen sogar noch eine Stunde dran, am liebsten hätten sie das Abendessen im Pool serviert bekommen.

Durch die Splits zum Liard River

Drei Tage bleiben uns noch. Zunächst paddeln wir durch die Splits, ein Gebiet, in dem sich der South Nahanni vielfach verzweigt und wir ständig damit beschäftigt sind, die vernünftigste Route zu finden.

Die Moskito- und Black-Fly-Plage ist hier so schlimm, dass wir die Biester teilweise nicht mal auf dem Wasser losbekommen. Als wir eines Abends auf einer Insel zum Lagern anlanden, setzen sie uns so sehr zu, dass wir in unserer Verzweiflung einen großen Schwemmholzhaufen in Brand setzen und im Schutz des Rauches daneben unser kleines Kochfeuerchen entzünden. Nur Sarah verlässt ihr sonniges Gemüt nicht. Mit dem Moskitonetz über dem Hut springt sie im Zickzack über die Sandbank und ruft immerzu: »Fangt mich doch! Ihr kriegt mich nicht!«, während ihr der Insektenschwarm wie eine Fahne hinterherschwingt.

Tags darauf erreichen wir das kleine Indianerdörfchen Nahanni Butte bei dem gleichnamigen Berg. Rund zweihundert Indianer vom Stamm der Dene leben hier ziemlich abgeschnitten. Die Verbindung zur Außenwelt ist nur zu Wasser oder durch die Luft möglich, lediglich im Winter gibt es eine Straße über den zugefrorenen Liard River. Es ist Samstagnachmittag und kaum jemand zu sehen. Der Store will gerade schließen, aber man lässt uns noch herein, und wir kaufen etwas Obst und erneuern unseren Vorrat an Muskol, dem bewährten Mückenschutzmittel.

Dann nähern wir uns dem Liard River. Als ob uns der Nahanni noch nicht ziehen lassen möchte, kommt plötzlich Gegenwind auf, der sich schnell zum Sturm auswächst. An der Mündung legen wir an und suchen Schutz unter der Böschung. Der Himmel hat sich verdunkelt und mit gewaltigen Donnerschlägen raunt uns der South Nahanni River seinen Abschied zu. Er müsste doch eigentlich wissen, wie gerne wir bleiben würden!

Als der Regen aufhört, treten wir gegen die meterhohen Wellen des Liard River an. Er ist hier schon ein mächtiger Strom und mit eingezogenen Köpfen kämpfen wir uns dicht unter Land vorwärts. Es wird sehr anstrengend, doch mit der Sturheit von Automaten ziehen wir die Paddel durch. Sarah und Lennart unterstützen uns abwechselnd mit dem Ersatzpaddel.

Am Swan Point erregt ein brauner Fleck im Ufergebüsch meine Aufmerksamkeit, neugierig drehen wir bei und seilfähren hinüber. Er bewegt sich, und wir rätseln, was es sein könnte. »Ein Elch, das ist ein Elch!«, meint Sarah. Vorsichtig tasten wir uns näher. Längst hat uns das Tier bemerkt, rührt sich aber nicht von der Stelle. Bis auf wenige Meter können wir uns ihm nähern und jubeln innerlich, als wir erkennen, dass da ein junger Bison, ein Waldbüffel, vor uns steht. Unbeeindruckt rupft er Blätter von den Sträuchern und glotzt herüber. Ich glaube, wir sind die ersten Menschen, die er zu Gesicht bekommt. Mit stoischer Gelassenheit erträgt er die dichte Mückenwolke, die ihn umgibt.

Indem wir die Halbinsel weiter umrunden, entdecken wir eine Herde von neun weiteren Tieren, zu der der junge Büffel gehört. Die massigen Körper mit dem mächtigen Höcker strahlen Kraft und Ruhe aus. Sie sind sich ihrer Stärke bewusst und doch ist ein gut zusammenarbeitendes Wolfsrudel in der Lage, sie zur Beute zu machen.

Langsam wird es Zeit, dass wir einen Lagerplatz finden. Doch der Liard River ist hier sehr breit, mit steilen, bewaldeten Ufern. Kein Platz für ein Camp. Vor uns verdunkelt sich der Himmel schon wieder. Endlich erblicken wir auf der rechten Seite eine lange Sandbank. Schnell spannen wir die Zelte und als der Regen beginnt, stelle ich noch die Tarp darüber. Schon die erste Windbö lässt sie über uns zusammenstürzen. Die Heringe halten nicht in dem sandigen Boden. Petra und Sarah flitzen los und schleppen aus dem Schwemmholz dicke Äste und Stämme heran, an denen wir die Plane fixieren. Hoffentlich hält das! Mit verspannten Muskeln kriechen wir nach dem langen Paddeltag in die Schlafsäcke. In der Nacht reißt uns der Sturm mehrfach den Windschutz ein. Irgendwann gebe ich auf und lasse alles wie es ist. Jetzt stört das laute Knattern der Plane im Wind und die Angst, dass sie wegfliegen könnte.

Am Morgen empfängt uns ein dunkler, wolkenverhangener Himmel, und der Wind wirft wieder meterhohe Wellen auf dem Liard auf. Müde kippen wir das Regenwasser aus dem Kanu und laden ein. Beim Abbau des Lagers kommen uns unsere Erfahrungen aus Island zugute. Zuerst ziehen wir das Aluminiumgestänge aus den Kanälen und lösen dann Zug um Zug die Bodenverankerungen, das Zelt dabei zusammenlegend. So hat der Sturm keine Chance, es uns aus den Händen zu reißen.

Wenig später nehmen wir Kurs auf Blackstone Landing, dem verabredeten Treffpunkt am Liard Highway. Doch je näher wir unserem Ziel kommen, umso halbherziger tauchen wir die Paddel ins Wasser. Soll wirklich schon alles vorbei sein? Wir ver-

spüren nicht die geringste Lust, in den hektischen Alltag zurück-
zukehren. Doch das Unvermeidliche geschieht.

In Blackstone Landing werden wir schon mit Spannung erwartet. Es hat sich herumgesprochen, dass eine ganze Familie
auf dem Fluss ist. Anerkennend werden wir begrüßt. Gewohnte
Handgriffe, als wir unser Boot entladen, doch es ist das letzte
Mal, und wir haben einen Kloß im Hals, auch wenn es kalt und
regnerisch ist. Wenig später bringt uns ein Pick-up der Deh Cho
Air zurück nach Ford Liard. Die letzte Nacht verbringen wir in
unseren Zelten warm und trocken neben Hubschraubern und
Buschflugzeugen im Hangar der Company. Am Tag darauf beginnt die Rückfahrt nach Fort Nelson.

Unerbittlich frisst der Ford die Kilometer des Liard Highway
in sich hinein. Wenn ich die Augen schließe, sehe ich die grauen
Gletscherwasser des South Nahanni vor mir. Das Dröhnen des
Motors verwandelt sich in das Donnern der Virginia Falls, Petra
und ich reiten auf den Wellen durch den Fourth Canyon, der
Bannock brutzelt in der Pfanne, Sarah sagt trocken: »Da steht ein
Bär«, Lennart sitzt am Steuer der Single Otter, der Elch steigt
aus seinem Morgenbad …

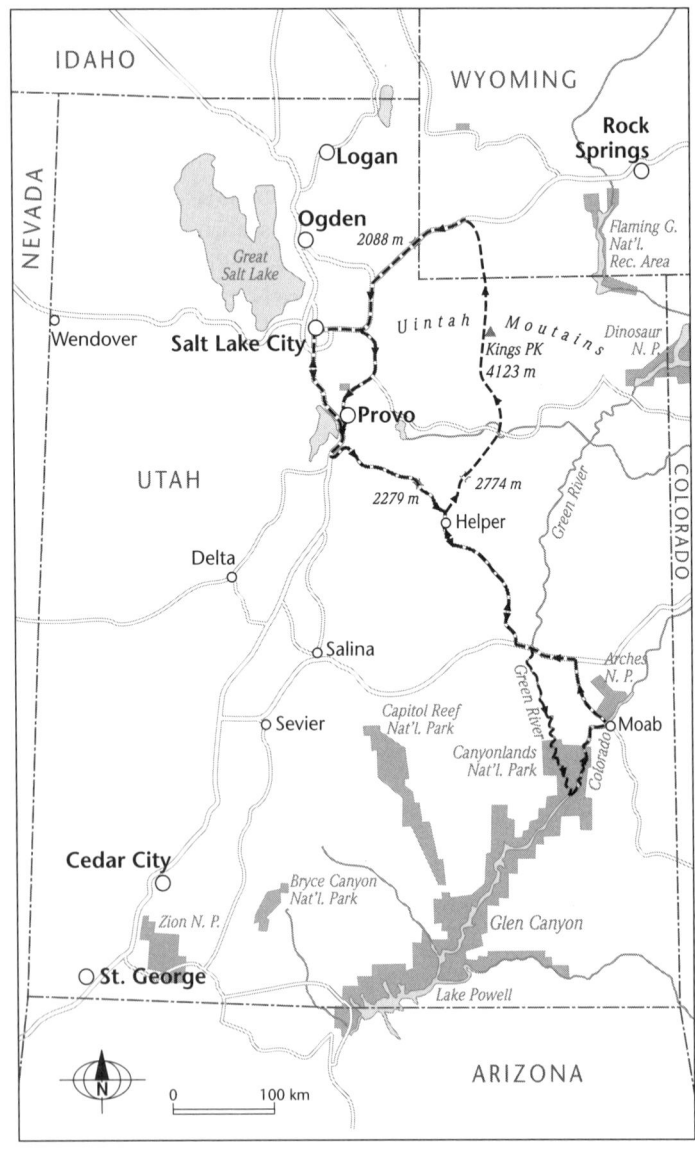

IDAHO

WYOMING

NEVADA

○ Logan

○ Ogden
2088 m

Great
Salt Lake

Rock
Springs ○

Flaming G.
Nat'l.
Rec. Area

Wendover ○

Salt Lake City ○

Uintah Mountains
Kings PK
4123 m

Dinosaur
N. P.

Provo ○

UTAH

2279 m

2774 m

Helper ○

Green River

COLORADO

Delta ○

○ Salina

Green River

Arches
N. P.

○ Sevier

Capitol Reef
Nat'l. Park

○ Moab

Canyonlands
Nat'l. Park

Colorado

Cedar City ○

Bryce Canyon
Nat'l. Park

Zion N. P.

Glen Canyon

St. George ○

Lake Powell

ARIZONA

N

0   100 km

Utah – im Wilden Westen der USA

Mit dem Kanu durch die
Canyons des Green River zum Colorado

15. August

… und Papa sagt, dass hier die allerschönsten Indianerzeichnungen sind. Wir legen an und wir müssen durch den Busch. Wir schmieren uns mit Muskol ein. Es ist ein gefährlicher Weg und sehr heiß. Und endlich sind wir angekommen. Es sind viele und schöne Zeichnungen. Wir gehen weiter und wir finden noch schöne Zeichnungen …

(Aus dem Tagebuch von Sarah, 8 Jahre alt)

Die Sonne hat noch lange nicht ihre volle Kraft erreicht. Wir kommen trotzdem schon tüchtig ins Schwitzen. Schwer beladen kämpfen wir uns mit unseren Rucksäcken und einem großen Verpflegungssack vom Slick Rock Camp Ground am Ortseingang von Moab zu Tex's Riverways, unserem Kanuvermieter. Auf der Bundesstraße rauscht ein Auto nach dem anderen vorbei. Viele, die uns so sahen, werden wohl den Kopf geschüttelt haben, dass man mit so viel Gepäck ohne Auto unterwegs sein kann. Als wir die Rucksäcke endlich aufatmend von den Schultern gleiten lassen, tun wir das in der Gewissheit, dass sich diese Schlepperei in den nächsten Tagen auf das Be- und Entladen unseres Kanus beschränken wird. Vor uns liegt eine Flusstour auf dem Green River, dem bedeutendsten Zufluss des Colorado River.

»Hello, I am Dirk.« Ein junger Mann im ärmellosen T-Shirt kommt auf uns zu. Unter seinem Sonnenhut lugt ein blonder

Pferdeschwanz hervor. Dirk soll uns an den Ausgangspunkt unserer Reise bringen. Gemeinsam verstauen wir das Gepäck im Kleinbus und vertäuen unseren Canadier und Lennarts Kajak auf dem Autodach. Petra füllt unterdessen mit dem Gartenschlauch einen Vier-Gallonen-Kanister mit Trinkwasser, den wir wie den kostbarsten Schatz hüten werden. Zum Abschluss gibt uns Dirk noch eine plastische Einweisung in die Benutzung der chemischen Toilette, die hier vorgeschrieben ist. Uns bleibt vor Lachen fast die Luft weg. Er spricht zwar kein Deutsch, aber das Wort »Scheiße« ist ihm durchaus geläufig. Um seine Sprachkenntnisse aufzuwerten, sage ich ihm, dass er damit schon eines der wichtigsten deutschen Wörter kennt.

Endlich können wir starten. Über die Brücke des Colorado River und vorbei am Arches National Park geht es auf der Bundesstraße nordwärts Richtung Green River Town. Es ist ein karges Land, das da draußen an uns vorbeizieht. Die weiten Flächen links und rechts der Straße sind mit struppigem Büschelgras bewachsen, und weit vor uns am Horizont erhebt sich die eindrucksvolle Felsformation der Book Cliffs, der Buchklippen. Dirk macht uns auf eine kleine Herde Pronghorn-Antilopen aufmerksam. Sie sind die schnellsten Tiere Nordamerikas, bis zu achtzig Stundenkilometer können sie erreichen, wenn sie auf der Flucht sind.

Unser Fahrer ist ein lustiger Bursche. Gemeinsam mit seinen Brüdern hat er den Kanuverleih vom alten Tex übernommen und betreibt ihn seit sieben Jahren. Als ich ihn frage, ob sie denn auch geführte Touren veranstalten, verneint er. »Dazu bin ich viel zu ungeduldig«, fügt er als Begründung hinzu. Dann hebt er seine Stimme und fistelt: »Es ist so heiß! Es regnet! Die Moskitos beißen mich! Es ist so windig! Nun unternehmen Sie doch etwas!« Wir klopfen uns vor Lachen auf die Schenkel – das war die perfekte Imitation eines von der Realität gestressten Touristen, der für viel Geld in sicherer Deckung hinter dem breiten

Rücken eines Wildnisführers (oder -führerin) die gefährlichsten Abenteuer bestehen wollte.

Nach einer knappen Stunde biegen wir von der Bundesstraße ab und rumpeln über eine buckelige Piste durch die mondähnliche Landschaft. Soll es hier wirklich Wasser geben? Es gibt welches! Und es präsentiert sich unerwartet beeindruckend in Form eines Geysirs, dessen zwanzig Meter hohe Fontäne plötzlich vor uns auftaucht. Wie zur Begrüßung schleudert der Crystal Geysir, der zufällig bei Bohrarbeiten auf der Suche nach Erdöl entstanden ist, sein kaltes, salzhaltiges Wasser am Ufer des Green River in die Luft. »Ein gutes Zeichen«, meint Dirk, da die Springquelle sehr unregelmäßig ausbricht. Wir stapeln die Ausrüstung auf den sandigen Boden, lassen die Boote zu Wasser und mit einem »Have a safe trip!«– »Eine sichere Reise!«, verabschiedet sich Dirk von uns.

Inzwischen hat die Sonne ihren Zenit erreicht, und die Hitze bremst unseren Tatendrang etwas. Also suchen wir ein schattiges Plätzchen und kochen uns erst einmal eine warme Mahlzeit. Dann beginnt unser Flussabenteuer.

Es ist jetzt 128 Jahre her, dass der einarmige Major Powell, ein Veteran des amerikanischen Bürgerkrieges, diesen Fluss mit seinen Gefährten befuhr. Am 28. Mai 1869 startete er mit neun Begleitern und vier Booten von der Green River Portage im heutigen Wyoming. Fünfundneunzig Tage dauerte die entbehrungsreiche Expedition, in der sie den Green River und den Colorado River mit all ihren wilden Wassern, einschließlich dem Grand Canyon, erstbefuhren. Sie überstanden Kenterungen in den zahlreichen Stromschnellen, wo ein Boot zerschellte, litten Hunger und Durst, kämpften mit Moskitos und Gewitterstürmen und entdeckten dabei eine der grandiosesten Landschaften der Erde. In Jahrmillionen sturer Kleinarbeit haben die beiden Flüsse hier ein gigantisches Labyrinth riesiger Schluchten geschaffen, deren Erforschung sich der Major und seine Gefährten zum Ziel gesetzt hatten. Drei Männer, die nicht mehr an den Erfolg der Mission geglaubt hatten und sich von Powell trennten, wurden von Indianern getötet, während die anderen nur zwei Tage später das Ziel erreichten. Im Jahr 1964 stellte man diese Naturwunder mit der Gründung des Canyonlands National Park unter Schutz.

Die Schilderungen in Major Powells Expeditionsbericht inspirierten uns zu dieser Reise. Das vor uns liegende Teilstück des Green River bis zu dessen Mündung in den Colorado ist verhältnismäßig zahm und macht uns die Tour auch mit Familie möglich.

Als wir ablegen, brennt die Sonne nach wie vor ungehemmt herunter. In bunten Farben schillern die mineralischen Ablagerungen des Geysirs auf dem Ufergestein. Der Fluss führt bei guter Strömung zunächst durch eine hügelige Wüste. Wer hat ihn nur »green« genannt? Das Wasser ist eine braune, sandige Brühe, die eine Konsistenz vortäuscht, über die man fast glaubt, gehen zu können. Schon ein halber Zentimeter Füllhöhe in unserem Alu-Kochgeschirr reicht aus, um den silbrig glänzenden Boden verschwinden zu lassen. Aber es hat die schönste Badetemperatur. Lennart flitzt mit seinem Kajak um uns herum, während wir uns viel treiben lassen. Nach und nach wachsen die Ufer in die Höhe, und als wir am Abend unser erstes Camp auf einer sandigen Insel aufschlagen, sind wir von steilen Felswänden umgeben. Unsere Villa ist diesmal eine schwedische Kåta, ähnlich einem Indianertipi, aus einem Baumwoll-Polyester-Gemisch. Acht Heringe rundum an den Außenkanten der Plane geben der einzigen Mittelstange ihren Halt. Der Komfort von dreizehn Quadratmetern Fläche und die Möglichkeit, innen ein Feuer zu entzünden, relativiert den Nachteil des Zelts: immerhin ein Gewicht von neun Kilogramm.

In der Nacht gibt uns ein Gewittersturm die Canyontaufe. Zwei-, dreimal springe ich mit dem Beil hinaus und schlage die

118

»Gib mir die Gelassenheit …«

Heringe fest, jedes Mal bläst der Orkan Unmengen von Sand herein. Am nächsten Morgen kommt es uns geradezu unwirklich vor, wie ruhig unser Zelt in der Sonne steht. Sturmsicher jedenfalls ist es!

Während Petra das Frühstück zubereitet, reinige ich mit Lennart die Boote von einer dicken Schicht Flugsand. Sarah weiht unterdessen die chemische Toilette ein. Wir lernen diese Einrichtung jetzt als äußerst komfortabel schätzen. Eigentlich ist es nur ein klobiger Metallwürfel, den ein runder Deckel mittels vier Schrauben und Gummidichtung geruchfest verschließt. In »Action« wird anstelle des Deckels eine bequeme Plastikbrille aufgesteckt. Da gibt es keine verkrampfte Oberschenkelmuskulatur und verkniffene Augen mehr, sondern entspanntes Sitzen vor einer Multivisionsshow erster Klasse. Lästig sollte nur werden, dass, wer immer auch darauf saß, unter viel Gelächter erbarmungslos mit dem Fotoapparat gejagt wurde. Da hilft nur die Devise: »Gib mir die Gelassenheit …«

Als wir ablegen, ist der Himmel noch immer bewölkt, und so sind die Temperaturen erträglich. Sarah hat sich auf dem Gepäck ausgestreckt, und Lennart erkundet die Ecken und Windungen des Green River. Heute Morgen war er schon mal über den Fluss gesetzt und erkletterte die Steilwand am gegenüberliegenden Ufer. Abenteuerland!

Trotz Gegenwind kommen wir gut voran. Die Fernsicht ist fantastisch. Weit voraus erheben sich die fast viertausend Meter hohen Gipfel der La Sal Mountains am Horizont. Die Landschaft davor wird von Furchen zernarbt. Dort verschwindet der Fluss in den Canyons. Beginnt so eine Reise zum Mittelpunkt der Erde? Bald erreichen wir die erste, markante Felsformation des Green River. Wie der bauchige, runde Turm einer riesigen Festung thront der Dellenbaugh's Butte auf der linken Seite. Powell benannte ihn nach dem jüngsten Mitglied seiner Expedition von 1871: Frederick S. Dellenbaugh hatte sie als Zeichner begleitet. Wenig später entdeckt Petra am Fuß einer Steilwand zwei Maultierhirsche. Genauso überrascht wie wir, lassen sie uns nah herankommen. Sarah findet ihre großen Ohren lustig, und wir wundern uns, wie sie wohl in diese Schluchten gefunden haben.

Inzwischen hat die Sonne die Wolken vertrieben und gleich wird es wieder sehr warm. Immer mehr nimmt die Landschaft den Charakter eines Canyon an, höher und höher erheben sich

Lennart vor dem Dellenbaugh's Butte

die senkrechten Felswände links und rechts des Flusslaufes. Die Farbenpracht des Gesteins wird von einem herrlichen Rot dominiert. Major Powell gab dem Gewirr, durch das sich der Green River jetzt zwängt, den treffenden Namen Labyrinth Canyon. Am Abend erreichen wir einen seiner alten Lagerplätze. Der Fluss macht hier auf drei Kilometern eine Kehrtwendung, genau im Scheitel der Außenkurve unterbricht ein riesiges Tor die Harmonie des glatten Felsens. Von diesem gemeinsamen Eingang zweigen drei Seitencanyons ab – Trin Alcove Bend taufte Powell die Stelle, als er am 15. Juli 1869 hier übernachtete. Wir errichten unser Zelt auf der hohen Sandbank davor.

Alsbald wirft die untergehende Sonne lange Schatten von den Wänden der Schlucht und nun suchen die Moskitos unsere Gesellschaft. Es sind liebe, alte Bekannte von früheren Reisen. Schon beim Aufbau des Zeltes haben sich viele hineinverirrt, ein qualmendes Holzfeuer verjagt sie vor dem Schlafengehen.

Den morgendlichen Abbau des Lagers bereiten wir wegen der

121

Stechmücken bereits im Zelt gut vor und sind dann in kürzester Zeit fertig. In Lichtgeschwindigkeit stapeln wir die Packen ins Kanu, bauen die Kåta ab und hechten zum Schluss förmlich in die Boote. Draußen auf dem Wasser kehrt wieder Ruhe ein, doch erst als die zahlreichen Stiche gekühlt sind, haben wir wieder Augen für die herrliche Landschaft.

Immer tiefer gräbt sich der Green River auf seinem Weg zum Colorado in die Erde. Die heiße Wüste, die wir dabei durchqueren, zwingt uns, auf dieser Reise einen ganz eigenen Rhythmus zu entwickeln. Wegen der Hitze tragen wir ständig unsere Hüte. In regelmäßigen Abständen werden die T-Shirts ins Wasser getaucht und nass übergezogen. Die Beine schützen wir mit feuchten Handtüchern. Wenn uns trotzdem zu warm wird, halten wir an und nehmen ein Bad. Zähne putzen, Geschirr aufwaschen – all das erledigen wir an Bord – dort ist es nicht nur kühler, hier werden wir auch von den Insekten verschont.

Der Durst ist groß! Nirgendwo sonst haben wir bisher den Wert des Trinkwassers so schätzen gelernt, wir achten auf jeden einzelnen Tropfen. Das Wasser des Green River ist unbehandelt nicht trinkbar und klare Seitenbäche finden wir nicht. Unmöglich, das Wasser direkt nach dem Schöpfen aus dem Fluss zu filtern! Schon nach wenigen Pumpstößen ist unser Katadyn, ein handlicher Trinkwasserfilter, verstopft. Jeden Abend füllen wir deshalb die vorhandenen Gefäße mit Wasser und lassen es über Nacht stehen. Am nächsten Morgen filtern wir das kostbare Nass in unseren großen Kanister, jedes Mal bleibt auf dem Boden eine geschlossene Sandschicht zurück. Sie ist ein sicheres Indiz für das anhaltende Bemühen des Green River, die Landschaft auch weiterhin nach seinen Vorstellungen zu gestalten. Wie in einem Buch kann der versierte Geologe an den Canyonwänden ablesen, wie sich der Green River seit sechs bis zehn Millionen Jahren durch die mehr als dreihundert Millionen Jahre alten Schichten der verschiedenen Erdzeitalter gräbt. Täglich schleifen er und der Colorado River ihr Bett ab und befördern Tausende Tonnen Sand und Gestein talwärts.

Das Paddeln selbst ist eine gemütliche Angelegenheit. Der Fluss wartet bis zum Colorado mit keinerlei Schwierigkeiten auf. Die Hauptarbeit erledigen die Augen, die dem Gehirn klar machen müssen, dass diese grandiose Landschaft nicht von einer Postkarte stammt, sondern Realität ist. Und wir sind erstaunt, wie viel Leben es doch in dieser Wüste gibt. Immer wieder entdecken wir Graureiher auf luftigen Beobachtungsposten, regungslos schweben Adler an den Canyonwänden entlang. Bunt gemusterte Echsen huschen über den Sand und ein Maultierhirschkalb erstarrt vor Schreck, als wir es an seiner Tränke überraschen.

Das River Register kommt in Sicht. Wir legen an und klettern über das Geröll hinauf an den Fuß der Felswand, an der sich Generationen von Flussfahrern auf mehr oder weniger geistreiche Art verewigt haben. Namen, Daten, ganze Zeichnungen haben sie in das rote Gestein geritzt, um der Nachwelt zu zeigen, dass man schon hier war. Mehr als ein halbes Jahrhundert sind die Ältesten von ihnen.

Am Abend erreichen wir den Eingang der Bowknot Bend und errichten unser Lager auf einer Insel. Rechter Hand wird die Canyonwand von einem Sattel unterbrochen. Von hier aus schlägt der Green River einen elf Kilometer weiten Bogen, und kaum vierhundert Meter von hier entfernt, auf der anderen Seite des Sattels, schließt er sich fast zu einem Kreis.

Am nächsten Tag mache ich mich mit Lennart auf den Weg, diese Schmalstelle zu erklettern. Da das gegenüberliegende Ufer mit dichtem Busch bewachsen ist, paddeln wir zunächst ein ganzes Stück stromauf und bewegen uns dann in leichtem Laufschritt hinter dem Dickicht an den Fuß des Sattels. So lassen wir das Moskitogebiet am schnellsten hinter uns. Es ist heiß, und wir achten sorgfältig darauf, nicht in die zahlreichen Kakteen zu treten. Der folgende, steile Aufstieg führt über brüchiges Geröll, und oben an der Kante müssen wir sogar klettern, aber hier weht eine kühlende Brise, die uns auch die Insekten vom Leib hält.

Was lässt sich doch die Natur alles einfallen! Mit einem Blick können wir die beiden Arme des Green River erfassen. Tief unter uns erkennen wir unser Lager. Die Frauen sind gerade beim Reinemachen, schütteln Schlafsäcke und Isomatten aus. Lennart vertieft sich in das Bowknot Post Office, das ähnlich einem Gipfelbuch hier oben in einer Plastikhülle deponiert ist. Ich stromere zu beiden Enden des Sattels und versuche, so viele Blickwinkel wie nur möglich zu erhaschen. Diese Landschaft beeindruckt mich tief. Zeitloser noch als die ägyptischen Pyramiden stehen die Felsformationen hier in der gleißenden Sonne, als wäre es der Bauplatz von Riesen. Still ist es. Keine hektische Betriebsamkeit hat diese Architektur geschaffen. Dieser Baumeister kennt keine Uhr, denn er *ist* die Zeit. Zwei Verse aus einem Lied der Cheyenne fallen mir ein: »Nichts lebt lang, / Nur die Erde und die Berge.«

Ja, die Indianer kannten den Platz des Menschen im großen Gefüge sehr wohl. Sie überbewerteten ihr persönliches Dasein nicht wie der Zivilisationsmensch, der doch gerade in der Anonymität der Masse untergeht, sondern fühlten sich als Teil eines großen Ganzen. Die eigene Abhängigkeit von der Natur und ihre Vergänglichkeit waren ihnen bewusst. Ihre Weisheit verwundert nicht angesichts der überwältigenden Schöpfung, die einst ihre Heimat war. Vielleicht werden einmal die Enkel meiner Enkel hier stehen und immer noch das gleiche Bild erblicken, egal was inzwischen in der Welt der Menschen passiert ist. Nichts lebt lang … Ein Grund, das Beste daraus zu machen!

Ein vorsichtiger Abstieg und das Rückspiel gegen die Moskitos bringen uns zurück zu unserem Lager. Nach dem Mittagessen können wir beobachten, wie sich im Westen dunkle Gewitterwolken über den Canyonwänden zusammenballen. Sie ziehen in unsere Richtung. Dann geht alles sehr schnell. Schlagartig er-

Bowknot Bend – das Wasser des Green River muss mehr als elf Kilometer zurücklegen, um von der rechten zur linken Seite zu kommen

hebt sich ein starker Wind, der sich schnell zum Sturm steigert. Sandkörner fliegen uns um die Ohren und auf dem sonst so stillen Fluss wogen plötzlich meterhohe Wellen. Wir verziehen uns ins Zelt. Mit den ersten Donnerschlägen setzt der Regen ein, der im wahrsten Sinne des Wortes waagerecht anfliegt. Der enge, tiefe Canyon wirkt wie ein Windkanal. Wir haben uns auf den Boden gekauert und beten, dass unsere Kåta, deren Wände zum Zerreißen gespannt sind, standhält. Plötzlich ein dumpfer Knall, die Plane hebt sich und fängt wie wild an zu flattern. Der Orkan hat drei von acht unserer langen und stabilen Heringe aus dem sandigen Boden gerissen. Sofort drücken Unmengen von Wasser herein. Das Zelt droht umzustürzen. Gedankenschnell greift sich Petra die 2,72 Meter lange, im Abkippen begriffene Mittelstange und lehnt sich mit aller Kraft dagegen. Derweil versuche ich mit den Kindern, die wild um sich schlagende Plane zu bändigen. Kniend, die Hände in den Saum verkrampft, heben und senken sich unsere Oberkörper im Takt der Sturmböen wie beim Gebet gen Mekka. Schließlich schaffen wir es, uns darauf zu setzen. Vollkommen durchnässt halten wir den Rand mit Händen und Gesäß nieder, während uns der Sturm die Zeltwand um die Oberkörper klatscht. Wir wissen nicht, wie lange wir so aushalten müssen. Es kommt uns wie eine Ewigkeit vor. Endlich, genauso schnell wie er kam, ist der Spuk vorbei. Ungläubig lauschen wir hinaus in die Stille. Eine erste Bestandsaufnahme zeigt, dass wir nichts eingebüßt haben. Draußen lacht friedlich die Sonne, in der wir alles zum Trocknen ausbreiten. Nur einige Wasserfälle von den Canyonwänden, die bald wieder versiegen werden, zeugen noch von der Urgewalt, die eben hier durchzog. Wir beschließen, erst am nächsten Tag weiterzufahren. Zwei weitere Gewitter im Laufe des Abends lassen keine Langeweile aufkommen, doch wir sind gewarnt und postieren uns rechtzeitig an den kritischen Stellen.

Am folgenden Morgen umrunden wir die Bowknot Bend. Die unzähligen Formen der Felsen versetzen uns in eine Märchenwelt. Nicht nur die Fantasie unserer Kinder macht Sprünge. Später passieren wir die Mündung des Horseshoe Canyon. Gut zwanzig Kilometer von hier, im oberen Teil der Schlucht, befinden sich lebensgroße Felsmalereien der vorkolumbianischen Indianer; zu weit entfernt für uns, leider. Doch auch am Green River haben Menschen ihre Spuren hinterlassen. Nur wenig flussab, im Hell Roaring Canyon, finden wir die Inschrift des französischen Trappers Dennis Julien vom 3. Mai 1836 an einer Felswand. Er war vermutlich einer der ersten Weißen, die den Colorado und den Green River aufwärts zogen. Als wir davorstehen, auf dem glühenden Sandboden und von Moskitos umschwärmt, wird uns zumindest ansatzweise bewusst, was solche Menschen auf sich genommen haben, und wir bewundern ihren Unternehmungsgeist, sich mit den damaligen, bescheidenen Mitteln in dieses riesige, unbekannte Land gewagt zu haben.

Am Mineral Bottom besteht letztmalig die Möglichkeit, die Tour zu beenden und auf einer teilweise halsbrecherischen »Straße« zurück in die Zivilisation zu gelangen. Ohne auch nur einen Gedanken daran zu verschwenden, gleiten wir vorbei. Dann beginnt die Suche nach einem geeigneten Lagerplatz – und das ist nicht immer einfach. Meist stürzen auf der einen Seite die steilen Canyonwände direkt hinab in den Fluss, und auf der anderen ist das schmale Ufer vor der nächsten Felswand mit dichtem Busch bewachsen. Während in den nördlichen Flüssen die Seitenbäche oft ein Delta mit günstigen Campmöglichkeiten bilden, fehlen diese hier völlig. Die Zubringer sind alle trocken und nur an der V-förmigen Kerbe in der Uferböschung zu erkennen, durch die das Wasser nach den fast täglichen Gewittern mit großer Gewalt schießt. Selbst wenn es hier genügend Platz zum Zelten gäbe, wäre es zu gefährlich. Diese Flash Floods genannten Sturzbäche würden mit ihrer Wucht alles mit sich reißen. Es bleiben Sandbänke und Inseln. Doch oft genug wollen sie ausgerechnet gegen Ende eines Paddeltages einfach nicht auftauchen. So haben wir auch heute bereits fast vierunddreißig Kilometer in den Armen, bis sich endlich eine flache, lang gestreckte Sandbank zeigt, die unseren bescheidenen Ansprüchen genügt.

Gegen Mittag des nächsten Tages entdecken wir links auf der Spitze eines Berges einen runden Turm. Schnell sind wir uns einig, dass wir da hoch müssen. Wir legen an, präparieren uns mit Muskol, nehmen die Gallone mit Trinkwasser und los geht's. Eine kurze Kletterpartie bringt uns auf eine glühend heiße Ebene, die spärlich mit hartem, struppigem Gras und Kakteen bewachsen ist. Keine Spur mehr von Wasser, im Nu klebt die Zunge am Gaumen und beim Einatmen haben wir das Gefühl, einen heißen Fön vor der Nase zu haben. Erstaunt erblicken wir die Überreste einer Blockhütte und können gar nicht begreifen, wozu man einen steinernen Kamin darin errichtet hat. Unvorstellbar, dass man hier frieren könnte. Das Essen wird doch bestimmt schon gar, wenn man den Topf nur ein paar Minuten in die Sonne stellt. Man muss höchstens aufpassen, dass es bei den Temperaturen nicht überkocht. Die Cabin stammt aus der Jahrhundertwende, doch wir wissen nicht, wer sie gebaut hat und zu welchem Zweck. Ihre ehemals solide Bauweise zeigt uns jedoch, dass der Winter auch hier auf dem 38. nördlichen Breitengrad mit knackigen Minustemperaturen daherkommen kann. Die Vorstellungskraft dazu fehlt uns im Moment allerdings. Eine Schneeballschlacht am Green River?! Kopfschüttelnd stapfen wir weiter. Der Aufstieg auf die Kuppe des Hügels ist steil und artet zum Schluss fast in Felskletterei aus. Lennart erkundet die Route, ich steige nach und hieve Sarah in den festen Stand, während Petra von unten sichert. Nach kurzer Anstrengung stehen wir oben und haben einen fantastischen Ausblick. In einem weiten Bogen umfasst der Green River wie eine Halbinsel die Ebene, die man Fort Bottom nennt. Kilometerweit können wir den Flusslauf verfolgen. Ganz offensichtlich war die strategisch günstige Lage der Grund für die Errichtung des Masonry Towers auf dem höchsten Punkt des Hügels. Aber wer waren seine Erbauer? Ein kleines Gipfelbuch lüftet das Geheimnis zumindest teilweise. Ihm können wir entnehmen, dass vorkolumbianische Indianer ihn bereits im 13. Jahrhundert errichtet haben. Doch warum sie in dieser unwirtlichen Gegend in mühsamer Arbeit den Turm aus dünnen, übereinander gelegten Steinplatten schufen, verrät uns das Buch nicht. Unterschiedliche Theorien gehen von einer religiösen Bedeutung aus, oder von einer Art Verständigungssystem, indem man über weite Entfernungen mittels Feuer Sichtkontakt mit anderen, ähnlichen Bauten hergestellt hat. Noch lange können wir den Masonry Tower auf der Weiterfahrt mit dem bloßen Auge erkennen.

Am 17. Juli 1869 notierte Major Powell in sein Expeditionsbuch: »Wir sehen einen Berg in der Form eines gefallenen Kreu-

128

zes, notieren seine Position und nennen ihn The Butte of the Cross.« Auch wir können diesen »Berg des Kreuzes« jetzt am Horizont erkennen. Seine Gestalt ist wirklich bemerkenswert. Nur wenige Kilometer flussab überraschte diese Formation, aus einem anderen Blickwinkel gesehen, Powell mit der Erkenntnis, dass es sich in Wirklichkeit um zwei getrennt hintereinander stehende Felsmonumente handelt. Ihren Namen haben sie jedoch bis in die Gegenwart behalten.

Unser heutiges Lager bauen wir am Millard Canyon auf. Der Untergrund ist hier so felsig, dass wir dreimal umziehen müssen, bis wir endlich eine Stelle finden, wo wir die Heringe in den Boden bekommen. Aber dieser Platz ist einer der schönsten. Direkt hinter uns erhebt sich der Butte of the Cross und auf der anderen Seite des Flusses erstreckt sich eine weite Ebene mit Felsformationen, die an die Kulisse eines Western erinnern. Glutrot leuchten sie in der untergehenden Sonne. Wir genießen es, vor dem Zelt zu sitzen, zu schauen und dabei einen riesigen Berg Bannock zu verdrücken.

Am darauf folgenden Morgen treibt mich die aufgehende Sonne zeitig aus dem Schlafsack. Mit Karte und Kompass suche ich mir ein Fleckchen oberhalb unseres Lagers. Die Bestimmung der Missweisung ergibt 13° Ost.

Am späten Vormittag setzen wir die Reise fort. Als wir knapp an einem Felsblock vorbeifahren, überraschen wir einen Graureiher. Aus drei Metern Entfernung schauen wir uns in die Augen. Ungewollt haben wir ihm den Fluchtweg abgeschnitten. Doch er gibt sich betont lässig und dreht gelangweilt den Kopf hin und her. Kaum aber sind wir vorbeigetrieben, öffnet er seine Schwingen und verschwindet stromauf.

Heute verlassen wir oft unsere Boote, um das Hinterland zu erkunden. Denn auf diesem Streckenabschnitt gibt es viele indianische Felsmalereien und Ruinen. Der erste Stopp an der Bonita Bend gibt uns allerdings noch nicht die Gelegenheit zum

entspannten Genießen. Der Green River hat sich hier ein neues Bett gesucht. Vor vielen, vielen Jahren mäanderte er um die
riesige Felsformation im Anderson Bottom. Inzwischen hat er
seinen Weg verkürzt und lässt sie rechter Hand liegen. Wir legen an und folgen dem alten Flussbett. Fast verbrennen wir uns
die nackten Füße in den Sandalen, als wir zuletzt durch heißen Sand einen steilen Hang hinaufkraxeln müssen. Weit über
unseren Köpfen entdecken wir die Petroglyphen an der senkrechten Wand, in das Gestein geritzte Zeichnungen. Doch wir
verweilen nur kurz, zu heftig sind die Angriffe der verflixten
Stechmücken. Sarah bekommt fast einen Anfall. Im Laufschritt
geht es zurück zu den Booten, die Bugs werden wir erst auf
dem Wasser los. Feuchte Handtücher kühlen unsere Wunden.
Fünf Kilometer später entdecke ich die ersten Cliff Dwellings.
Wie konnten die Indianer diese Schwalbennester in die über-
hängenden Felsen bauen? Und wieder rätseln wir über ihre
Funktion, denn zum Wohnen sind sie zu klein. Alle Bauten,
auch die, denen wir noch begegnen sollten, haben eines gemeinsam: Ihre winzigen Fensterhöhlen sind alle stromauf gerichtet.
Waren es Beobachtungsposten? Kam der Feind den Fluss herab?
Wir wissen es nicht, aber es scheint eine logische Variante zu
sein.

»Lennart, schau mal der Felsen da oben. An was erinnert er
dich?« Ein riesiger Felsblock balanciert auf einem dünnen Hals
und direkt dahinter erhebt sich eine steile Felsnadel. Gespannt
beobachten wir ihn. Doch er zuckt die Schultern: »Keine Ahnung.« Ich gebe ihm eine kleine Hilfestellung: »Denk mal an die
alten Ägypter und ihre Pyramiden.« Jetzt dämmert ihm was.
»Der sieht aus wie die Sphinx.« Tatsächlich braucht man nicht
viel Fantasie, um die Ähnlichkeit der Silhouette zu erkennen.
Schon lange vor uns haben Flussfahrer das Gebilde auf den Namen der antiken Skulptur getauft. Langsam treiben wir vorbei
und bald ist sie nur noch eine Felsformation unter vielen.

Die Felsmalereien liegen meist versteckt abseits vom Fluss. Mit dem unvermeidlichen Mückenschutzmittel und der Trinkflasche ausgerüstet, machen wir uns auf die Suche durch den Busch. Vor Turks Head zum Beispiel befindet sich auf der rechten Seite eine große Ebene, mit Flintstone übersät. Mit etwas Glück kann man hier sogar Pfeilspitzen finden. An ihrem unteren Ende liegen zwei große Felsblöcke, voll mit herrlichen Motiven. Stellen, die zum Träumen einladen. Wir setzen uns in den Schatten und erzählen den Kindern Geschichten von den Anasazi, dem verschwundenen Volk. Wir sehen braunhäutige, spärlich mit Fell bekleidete Menschen vor uns, die magische Zeichen in den Stein ritzen. Sie waren nicht zu Besuch – sie lebten hier. Doch das übersteigt unsere Vorstellungskraft in dieser hitzeflimmernden Wüste, wo ein schneller Schritt schon Überwindung kostet, wo nach Meinung unserer supermarktverwöhnten Köpfe nichts Essbares existiert, wo schon wenige Meter vom Fluss keine sichtbare Spur von Wasser mehr zu finden ist. Unwillkürlich empfinden wir Hochachtung.

Die Zivilisation der Anasazi war erstaunlich hoch entwickelt. Ihre Geschichte lässt sich bis an den Beginn unserer Zeitrechnung zurückverfolgen. Sie waren vorwiegend Jäger und Sammler, aber sie schafften es in zunehmenden Maße, auf dem kargen Boden Mais, Kürbis und Bohnen anzubauen. Sie flochten Korbwaren, brannten Tongefäße, hielten Hunde und Truthühner als Haustiere. Im achten Jahrhundert begannen sie, viereckige Wohnhäuser und schließlich ganze Wohnanlagen zu bauen. Heute findet man die Überreste ihrer beeindruckenden Städte über die Territorien der Four Corners States verstreut. Nur die Anasazi selbst sind schon lange verschwunden. Noch vor der Ankunft des »weißen Mannes« verließen sie auf dem Höhepunkt ihrer Kultur im dreizehnten Jahrhundert innerhalb kürzester Zeit ihre Siedlungen – eine Tatsache, über deren Ursache die Wissenschaft verschiedene Theorien aufgestellt hat. Ob Naturkatastrophen oder feindliche Stämme, völlige Gewissheit wird es darüber wohl nie geben.

Turks Head – die riesige, exponierte Felsformation sieht tatsächlich aus, als hätte sich der Berg einen steinernen Turban aufgesetzt. An seinem Fuß finden sich mehrere Ruinen. Dieser Platz scheint stärker besiedelt gewesen zu sein, aber es bleibt uns ein Rätsel, wovon die Indianer hier gelebt haben: von der Landwirtschaft, dann stellte das Bewässern der Felder in diesem Klima eine Sisyphusarbeit dar; vom Jagen und Sammeln, dann mussten immense Entfernungen zurückgelegt werden, um genügend Beute zu bekommen.

In meinem Drang, ständig etwas Neues zu entdecken, merke ich gar nicht, wie Petra mit den Kindern zurückbleibt. Nach jedem Felsvorsprung sage ich mir: Nur noch um diese Ecke! Schließlich habe ich den Türkenkopf fast umrundet und bin bis an den Rand des Turbans geklettert – allerdings ohne noch etwas zu finden. Fast eine Stunde stolpere ich durch die glühende Hitze. Als ich wieder zurückkomme, sitzen meine drei etwas angefressen im Schatten eines Steinblocks und quetschen gerade die letzten Tropfen aus der Gallone. Da habe ich gleich meine Strafe – nichts mehr zu trinken!

Am Abend erreichen wir den Stillwater Canyon. Wie sollen wir hier nur einen Zeltplatz finden? Die senkrechten Felswände sind noch enger zusammengerückt, und es dauert lange, bis wir endlich einen schmalen Streifen Hochufer entdecken, der uns genügend Platz bietet. Die Moskitoplage ist so gut wie vorbei, dafür hat sich in dem engen Canyon die Hitze des Tages so gespeichert, dass selbst die Nacht keine Entspannung bringt. Ob im Zelt oder draußen, es ist stickig-heiß. Wir schnappen nach Luft und der Schlaf will nicht kommen. Immer wieder lassen wir die Trinkflasche kreisen, nur um das Wasser wenig später als Schweißtröpfchen auf unserer Haut wiederzuentdecken.

Folgerichtig beginnt der nächste Tag mit ausgiebigem Filtern zum Auffrischen der Trinkwasservorräte. Später auf dem Green River bläst uns stellenweise starker Gegenwind entgegen, und wir kreuzen den Fluss, um im Windschatten Kraft zu sparen. Am Jasper Canyon entdecken wir noch einmal eine indianische Ruine, die Petra und ich alleine erkunden. Den Kindern ist es zu heiß, sie bleiben lieber in den Booten.

Drei Flusskurven stromab bietet sich auf der linken Seite eine günstige Möglichkeit, durch die Canyonwand hinauf auf das Hochplateau zu steigen. Aber Interesse und Begeisterung meiner Expeditionspartner halten sich in Grenzen. Wir legen trotzdem an, und ich beschließe, allein hochzuklettern. Petra und die Kinder wollen solange baden gehen.

Nachdem ich mein T-Shirt gründlich eingeweicht und einen langen Zug aus der Gallone genommen habe, mache ich mich auf den Weg. Es ist steil, es ist heiß, es ist trocken! Teilweise auf allen vieren hangele ich mich hinauf. Brüchiges Gestein gibt unter meinen Schuhsohlen nach, kleine Echsen huschen lautlos in Deckung und weit über mir schwebt ein Adler. Die Gefahr, dass er mich mit einem Bergschaf verwechselt, dürfte angesichts der »Eleganz« meiner Kletterkünste ziemlich gering sein. Nach fünfundzwanzig Minuten habe ich die zweihundert Höhenmeter geschafft und werde für meine Mühen belohnt. Tief unter mir zieht sich der Green River als grauer Wurm durch das Tal. Ich setze mich an den Rand des Abgrunds, lasse die Beine baumeln und genieße den Ausblick und die erfrischende Brise. Weit hinten vom nordwestlichen Horizont grüßt Cleopatras Chair über das zerfurchte, hitzeflimmernde Hochplateau. Im Süden lässt eine mächtige Erdspalte schon den Lauf des Colorado River erahnen. Nur elf Kilometer, nur drei Flusskurven sind es noch bis zur Mündung.

Bald macht sich der Durst immer stärker bemerkbar, die Zunge klebt mir am Gaumen, das T-Shirt ist schon lange wieder trocken. Der menschliche Körper ist wohl nicht dafür geschaffen, es hier lange ohne Hilfsmittel auszuhalten. Auch wenn der Verstand das bereits wusste, das körperliche Erlebnis ist viel nachhaltiger, das Erkennen der eigenen Grenzen, der eigenen Unvollkommenheit viel intensiver. Ungläubig und mit offenem Mund nimmt man als zivilisiertes »Weichei« zur Kenntnis, wie die Krieger der Apachen ihre Leidensfähigkeit bewiesen: durch kilometerlange Dauerläufe mit einem Schluck Wasser im Mund, den sie am Ende ausspuckten!

Ein heißer Sommer in Mitteleuropa: Hat man Durst, trinkt man, wird es zu warm, schaltet man die Klimaanlage ein, will man sich erfrischen, geht man baden. Kaum jemand muss darüber nachdenken, wie abhängig man ist. Meist ist zum rechten Zeitpunkt alles da, oder es bedarf nur kurzer Wege.

Dass der Faden sehr dünn sein kann, an dem das Leben hier hängt, zeigen solch tragische Unfälle von Wüstenurlaubern, wie der folgende: In der Nähe von Tucson/Arizona unternahmen drei Personen in einem Allradfahrzeug eine Wüstenpartie. Bei einem Stopp liefen zwei von ihnen mehrere hundert Meter von der Straße in die Wüste hinein, um das richtige »Desert-Feeling« zu bekommen. Da sie kaum auf die Orientierung geachtet hatten, wurden sie in der extremen Hitze hysterisch, als sie die Straße nicht gleich wiederfanden und fingen an, planlos in eine vermutete Richtung zu rennen. Eine Dreiviertelstunde später fand sie der dritte Mann nur vierhundert Meter von der Straße entfernt – beide tot. Todesursache war eine rapide Dehydration der Lungen, hervorgerufen durch die panische körperliche Anstrengung.

Ein solches Kontrastprogramm, in einer hochtechnisierten Welt zu leben und einen kurzen Trip in die Wildnis zu unternehmen, den man nur als Fun betrachtet (morgens noch am Swimming Pool, dann mal eben schnell mit dem Auto durch die Wüste und abends an die Bar), birgt stets die Gefahr der Fehleinschätzung, weil Risiken existieren, die man gar nicht kennt oder mangels Erfahrung nicht akzeptiert. Tritt etwas Unvorhergesehenes ein, wird diese Arroganz von der Natur schnell bestraft. Das Unbekannte ernst nehmen, das Bekannte nicht unterschätzen, ein Mindestmaß an körperlicher Fitness und das Wissen um die eigenen Grenzen – kurz: Gesunder Menschenverstand ist gerade hier der beste Fahrschein. Es müssen nicht unbedingt die Härtetests der Apachen sein.

Ich mache mich an den vorsichtigen Abstieg. Ausgeruht empfangen mich meine drei mit der Gallone. Dann beginnt die Suche nach einem guten Lagerplatz. Schon nach vier Kilometern bietet sich am Hochufer vor der Mündung des Water Canyon ein herrliches Plätzchen. Als wir gerade beim Zeltaufstellen sind, kommt Sarah ganz aufgeregt angesprungen: »Am Wasser ist eine Herde Bergziegen beim Trinken. Aber ihr müsst leise sein«, ermahnt sie uns. Vorsichtig schleichen wir uns im Schutz der Büsche hinunter ans Ufer. Tatsächlich! Genau gegenüber entdecken wir fünf Mountain Goats und zwei Jungtiere. Es ist uns unerklärlich, wie sie dahin gekommen sind. Da drüben ist nur steiler, brüchiger Fels mit ein paar Grasbüscheln. Wir beobachten sie lange, bis sie langsam flussab davonklettern.

Am nächsten Morgen versuchen wir in den Booten treibend zu enträtseln, wohin sie verschwunden sein könnten. Viel zu schroff erscheint uns der Hang mit seinen breiten, senkrecht abfallenden Bändern. Es bleibt uns ein Rätsel, wie sie aus der Felswand gekommen sind.

Gegen Mittag erreichen wir die Mündung, die so genannte Confluence. Ganz undramatisch fließt der Green River in den Colorado. Keine Pauken, keine Fanfaren, die unsere Leistung honorieren. Das Wasser des Colorado ist (noch) etwas heller und etwas kälter als das des Green River. Zu Zeiten Major Powells hieß der Oberlauf des Colorado noch Grand River. Der Zusammenschluss der gleichberechtigten Flüsse Green und Grand bildete den mächtigen Colorado. Erst auf starkes Drängen des Bundesstaates Colorado hin wurde auch der Grand in Colorado umbenannt und der Green River geriet so unverdienterweise in die Rolle eines Nebenflusses.

Wir müssen kräftig paddeln, da ein heftiger Gegenwind bläst. Nach drei Kilometern ein Schild am rechten Ufer: »Danger!« – »Gefahr!« Es weist uns auf die nun bald beginnenden schwierigen Stromschnellen des Cataract Canyon hin. Wir fahren noch weitere vier Kilometer bis Spanish Bottom, legen an und laufen die verbleibenden zirka achthundert Meter zu den Rapids. Auf den ersten Blick: Gewaltig! Die lehmige Farbe des Wassers verstärkt den Eindruck dieser Urkraft noch, die sich da unter uns durch die Schlucht wälzt. Auf den zweiten Blick versuchen wir auch schon eine fahrbare Route zu entdecken. Mit der richtigen Ausrüstung sind die beiden von hier einsehbaren Schnellen durchaus auch mit dem offenen Canadier zu fahren. Aber der Cataract Canyon hat davon insgesamt achtundzwanzig und wie der Rest aussieht, wissen wir nicht. Doch diese Fragen sind für uns im Moment nur von theoretischer Bedeutung. Für die Befahrung des Canyon braucht man ein Permit, und eine Familientour ist hier höchstens auf einem Raft möglich. Trotzdem folgen unsere Blicke sehnsüchtig dem Lauf der meterhohen Wellen. Aber es hilft nichts, das ist hier bereits der südlichste Punkt unserer Reise. Schließlich kehren wir um, paddeln ein Stück stromauf und schlagen unser letztes Camp am Beginn des Spanish Bottom auf.

An diesem Abend erleben wir noch einmal den ganzen Zauber dieser sonderbaren Landschaft. Spanish Bottom ist ein von senkrechten Felsen umgebener Talkessel, auf dessen Rand das Doll House mit seinen eigentümlichen, riesigen Steinpuppen steht. Bis weit in die Nacht hinein sitzen wir nebeneinander, in der Hand die Tasse mit dem dampfenden Tee und den Rücken an einen warmen Felsblock gelehnt und tun nichts weiter, als in den Sternenhimmel zu schauen. Am Horizont wetterleuchtet es, und Sternschnuppen halten für jeden von uns einen Wunsch frei. Wie ein riesiger Scheinwerfer schiebt sich der Vollmond über die schwarz gezackte Silhouette der Canyonwand und treibt die Finsternis im Talgrund vor sich her. Die Puppen im Doll House beginnen zu tanzen, als das Licht sie berührt, und die langen Schatten der Tamarisk-Büsche kriechen bis unter den Schutz der Zweige, als hätten sie etwas zu verbergen. Lautlos wie flüssiges Metall gleitet der Colorado durch die Schlucht. Ab und zu unterbricht der Schrei eines gefiederten Nachtjägers die Stille und irgendwo rascheln kleine Füße in Deckung. Was für eine Nacht! Die Natur ist immer noch der größte Meister!

Der Vormittag des nächsten Tages sieht uns mit Sack und Pack am Ufer des Colorado sitzen. Gerade als wir unser Mittagessen vom Kocher nehmen, erscheint viel zu früh das Jet Boat von Tex's Riverways. So bringen wir zunächst unser Gepäck an Bord, die Kanus werden auf dem Dach festgebunden und erst als das Boot ablegt, kümmern wir uns um den nunmehr lauwarmen Reis. Danach sitzen wir still auf unseren Plätzen und lassen unsere Blicke Abschied nehmend über die inzwischen so vertrauten roten Felsen gleiten, während der schnelle Motor den Colorado River stromauf Moab entgegenbrummt.

Mit dem Pferd und zu Fuß
durch die High Uintah Wilderness

27. August
Diese Nacht waren meine Füße kalt. Papa war als Erster munter. Lennart und Papa wollen heute auf den Kings Peak. Sie sind 8.45 Uhr losgelaufen. Für Mama und mich war heute Ruhetag. Wir haben uns gewaschen, Zelt aufgeräumt, Holz geholt, Mittagessen gemacht. Wir wollten gerade Karten spielen, da kamen auch schon die Männer. Sie haben sich gewaschen und haben ihr Abenteuer erzählt.

Wir haben Tagebücher geschrieben. Und dann haben wir Karten gespielt.

(Aus dem Tagebuch von Sarah, 8 Jahre alt)

Ich weiß heute gar nicht mehr so genau, wie wir die High Uintah Wilderness als Ziel für uns entdeckten. Der US-Bundesstaat Utah hat so viel an Gebirgen zu bieten, dass man uns selbst vor Ort fragte, wie wir ausgerechnet auf diesen Trip gekommen sind. Ich erinnere mich, dass ich zu Hause eine Karte von Utah studierte, wobei mir zwei Dinge auffielen: der mit 4123 Meter höchste Berg des Staates, der Kings Peak, und dass keine Straßen durch dieses große und abseits der üblichen Touristen-Highways liegende Gebiet führen. Das machte uns Hoffnung auf Abgeschiedenheit und bot den Reiz einer Viertausender-Besteigung. Und wir wurden nicht enttäuscht!

Doch das Abenteuer beginnt schon vorher: Morgens um sechs Uhr brechen wir unser Lager auf dem Campground in Moab ab. Wie und wann wir unser Ziel erreichen werden, steht noch in den Sternen. Lediglich der erste Teil der Reise ist gebucht: Täglich pendelt zwischen Monticello im Süden und Salt Lake City ein kleines Busunternehmen, der Bighorn Shuttle. Mit ihm wollen wir zunächst ein gutes Stück nordwärts gelangen. Damit erschöpft sich aber auch schon der Anteil der öffentlichen Verkehrsmittel. Alles Weitere soll sich dann finden. Anderthalb Stunden später beladen wir vor dem Ramada Inn den Gepäckanhänger und nehmen im klimatisierten Van Platz.

Dann heißt es Abschied nehmen vom heißen Süden mit seinen roten Felsen, den gewaltigen, lehmbraunen Flüssen und den märchenhaften Gebilden im Arches National Park. Der warme Landregen, der draußen niedergeht, erscheint uns fast wie ein Wunder, hatten wir Niederschläge bisher doch nur als Gewittersturm erlebt. Als wir den Green River überqueren, verrenken wir uns die Hälse, versuchen mit den Blicken seinem Lauf so weit als möglich zu folgen. Irgendwo da unten liegen der Crystal Geysir, die Bowknot Bend, die indianischen Felszeichnungen und Ruinen, der Colorado … Erlebnisse, die uns niemand mehr nehmen kann.

Die Kinder kuscheln sich in die weichen Polster und sind bald eingeschlafen. Petra und ich sind zu aufgeregt. Unser Plan ist, an der Abzweigung der Bundesstraße 191 kurz hinter Helper auszusteigen und zu versuchen, zu trampen. Doch je näher der Zeitpunkt rückt, umso mehr kommen uns Zweifel. Was, wenn uns keiner mitnimmt? Ob überhaupt Fahrzeuge bis hinauf in die Berge fahren? Da draußen sind vierzig Grad im Schatten und wie kühl und gemütlich ist es hier in der Sicherheit der Air Condition. Ein kurzes Gespräch mit dem Fahrer und wir könnten bis Salt Lake City sitzen bleiben. Und dann?

Viel zu schnell vergeht die Fahrt. Kurz vor zehn Uhr rollt das Fahrzeug an den Straßenrand. Als sich die Tür öffnet, trifft uns die Hitze wie ein Schlag. Eigentlich will ich im kühlen Wagen bleiben, aber entgegen aller Vernunft tragen mich meine Füße hinaus. Wenig später liegen vier Rucksäcke auf dem Asphalt, jemand wünscht uns viel Glück, ein letztes Winken hinter den getönten Scheiben, und wir sind allein. Jetzt, da es ja nun irgendwie weitergehen muss, kehren auch die Lebensgeister schnell zurück. Wir suchen uns eine günstige Stelle, türmen das Gepäck auf einen Haufen und gehen in Position. Sonnencreme, zwei Gallonen Fruchtsaft und leichte Verpflegung sollen uns helfen, die Wartezeit zu überstehen. Auf der viel befahrenen Bundesstraße rauscht der Verkehr vorbei, aber fast ausschließlich Richtung Salt Lake City. Für die Amerikaner sind wir eine kleine Attraktion. Wer hier kein Auto hat, ist entweder verdächtig oder verrückt. Man winkt uns zu, einige grinsen auch nur in ihren klimatisierten Straßenkreuzern.

Abwechselnd strecken Sarah und Lennart die Daumen raus. Petra und ich halten uns, selbstverständlich ohne Hintergedanken, zurück. Gespannt schauen wir den Fahrzeugen entgegen, aber ganz selten wird der Blinker betätigt, um auf die 191 abzubiegen. Jeder Wagen, der kommt, ist Hoffnung, jeder, der vorbeifährt, Enttäuschung. »Wisst ihr noch in Dawson City …?« So lang wird es diesmal doch hoffentlich nicht dauern?!

Nach einer halben Stunde fährt ein altersschwacher, klappriger Pick-up vorbei und hält nach zehn Metern. Ohne uns eines Blickes zu würdigen, springt der Beifahrer heraus und bückt sich unter die Motorhaube. Unsere leise Hoffnung zerrinnt, da ist sicher etwas kaputt, ein Wunder, dass die Kiste überhaupt noch fährt.

Doch dann steigt der Fahrer aus, klettert auf die Ladefläche und winkt uns. Es sind zwei Indianer vom Stamm der Ute. Ölverschmiert und in abgerissenen Jeans grinsen sie uns an. Der Ältere der beiden ersetzt den fehlenden oberen Schneidezahn durch einen in die Lücke geklemmten Glimmstengel: »Nach Duchesne?« – »Ja, nach Duchesne, so nah wie möglich zum Moon Lake.« Mit einer Handbewegung lädt er uns ein. Wir werfen unsere Rucksäcke hinten drauf, quetschen uns, wieder mal, zu viert auf den Beifahrersitz und los geht's. Es wird eine verrückte Fahrt über den 2.700 Meter hohen Pass in den Indian Canyon. Während der eine die unübersichtlichen Serpentinen nach dem Motto: »Um die Zeit kommt hier nie was!« hochheizt, übergießt der andere von der Ladefläche aus bei voller Fahrt die verdreckte Frontscheibe mit Wasser und fängt an, sie zu putzen. Nichts gegen Service, aber alles zu seiner Zeit. Ich bin froh, als wir über den Pass sind und die Straße übersichtlicher wird. Wir kommen gut vorwärts. Zweiunddreißig Kilometer sind es noch bis zum Moon Lake, als wir ihnen dankbar die Hände schütteln.

Hier ist allerdings rein gar nichts los. Die Straße hinauf in die Berge ist eine Sackgasse, und wir richten uns auf eine längere Wartezeit ein. Keine zehn Minuten später rollt ein Jeep heran, leider aus der falschen Richtung. Neugierig beugt sich der Fahrer, Typ J. R., mit weißem Stetson, aus dem Fenster: »Hi folks, what's going on?« – »Na, Leute, was liegt an?« Als wir ihm erklären, dass wir von einer Kanutour auf dem Green River kommen und über den Hauptkamm des Gebirges nach Norden auf die sogenannte Wyoming Side laufen wollen, starrt er uns ungläubig an. Dann deutet er auf unser Gepäck. »With all this gear?« Wir nicken. »You must be crazy!« –»Mit all dem Gepäck? Ihr müsst verrückt sein!« Eine Feststellung, die uns nicht erschüttert. »Und wie wollt ihr zum Moon Lake kommen?«, ist er immer noch nicht zufrieden. »Wir versuchen zu trampen.« Mit einem »Aha« lehnt er sich zurück, und wir betrachten das Gespräch als erledigt.

»Jump in!« – »Rein mit euch!« Jetzt ist die Reihe an uns, zu staunen. »Petra, ich glaub', der will uns mitnehmen.« Eine Handbewegung aus dem Wagen unterstützt die Vermutung. Wir können es kaum fassen, steigen dann aber schnell ein, ehe er es sich anders überlegt.

Wenig später rollen wir auf die höchsten Berge Utahs zu. Unser Fahrer erklärt uns, dass wir uns hier mitten in der Ute Reservation befinden. Links und rechts der Straße ist alles Indianerland. Das Gebiet erscheint uns riesig, denn aus der Karte ist ersichtlich, dass die Reservation schon weit vor Duchesne beginnt. Und trotzdem ist es nur ein Bruchteil dessen, was der Stamm früher in Freiheit sein Eigen nannte. Die Geschichte der Ute ähnelt in ihrer Tragik der so vieler anderer indianischer Nationen. Sie führten zwar keine spektakulären Schlachten, wie die Lakota unter Crazy Horse und Sitting Bull im Norden, oder den zähen und teilweise sehr grausam geführten Guerillakrieg der Apachen mit Geronimo, Victorio und Nana an der Spitze. Aber auch sie wurden so lange provoziert, bis sie begannen, sich ihrer Haut zu wehren, und beschleunigten damit doch nur ihre Niederlage.

Als Bergindianer waren sie typische Jäger und Sammler, bis sie Ende des 17. Jahrhunderts in den Besitz von Pferden gelangten. Obwohl sie in ihren angestammten Gebieten blieben, näherten vor allem die östlichen Ute ihre Lebensweise stark der Kultur der Prärieindianer an, und die Bisonjagd in den angrenzenden Plains wurde eine der Hauptnahrungsquellen. Die Kontakte mit den Weißen waren vorwiegend friedlich. Einige Utekrieger dienten der amerikanischen Armee sogar als Kundschafter in den Feldzügen gegen andere Stämme. Doch zu groß, zu fruchtbar war ihr Land, als dass sich nicht schon gierig viele Hände danach ausstreckten. Ein erster Vertrag mit den USA im Jahre 1863 ließ den Ute noch alles Land westlich der Kontinentalen Wasserscheide. Wortbrüche, Verleumdungen und Provokationen führten schließlich im Herbst 1879 zu bewaffneten Auseinandersetzungen, die die Ute trotz ihrer Tapferkeit nicht gewinnen konnten. Daraufhin wies man ihnen das Reservat im Nordosten Utahs zu. Die ungewohnte Enge führte zu Resignation und Verelendung dieses stolzen Volkes, es wurde ihm eine Lebensweise aufgezwungen, die seiner Kultur und Geschichte völlig zuwiderlief. Doch damit nicht genug: Im Jahre 1887 wurde durch die US-Regierung der »General Allotment Act« verabschiedet. Er bestimmte, dass das Reservatsland, welches bisher als Stammeseigentum galt, nach einem festgelegten Pro-Kopf-Schlüssel als Privatbesitz unter den einzelnen Familien aufgeteilt wurde. Der Trick dabei war, dass die Summe der den Einzelnen zugestandenen Flächen weit niedriger lag als der kollektive Besitz. Freies Land verkaufte man an weiße Siedler, und auch manche Indianer veräußerten aus der Not heraus ihren Besitz und zogen in die Slums der Städte. Auf diese Weise wurde das Indianerland immer kleiner, die einst geschlossene Fläche immer löchriger. Von 56 Millionen Hektar Land, die die 250.000 Indianer auf dem Territorium der USA 1885 in Form von Reservationen noch besaßen, gingen so weitere 36 Millionen Hektar verloren.

Erst seit den siebziger Jahren nahm das Selbstbewusstsein der Indianer wieder zu, nicht zuletzt auch durch die sich entwickelnde, stammesübergreifende Indianerbewegung. Sie wissen, dass die Zeiten der Büffeljäger nicht zurückkommen, aber sie kämpfen um ihre Rechte und um einen gleichberechtigten Platz in der modernen amerikanischen Gesellschaft, in der sie ihre Identität nicht aufgeben und nicht zum »Apfel« (außen rot und innen weiß) werden müssen.

Unser Fahrer erzählt uns, dass es in seiner Jugend auf den samstäglichen Tanzvergnügungen oft und gern Handgreiflichkeiten mit den Indianern gab. So wie er es schildert, scheint es für beide Parteien fast eine sportliche Auseinandersetzung gewesen zu sein, auf die man sich schon die ganze Woche gefreut hat. Heutzutage jedenfalls ginge es viel friedlicher zu.

Die Straße führt als schmales, graues Asphaltband durch saftig-grüne Viehweiden stetig bergan. Nach einer guten halben Stunde kommt der Moon Lake in Sicht. Welch ein Kontrast! Vorhin noch in der Gluthitze an der hektischen Bundesstraße und drei Stunden später an einem malerischen Bergsee in 2.500 Metern Höhe. Wir sind geradezu euphorisch. Tiefblau schimmert die Wasserfläche zwischen den dicht bewaldeten, steil aufragenden Hängen. Ein Dutzend Pferde weidet in der Koppel direkt am Ufer. Weit hinten im Norden grüßen die kahlen Gipfel der Viertausender. Wenig später ist die Straße zu Ende, und wir stehen vor einer kleinen Blockhüttensiedlung. Endstation der Fahrt und Beginn unseres nächsten Abenteuers. Unser Fahrer verabschiedet sich herzlich und wünscht uns alles Gute. Es geht alles so schnell, dass wir ganz vergessen, nach seinem Namen zu fragen. Erst als die Rücklichter zwischen den Bäumen davonschaukeln, wird uns bewusst, dass er wegen uns einen Umweg von vierundsechzig Kilometern gemacht hat!

Wir atmen tief durch. Ah! Würzige, kühle Waldluft weitet unsere Lungen. Die dichten Äste lassen die Sonnenstrahlen nur gefiltert auf den Boden dringen. Überall stehen Pfützen, in denen Kiefernnadeln schwimmen. Millionen von Wasserperlen glänzen in den Zweigen, gleiten die Stämme hinab, schweben auf die weiche Erde: »Plop, Plop«, weben ein Muster aus Kreisen auf den Pfützen: »Pitsch, Pitsch« – die Melodie des Waldes nach dem Regen. Einige Tropfen haben sich in meinen Kragen verirrt. Uah, mir läuft eine Gänsehaut den Rücken hinunter.

Ich stoße die Tür zur großen Haupthütte auf. Dahinter wartet ein großer Raum mit Kamin und gemütlichen Sesseln auf uns. Das ist die Residenz von Bill und Judy, die hier oben mit ihrem kleinen Sohn die Sommermonate verbringen und Blockhäuser an Jäger, Angler und Touristen vermieten. Die Atmosphäre ist so urig, dass wir beschließen, für eine Nacht auf das Zelt zu verzichten und uns in einer Cabin einzuquartieren. Ein weiser Entschluss! Während am Nachmittag ein schweres Sommergewitter niedergeht, sortieren wir im Trockenen in aller Ruhe unsere Ausrüstung, vernichten einen Berg Honigbannock und kämpfen um den Sieg bei der nächsten Runde der Rommee-Weltmeisterschaften. Im Schein der Abendsonne unternehmen wir noch einen Spaziergang am Seeufer. Was für ein Tag! Vergessen sind die Zweifel von heute früh. Besser konnte es nicht laufen.

Schon zeitig am nächsten Morgen sind die Kinder munter. Die Aufregung lässt sie nicht mehr schlafen. Seit Tagen kreisen ihre Gedanken nur um ein Thema: Pferde! In den nächsten drei Tagen wollen wir mit Pferden und Packtieren hoch hinauf in das Gebirge und anschließend zu Fuß weiterwandern. Sarahs Hauptsorge ist, ob sie denn allein reiten darf oder geführt wird.

Als wir am Korral ankommen, herrscht bereits Hochbetrieb. Am Zaun sind Pferde und Maultiere angebunden. Auf einem Pick-up türmen sich Sättel, Zaumzeug und andere Utensilien. Dazwischen eilen geschäftig Männer – nein, richtige Cowboys, hin und her. Während Sarah und Lennart schon diskutieren, wel-

144

Der Chilkoot Pass
ist erreicht!

Eine Trapperhütte
auf der
Goldrausch-Tour

Virginia Falls vom Portage
Trail

Links: Single Otter – unser
Taxi in die Wildnis

Rechts: Sarah und Lennart
auf einer Insel im South
Nahanni

Die Steinpuppen des Dollhouse auf dem Spanish Bottom am Colorado
Rechts: Auf Inkatreppen hinab in den Bergdschungel
Indianische Ruinen am Green River

Die terrassierten Hänge am Titicacasee – Reste der hochentwickelten Landwirtschaft der Inkas

Eine Herde Lamas im Hochland von Peru

Auf dem Weg zum Fitz Roy

Vor dem Grey Gletscher

Der Cerro Torre in Patagonien

ches Pferd sie nehmen wollen, kommt einer der Männer auf uns zu: »Hello, I'm Howard.« Aha, das ist also Howard Pae, Inhaber der Moon Lake Outfitters. Groß, schlank, Anfang vierzig, mit einem verschmitzten Gesichtsausdruck unterscheidet er sich in seiner Kleidung in nichts von den anderen. Sein Unternehmen und seine Telefonnummer habe ich über mehrere Umwege bei der Planung der Reise herausgefunden und mit ihm habe ich telefonisch die Einzelheiten vereinbart. Des Öfteren habe ich unterwegs daran denken müssen, ob auch alles klappen wird, ob die mündlichen Vereinbarungen ausreichen. Die Sorgen waren unbegründet. Pünktlich und vollzählig ist alles bereit.

Howard stellt uns den anderen vor. Da ist Glen, unser Guide, ein untersetzter Mann, von Beruf Lehrer und in seiner Freizeit ein erfahrener Wildnisführer. Da gerade Ferien sind, begleitet ihn Mike, sein Neffe, ein schlaksiger Bursche von sechzehn Jahren, der auf Pferden groß geworden zu sein scheint. Etwas abseits stehen drei schwergewichtige Männer mit einer umfangreichen Ausrüstung, die sie als Angler ausweist. Sie wollen an einem der hoch gelegenen Seen für einige Tage ein Fischkamp beziehen.

Es dauert noch einige Zeit, bis die Vorbereitungen abgeschlossen sind. Den Mulis wird das Gepäck aufgetürmt, die Reitpferde werden zugeteilt, aufgezäumt, gesattelt und die Steigbügel angepasst. Sarah ist überglücklich. Zwar stutzte Howard etwas, als da so ein kleiner Zwerg mit einem großen Rucksack vor ihm stand, aber mit größter Selbstverständlichkeit erhält auch sie ihr Pferd mit Sattel und Zaumzeug. Strawberry heißt es und ist auch noch das größte von allen. Lennart bekommt einen schönen Braunen mit Namen Chocolate. Mein Schimmel wird Sparky genannt. Am besten trifft es Petra, ihr Pferd hört auf den schönen Namen Macho.

Endlich geht es los. Howard reitet voran und führt zwei Packtiere am Lasso. Wir folgen im Gänsemarsch, den Schluss bildet

Glen. Zunächst geht es ein kurzes Stück am See entlang, dann biegen wir bald nach links in die Berge ab.

Was für ein Gefühl! Wenn ich in die Augen unserer Kinder blicke, sehe ich ein glückliches Leuchten. Allein das ist schon die ganze Reise wert. Ich glaube, ich habe den gleichen Gesichtsausdruck. Ein Jugendtraum wird wahr. Mir kommen Erinnerungen an meine Kindheit in Lauscha hoch, als ich mit meinen Freunden die Wälder hinter den Sprungschanzen unsicher machte. Kaum war die Schule aus, verwandelten wir uns in die Krieger eines der gefürchtetsten Indianerstämme am Oberlauf des Lauschabaches im Thüringer Schiefergebirge. Wie oft war ich Chingachgook, die große Schlange, oder Tokei-itho, der Lakota-Häuptling. Wir kämpften mit selbst gebauten Speeren, Pfeilen und Bögen, sogar ein bemalter Marterpfahl fehlte nicht in unserem Versteck. Wir waren so gut, dass französische Kolonialtruppen, Goldsucher oder die US-Kavallerie nie eine Chance hatten. Harmlose Heidelbeersucher beschlichen wir und erschreckten sie mit unseren bemalten Fratzen. Und ein richtiger Indianer raucht natürlich auch die Friedenspfeife, selbst geschnitzt und mit getrocknetem, zerriebenem Laub gestopft … Junge, war uns schlecht! Aber natürlich kannten wir keinen Schmerz. Wenn wir in unserem Eifer allerdings das abendliche Sechs-Uhr-Schlagen der Kirchturmuhr überhörten, drohte zu Hause der Marterpfahl in Form von Stubenarrest und Sandmännchen-Entzug. So lebten wir ständig in großer Gefahr.

Was Kinder den Erwachsenen voraus haben, ist, dass sie sich ihre eigene Realität schaffen können, in der sie die Helden sind. Wenn unser Stamm sich traf, spielten wir nicht Indianer, wir waren Indianer! In dieser Welt gab es keine Schule, keine Hausaufgaben oder dergleichen Unannehmlichkeiten.

Und jetzt? Es ist nicht anders. Wir sind keine Arbeitnehmer, keine Schüler mehr. Nein, wir sind Mountain Men zu Pferd auf dem Weg durch ein menschenleeres Hochgebirge im Wilden

Westen Nordamerikas. Jetzt müssten die alten Kumpels dabei sein.

Nie hätte ich geglaubt, dass man mit Pferden auf solchen Pfaden reiten kann, die in ihrer Steilheit teilweise fast Klettersteige sind und deren Beschaffenheit an ein ausgetrocknetes, steiniges Bachbett erinnert. Geht es mal bergab, liegen wir fast auf dem Pferd, um das Gleichgewicht zu halten, während wir uns bergauf weit nach vorn beugen. Ständig müssen wir auf der Hut sein vor herabhängenden Ästen, wenn die Tiere bei der Durchquerung reißender Gebirgsbäche straucheln oder unvermittelt einen Satz über ein Hindernis machen. Trotz allem machen wir eine gute Figur im Sattel. Wie alte Cowboys führen wir mit einer Hand die Zügel und haben die andere lässig auf den Sattelknauf gelegt. Nicht, dass uns das in die Wiege gelegt worden wäre. Aber zur Vorbereitung unserer Expedition gehörte auch der Umgang mit Pferden. Ein halbes Jahr lang fuhren wir zwei- bis dreimal die Woche auf einen benachbarten Pferdehof, misteten Ställe aus, striegelten die Tiere, lernten, wie man Sattel und Zaumzeug anlegt und nahmen ein paar Stunden Reitunterricht. Unser Ziel war es, so selbstständig wie möglich zu werden. Am liebsten wären wir, wie wir es gewohnt sind, allein losgezogen. Doch da wir oben zu Fuß weiterwollen, muss ja jemand die Pferde zurückbringen.

Nach einer guten halben Stunde erreichen wir ein Gatter aus groben Baumstämmen. Howard beugt sich aus dem Sattel und öffnet das Tor. Wir treten ein in die High Uintah Wilderness, die größte Wildnis Utahs. Neben der Brooks Range in Alaska ist sie das bekannteste Gebirge, dessen Kamm sich im Gegensatz zum Rückgrat des Kontinents, den Rocky Mountains, von Ost nach West erstreckt. Am 28. September 1984 wurde dieses 186.000 Hektar große Gebiet durch Bundesgesetz unter besonderen Schutz gestellt. Hier ist der Mensch nur Gast und darf nichts beeinflussen. Weder Straßen werden hindurchgebaut, noch findet Holzeinschlag statt. Motorisierte Fortbewegung, ja sogar das Mountain Biking, ist untersagt. Diese Tatsache und ihre Unzugänglichkeit machen sie zum Paradies für Bergwanderer.

Ohne Pause geht es immer weiter bergauf. Obwohl Howard die Mulis führt, ist er weit voraus. Am späten Nachmittag erwischt uns ein einstündiges Hagelgewitter. Völlig unbeeindruckt wird die Reise fortgesetzt. Wir streifen lediglich die Regenjacken über und ziehen unsere Buschhüte tiefer ins Gesicht. Auch die Pferde lassen sich durch die nahen Donnerschläge nicht aus der Ruhe bringen. Ab und zu müssen wir die zügelführende Hand wechseln, wenn sie von den erbsengroßen Hagelkörnern zu sehr malträtiert wird. Offensichtlich mag mein Sparky keine nassen Hufe. Wie eine Ballerina tänzelt er am Rand des Pfades entlang, weicht den Pfützen aus, biegt gar manchmal in den Wald ab und zwingt mich zu den tollsten Verrenkungen, um nicht von tief hängenden Ästen aus dem Sattel gefegt zu werden. Viel zu zaghaft versuche ich es anfangs im Guten, um ihn in der Spur zu halten. Schließlich reißt mir der Geduldsfaden, und mit straffem Zug am Zügel und einigen saftigen Hieben auf das Hinterteil verschaffe ich mir den notwendigen Respekt.

Bald erreichen wir das Duck Basin, ein Hochtal, in dessen Zentrum der Clements Lake liegt. Hier auf 3.222 Meter Höhe errichten wir unser erstes Camp, über zweihundert Meter höher als die Zugspitze, an einem Bergsee mitten im Wald. Bald flackert ein wärmendes Feuer und in den Tannen sind Jacken und Hüte zum Trocknen aufgehängt. Howard gönnt sich nur eine kurze Rast. Mit den zwei Maultieren und den drei Reitpferden der Anglergruppe im Schlepptau macht er sich noch auf den Rückweg. Alle Achtung, er wird heute nahezu zehn Stunden im Sattel sein. Als er sich verabschiedet, kramt Howard aus seinen Satteltaschen noch allerlei nützliche Dinge hervor, die er an uns verteilt: Rettungsfolien, eine Signalpfeife mit Kompass, Energieriegel. Offensichtlich macht er sich ein wenig Sorgen um uns. »Watch your family!«– »Gib auf deine Familie Acht!«, schärft er mir eindringlich ein, und es klingt fast wie: »Wehe, du bringst sie nicht heil heraus!« Wir vereinbaren, dass er uns in knapp zwei Wochen am Campground China Meadows auf der Nordseite des Gebirges abholt.

Die Atmosphäre in unserem Lager ist wie in einem Western. Ausrüstungsteile liegen verstreut, es riecht nach Leder, ab und zu schnaubt ein Pferd. Sarah kann sich überhaupt nicht von ihren Lieblingen trennen. Bei Glen besorgt sie sich eine Bürste und beginnt doch tatsächlich alle acht Pferde und Mulis fachmännisch zu striegeln. Mehr als zwei Stunden bringt sie damit zu, redet mit den Tieren und ist bestimmt der glücklichste Mensch auf der Welt.

Lennart hält unterdessen das Feuer in Gang, seit jeher eine seiner Lieblingsbeschäftigungen. Es wird ein lustiger Abend. Zunächst sorgt Petras Bannock für Aufsehen, und sie muss zum ich weiß nicht wievielten Male das Rezept preisgeben. Dann bekommen wir vor Lachen fast Bauchkrämpfe, als sich Glen und die Männer von der Angelgruppe gegenseitig bei der Aufzählung ihrer College-Streiche übertreffen. Da werden Leute in Mülltonnen gesteckt und Treppen hinabgerollt, einer bekam beim Wettbewerb, wer das größte Maul hat, den Baseball nicht mehr aus dem Mund und so weiter und so weiter. Es wird spät, bis wir in die Schlafsäcke kriechen. Die Wolken haben sich verzogen und das ganze Universum scheint auf uns herabzufunkeln.

Der nächste Morgen hält, was die Sternennacht versprochen hat. Als wir das Zelt öffnen, berühren die Sonnenstrahlen gerade die Baumwipfel. Die Pferde grasen friedlich, im Lagerfeuer knistern die ersten Zweige und am Seeufer hofft schon einer der Männer auf eine Forelle zum Frühstück.

Nach dem Essen bereiten wir den Aufbruch vor. Alle haben zu tun. Lager abbauen, Pferde von der Weide holen, Zaumzeug anlegen, Satteln – trotz unserer Vorbereitung benötigen wir hier und da die helfende Hand von Glen und seinem Neffen. Die Sattelgurte zum Beispiel werden nicht mit einer Gürtelschnalle verzurrt (»Wo ist die denn nur? Da fehlt doch was!«), sondern an Metallringen verknotet (»Aha!«). Es ist uns ein Rätsel, wie das halten soll. Und das Beladen der Maultiere ist eine regelrechte Wissenschaft. Nach dem Anbringen der hölzernen Packsättel verteilt Glen mit einer Engelsgeduld die ganze Ausrüstung in die riesigen Packtaschen und prüft immer wieder das Gleichgewicht, indem er die Taschen mit beiden Händen gleichzeitig anhebt: »Pretty close?« Jetzt bin ich dran. Nach drei-, viermal Hin- und Herstopfen erzielen wir Übereinstimmung. »Ja, Glen, jetzt müssten sie gleich schwer sein.« Gemeinsam hängen wir sie an die Seiten der Mulis. Damit aber nicht genug. Beim Überstreifen der wasserdichten Plane und dem rutschfreien Verzurren des Ganzen beschränke ich mich auf das ehrfürchtige Zuschauen. Das Zehn-Meter-Seil wird dabei so geführt, dass es drei Rhomben (»diamond-shaped«) bildet, zwei kleine an den Seiten und eine große auf dem Rücken. Da wackelt nichts mehr!

Sarah und Lennart dauert alles viel zu lange. Sie sitzen schon ungeduldig auf ihren tänzelnden Pferden. Endlich geht es los. Mit großem Hallo verabschieden uns die Angler. In fünf Tagen wird sie Howard wieder abholen. Petri Heil!

Nur leicht ansteigend, aber nach wie vor rau, führt der Pfad aus dem Tal heraus. Als wir den East Basin Pass erreichen, bietet sich uns erstmals ein Blick auf den fernen Hauptkamm der High Uintahs. Keine schroffen, zerklüfteten Formen, sondern eher runde, weiche Linien prägen den Bereich oberhalb der Baumgrenze. Die Fernsicht ist fantastisch, und wir können einen Großteil der Strecke, die wir später laufen werden, einsehen. Der Abstieg vom Pass ins East Basin ist sehr, sehr steil. Glen stellt uns vor die Wahl, zu reiten oder lieber zu laufen. Petra und Sarah beschließen zu laufen, Mike nimmt ihre Pferde am Zügel. Dann geht es los. Hier geht's aber auch ordentlich runter! Ich liege na-

Pferderennen

hezu rücklings auf dem Pferd, meine Füße fast in Höhe von Sparkys Ohren. Immer wieder gibt das Geröll unter den Hufen nach und mehr rutschend als laufend geht es talwärts. Eigentlich wollte ich mich der Trittsicherheit meines Pferdes anvertrauen, aber irgendwann wird es Sparky wohl doch zu mulmig. Plötzlich verlässt er den kaum erkennbaren Pfad und klettert wieder schräg nach oben. Nur unter Aufbietung aller Kräfte und mit viel Balance kann ich ihn mitten im Steilhang wenden und zurück auf den Weg zwingen. Unterdessen verweigert Chocolate vollständig den Gehorsam und will nicht mehr weiter. Lennart steigt ab und führt ihn am Zügel hinunter. Glen ist sichtlich angetan von unserer Selbstständigkeit. Anscheinend haben wir die Taufe bestanden.

Hier unten verläuft der Trail etwas flacher und führt hier und da über herrliche Bergwiesen. Sarah und Lennart werden langsam übermütig. Wo es der Platz zulässt, geben sie ihren Pferden die Sporen und traben, ja galoppieren voraus. Dabei kann es ihnen gar nicht wild genug zugehen – mir wird himmelangst und besorgt hetze ich hinterher.

Im Anstieg zum Cleveland Pass erreichen wir erstmals die Baumgrenze. Hier oben liegt noch Schnee. Mit fast dreieinhalbtausend Metern ist er heute der höchste Punkt. Tief unten liegt das Ottoson Basin, ein zauberhaftes, von Felswänden geschütztes Hochtal, und wir können schon aus der Adlerperspektive unseren Lagerplatz wählen. Viele Serpentinen bringen uns hinunter auf eine riesige Wiese mit einer Baumgruppe in ihrer Mitte. Während wir absteigen und die Pferde versorgen, liefern sich Sarah und Lennart mit Mike auf dessen Kommando hin richtige Rennen. Mike lässt es zunächst locker angehen, aber als er nach halber Strecke Ernst macht, sehen wir den Unterschied zwischen einem »Pferdemenschen« und Gelegenheitsreitern. Geduckt und nach vorn gebeugt steht er plötzlich in den Steigbügeln, der Oberkörper bewegt sich kaum, sein Pferd streckt sich.

Keine Chance für unsere beiden, auch wenn sich Lennart redlich müht. Sarah hören wir die ganze Zeit nur lachen, obwohl sie tüchtig durchgeschüttelt wird.

Als das Lager steht und die Pferde sich zum Weiden verstreut haben, strecken wir uns faul unter den Bäumen aus, trinken grünen Tee und knabbern Fruchtschnitten. Die Idylle wird jäh unterbrochen, als sich Glen auf den ungesattelten Macho schwingt und mit dem Wassersack zur Quelle trabt. Plötzlich bricht die ganze Herde aus und läuft ihm hinterher. Wie aufgescheuchte Hühner springen wir durcheinander, um sie einzufangen und ihnen die Fußfesseln anzulegen.

Die Tiere gehören zur Rasse der Quarter-Horses, dem Pferd der amerikanischen Cowboys. Der Umgang mit ihnen gestaltet sich problemlos. Im Vergleich zu dem Pferdehof zu Hause, wo die Tiere beinahe wie rohe Eier behandelt werden, geht es hier ziemlich rustikal zu. Anfangs tat es uns fast Leid, wenn sie sich rutschend und stolpernd über kopfgroße Steine die Steilhänge hinauf ihren Weg suchten. Glen winkte nur ab, das sind sie gewohnt. Wir konnten auch nie ein Anzeichen von Ermüdung feststellen. Abends werden der Sattel und das Zaumzeug abgenommen. Die Fußfessel, tagsüber einfach um den Hals geschnallt, wird den Vorderläufen angelegt und mit einem Klaps wird das Pferd auf die Weide entlassen. Ich bin mir sicher, dass die abendliche Bürstenmassage durch Sarah auch bei den Pferden ein Gefühl von Urlaub aufkommen ließ. Sie kennen auch fast keinen Stall. Selbst im Winter bleiben sie die meiste Zeit draußen, in der Nähe von Howards Wohnhaus in Provo.

An diesem Abend treibt uns ein Regen früh in die Zelte. Am nächsten Morgen sitzen Glen und Mike schon zeitig am Lagerfeuer und trocknen ihre Sachen. Ihr Zelt war undicht, und so begrüßten sie das Tageslicht als Erlösung. Mit der Routine alter Hasen gehen wir an den Abbau des Lagers und das Beladen der Pferde. Eines der Mulis hält partout nicht still, als wir die Packtaschen an den Sattel hängen wollen. Erst als sich Sarah den Zügel greift und ihm beruhigend über die Nüstern streicht, können wir das Gepäck befestigen.

Die Kinder können es kaum erwarten. Kaum sitzen wir in den Sätteln, geben sie ihren Pferden die Sporen und galoppieren über die Wiese davon. Eine gute Stunde geht es steil bergab zum Lake Fork River. Glen führt und macht uns in seiner ruhigen Art auf viele Dinge aufmerksam, an denen wir vielleicht achtlos vorbeigeritten wären. Fährten von Elchen und Hirschen, verborgene Quellen mit gutem Trinkwasser, Pilze und Beeren – nichts entgeht seinen Waldläuferaugen. Er und Mike sind uns prima Gefährten. Eigentlich reisen wir ja am liebsten allein, denn unsere Art Urlaub ist nicht jedermanns Sache. Auch wenn vieles romantisch klingt, verzichten wir doch zwangsläufig auf Komfort, gehen öfter mal durchgeschwitzt ins »Bett«, müssen fast jeden Tag alles aus- und einpacken, Holz sammeln, Wasser holen. Mal tut der Hintern vom Reiten weh, mal schmerzen die Schultern vom Rucksacktragen, mal der Rücken vom Paddeln. Nichts wird serviert, nichts ist fertig, was wir nicht selber machen. Keine Imbissbude bietet zwischendurch eine Erfrischung, keine warme Dusche wartet am Abend auf uns. Und trotzdem können wir uns nichts Schöneres vorstellen. Nie würden wir jemand mitnehmen, der mit verklärten Augen sagt: »Ah, da möchte ich auch einmal mit.« Das Risiko, dass körperliche Anstrengung, Mücken, spartanische Hygiene, Regen, Kälte usw. diesen Jemand zum jammernden, nörgelnden Etwas werden lassen, ist uns einfach zu groß. Mit Glen und Mike aber könnten wir noch lange durch die Berge ziehen. Ihre größere Erfahrung kommt unauffällig herüber, mal als klarer Hinweis, mal als Wink. Und genauso neugierig inspizieren sie unsere Ausrüstung, staunen über den geringen Umfang des Gepäcks für vier Personen und nicken beifällig, wenn sie sehen, wie eingespielt unser kleines Team arbeitet.

Eine einfache Holzbrücke überquert den Lake Fork River, der eigentlich mehr ein reißender Bach ist. Danach führt der Trail wieder ansteigend durch den Hochwald. Hin und wieder zwingen uns umgestürzte Waldriesen zu einem Umweg durch das Gebüsch, aber oft verläuft der Weg auch flach und breit genug, dass die Kinder wieder vorausgaloppieren können – und ich immer hinterher. Wir sind so sehr in der Hitze des Gefechts, dass wir schließlich übers Ziel hinausschießen und Petra uns nachjagen muss, um uns zurückzuholen. Die Kreuzung zum High Line Trail haben wir total übersehen.

Jetzt steht uns ein trauriger Moment bevor: Glen und Mike müssen mit den Pferden zurück. Ab hier wollen wir unsere Wanderung zu Fuß fortsetzen. Wortlos laden wir unser Gepäck ab. Sarah stehen die Tränen in den Augen. Immer wieder streichelt sie ihren Strawberry. Und auch ich habe einen Kloß im Hals. Glen ist kein Mann von vielen Worten. Aber jetzt hält er fast eine kleine Rede. Für ihn war es die schönste Tour, die er diese Saison geführt hat. Wir sind uns sicher, dass er das nicht nur aus Höflichkeit sagt. Zum Abschied macht er uns ein großes Kompliment: »The world needs more people like you.« – »Die Welt braucht mehr Menschen wie euch.« Als sie davonreiten, jeder drei Pferde im Schlepptau, winken wir ihnen noch lange nach, bis sie im Busch verschwinden.

Allein und verlassen fühlen wir uns, als der letzte Hufschlag verklingt. Wir sind jetzt ziemlich in der Mitte des Gebirges. Der High Line Trail verläuft meist oberhalb der Baumgrenze parallel zum Hauptkamm. Ihm wollen wir zunächst in östlicher Richtung folgen, uns am Kings Peak versuchen, anschließend den Hauptkamm überqueren und bis an den Fuß der High Uintah Wilderness zum Campground China Meadows laufen.

Petra erwacht als Erste aus der Lethargie und ergreift die Initiative. Die Rucksäcke müssen umgepackt werden, und bevor es losgeht, wollen wir uns noch einmal stärken. Eine Stunde später sind wir abmarschbereit. Wieder ist es spannende Ungewissheit, in die wir aufbrechen. In dieser Höhe mit vollem Gepäck zu marschieren, ist Neuland für uns. Immerhin hat Sarahs Rucksack ein Gewicht von fast acht Kilogramm. Petra und Lennart müssen je fünfzehn Kilogramm schleppen. Wie schwer mein Rucksack ist, kann ich nur ahnen, allein unser Lappland-Zelt wiegt schon neun Kilogramm. Aber wir wollen keine Rekorde aufstellen. Etappenlänge und Pausengestaltung hängen insbesondere von der Leistungsfähigkeit Sarahs ab, und wir haben nicht die Absicht, sie bis zur Erschöpfung durchs Gebirge zu hetzen.

Weit laufen wir heute nicht mehr. Steil geht es über einige Serpentinen hinauf nach Lambert Meadow. Die drei Tage zu Pferd hatten den Vorteil, dass wir uns gut an die Höhenluft gewöhnen konnten. Aber die schweren Rucksäcke drücken ziemlich, so dass wir viele kleine Pausen brauchen.

Lambert Meadow ist eine traumhaft schöne Hochalm am Fuß der Felswände des 4029 Meter hohen Mount Lovenia. Mehrere kleine Bäche murmeln durch das Gras und der lockere Nadelholzbestand hier an der Baumgrenze gibt den Blick nach Süden frei auf die Wälder und Berge, durch die wir unlängst noch geritten sind. Ein günstiger Platz ist schnell gefunden und das Lager aufgebaut. Unser Wildnisöfchen enthebt uns der Mühsal, jedes Mal eine Feuerstelle zu basteln. Ein Freund hat ihn entwickelt, eine genial einfache Konstruktion. Hingestellt, ein paar Späne zum Anzünden hinein, dann mit dickerem Holz gefüttert, bringt er Wasser genauso schnell zum Sieden wie ein guter Benzinkocher. Selbst nach stundenlangem Gebrauch bleiben höchstens zwei Hand voll Asche zurück, und er hinterlässt keinerlei Brandnarben in der Landschaft. Schon bald zieht der Duft von süßem Honigbannock durch das Geäst. Nur unsere ausgeprägte Körperbeherrschung verhindert, dass der ganze Vorrat an Mehl verbacken wird.

Als die Abendkühle nach uns greift, ziehen wir uns ins Zelt

Auf dem High Line Trail – Petra, Sarah und Lennart mit ihren Rucksäcken

zurück. Mit wem sollten wir tauschen wollen? Gemütlich sitzen wir in der Kåta am warmen Ofen, spielen Karten, schlürfen unseren grünen Tee und bevor wir warm und kuschelig beim Schein des Feuers einschlafen, erzählen uns Sarah und Lennart Gute-Nacht-Geschichten. Hexen fliegen auf ihren Besen durch das Zelt, die Schatten von Riesen bewegen sich auf den Planen, das Rumpelstilzchen springt um das verlöschende Feuer und die Schildbürger spielen ihre Streiche. So gleiten wir hinüber ins Traumland.

Zwei Stunden nach dem Aufstehen am nächsten Morgen sind wir auf dem Trail. Das Wetter zeigt sich von seiner besten Seite, und wir sind bemüht, einen vernünftigen Rhythmus zu finden. Das Gewicht auf dem Rücken macht sich deutlich bemerkbar. Ach, wie schön war es doch mit den Pferden! Nach zwanzig Minuten Laufen eine Trinkpause und nach einer Dreiviertelstunde jeweils fünfzehn Minuten Erholung, dazu eine große Mittagspause von einer Stunde – langsam, aber stetig kommen wir voran, ohne uns zu überfordern. Petra hat anfangs noch Probleme mit der Luft in dieser Höhe, Lennart läuft mit der Gleichmäßigkeit eines Uhrwerks, und Sarahs kurze Beine haben hin und wieder mit dem Gleichgewicht zu kämpfen, wenn sie der Rucksack auf unebenem Boden plötzlich in die falsche Richtung schiebt. Bald haben wir die Baumgrenze hinter uns gelassen und wandern über herrliche Bergwiesen. Manchmal verliert sich der Weg fast im Gras, dann taucht er wieder auf, plötzlich kreuzt ein anderer Pfad, und wir wundern uns, warum die seltenen Steinmänner scheinbar ganz falsch platziert sind, bis wir merken, dass wir einem Wildwechsel folgen. Nun, bei der Sicht ist es kein Problem, wieder die richtige Richtung zu finden. Im Nebel oder bei Schneetreiben allerdings sind der sichere Umgang mit Karte und Kompass und die Fähigkeit zur Bestimmung der örtlichen Missweisung ein Muss. Zu schnell kann man sich versteigen und in gefährliches Terrain geraten.

Rechter Hand erstrecken sich dichte Wälder talwärts, auf der linken Seite begleitet uns der felsige Kamm der High Uintahs. Auf der Karte sieht er aus wie das Rückgrat eines schlafenden Riesen, hellbraun zieht er sich fast waagerecht durch das Blatt. Hellbraun sind auch seine Wirbel, die abzweigenden Nebenkämme mit dem Grün der Hochtäler dazwischen. Weit vorn am Horizont legt sich uns ein solcher Nebenkamm wie eine Wand in den Weg. Da führt der 3.750 Meter hohe Porcupine Pass hinüber ins nächste Tal, wo auch der Kings Peak liegt. Mit gemischten Gefühlen inspizieren wir den steilen Hang schon aus der Ferne, er erinnert uns an die Golden Stairs am Chilkoot Trail in Alaska, nur dass er zweieinhalbtausend Meter höher liegt. Wenn wir da drüber sind, haben wir das Schlimmste geschafft!

Aber nicht mehr heute. Bereits am Nachmittag schlagen wir unser Zelt in Sichtweite des Squaw Pass auf, der auf die Nordseite des Gebirges führt. Die verbleibende Tageszeit ist uns zu kurz für die Anstrengung über den Porcupine Pass bis zum nächstmöglichen, vernünftigen Lagerplatz. Wir sind wieder in der Nähe der Baumgrenze und haben genügend Holz für unser Feuer. Zwei verfallene Blockhütten zeigen uns, dass diese Stelle vor vielen Jahren als Hochweide oder Jagdunterschlupf gedient haben mag.

Es ist wahrlich kein Spaziergang auf dem High Line Trail. Die Belastung in der dünnen Luft fordert viel Energie, wir merken es an unserem Hunger. Doch wir haben gut kalkuliert und müssen nicht darben. Drei Packungen Nudeln schaufeln wir heute zum Abendbrot in uns hinein. Trotzdem kann ich meinen Gürtel schon enger schnallen, und Petra bat mich vorhin sogar, ein neues Loch durch das Leder zu stechen.

In der Nacht gibt es ein langes Gewitter und starken Regen. Am Morgen ist der Himmel mit dunklen Wolken verhangen. Grau in grau erscheint uns die Landschaft, schweigend und drohend schauen die Bergriesen auf uns herab. Wir ziehen das Positive aus der Situation: Die kühleren Temperaturen sollten uns den Marsch über den Pass erleichtern.

Ein einsamer Wanderer kommt uns entgegen, der erste Mensch seit uns Glen und Mike verlassen haben. Er ist Amerikaner und will den ganzen High Line Trail laufen. Staunend und anerkennend klopft er Sarah und Lennart auf die Schultern. Wenig später stehen wir am Fuß des Porcupine Passes. »Sehr steil!«, hatte Glen gesagt. Er hat nicht übertrieben. Weit müssen wir den Kopf in den Nacken legen, um die Passhöhe zu sehen. Ich nehme Sarah den Rucksack ab und trage ihn in der Hand. Sie soll hier frei hochlaufen. Dann kämpfen wir uns im Schneckentempo nach oben. Jetzt spüren wir den Luftmangel, wir keuchen wie bei einem schnellen Ausdauerlauf. Ich bin als Erster oben, werfe die beiden Rucksäcke ab und laufe zu Lennart, der weit zurückgeblieben ist, um ihm seinen Rucksack abzunehmen. Dann liegen wir oben und ruhen uns aus – ich bin wahnsinnig stolz auf meine Familie.

Nur eine vermeintlich leichte Anstrengung erwartet uns noch, nachdem wir ins Tal des Tungsten Lake hinabgeklettert sind – der kurze Anstieg zum Tungsten Pass. Doch hier zeigt sich, wie viele Körner wir am Porcupine gelassen haben: Als wir uns endlich hinaufgeschleppt haben, werfen wir das Gepäck auf die Erde, legen uns daneben und schlafen einfach ein. Eine halbe Stunde später kehren die Lebensgeister zurück. Von hier sehen wir erstmals den Kings Peak, können aber an seinen steilen Flanken keine Aufstiegsmöglichkeit erkennen.

Noch drei Kilometer wellt sich der High Line Trail leicht absteigend durch das Geröll, bis er den Pfad hinauf zum Smith Fork Pass kreuzt. Während wir abseits vom Weg unser Lager aufschlagen, rumort es drüben am Kings Peak ganz gewaltig. Langsam zieht das Gewitter herüber. Wir bringen uns im Zelt in Sicherheit und schließen alle Öffnungen. Es wird ziemlich heftig. Mit mächtigem Knall schlagen zwei Blitze unweit von uns ein. Uns ist ganz schön mulmig, und wir sind unendlich erleichtert, als die Donnerschläge sich entfernen. Die Hänge des Kings Peak haben sich bis weit herunter weiß gefärbt, und jetzt entdecken wir auch das Zick-Zack der Serpentinen im Schnee.

Den folgenden Tag nutzen Petra und Sarah als wohlverdienten Ruhetag, während ich mit Lennart an die Besteigung des Kings Peak gehe. Das Wetter zeigt sich von seiner besten Seite. Nur mit etwas Verpflegung im Gepäck ist das Laufen eine Lust, und so kommen wir gut vorwärts. Zunächst müssen wir durch eine bewaldete Senke, wo wir einige Hirsche entdecken. Aufgeschreckt eilt einer mit großen Sprüngen davon, während uns die anderen misstrauisch beobachten. Auf dem folgenden Hochplateau stapfen wir durch den Schnee von gestern Nachmittag. Murmeltiere flitzen in Deckung, warnen mit schrillem Pfeifen ihre Artgenossen und machen in sicherer Entfernung possierlich Männchen. Endlich erreichen wir den Fuß der Steilwand und beginnen nach einer kurzen Trinkpause mit dem Aufstieg. Wie gestern am Porcupine geht es hier nach oben. Lennart bleibt ab und zu stehen und atmet mit auf die Knie gestützten Händen tief durch. Eine Dreiviertelstunde später haben wir die Schulter des Berges, den Anderson Pass (3.780 Meter), erreicht. Kein Weg führt von hier hinauf auf den Gipfel. Über kühlschrankgroßes Geröll und noch um einige Grad steiler kämpfen wir uns auf dem Grat nach oben. Kurz vor Mittag haben wir es geschafft. Stolz stehen wir auf dem 4.123 Meter hohen Kings Peak, unserem ersten Viertausender. Niemand in Utah ist höher als wir!

Der Ausblick ist fantastisch. Soweit das Auge reicht Berge, Wälder und Seen. Lediglich im Norden, Richtung Wyoming, sieht man die Ausläufer des Gebirges in Ebenen übergehen. Es ist ein wunderschönes Land!

Mitte der zwanziger Jahre des 18. Jahrhunderts betraten die ersten weißen Abenteurer diesen nördlichen Teil Utahs. Auf der ständigen Suche nach Bibern und anderen Pelztieren drangen sie immer weiter in unbekanntes Gebiet vor. Sie lebten zwischen den Welten der weißen Zivilisation und der Kultur der Indianer. Letztlich standen sie den Indianern in ihrer Lebensweise oft näher, heirateten nicht selten Indianerinnen und traten mit den Weißen nur in Kontakt, um notwendiges Handelsgut, wie Pulver, Blei, Stoffe und Feuerwasser einzutauschen. Trotzdem waren sie die Vorhut der Landräuber, denn erst ihre Entdeckungen und Informationen ermöglichten den nachrückenden Siedlern und Farmern die Eroberung des Wilden Westens. Mountain Men – so nannte man diese verwegenen Burschen, denen ihre Freiheit über alles ging. Legenden ranken sich um ihre Taten und die Namen der Bekanntesten findet man heute an vielen Orten des Westens wieder: Fort Bridger nach Jim Bridger, die Stadt Ogden nach Peter Skene Ogden oder Ashley National Forest nach William Ashley. Nicht weit von hier, in Fort Bridger, Wyoming, findet jährlich Ende August das Treffen der Mountain Men statt. Dann glaubt man sich um zweihundert Jahre zurückversetzt. Die Straßen des kleinen Ortes werden von bärtigen Männern in Felljacken und ledernen Hosen bevölkert. Auf dem Kopf tragen sie Biberfellmützen und über die Schulter lange Vorderlader. In einem riesigen Tipidorf herrscht geschäftiges Treiben. Alles ist so originalgetreu wie nur möglich.

Wie zu Zeiten der Mountain Men finden wir von unserem luftigen Aussichtspunkt keinerlei Spuren der Zivilisation. Nach langem Suchen können wir unser Zelt als winzigen, hellen Punkt ausmachen, und wir wedeln mit den Armen, in der Hoffnung, dass Petra und Sarah vielleicht gerade heraufschauen (war natürlich nicht so).

Der Abstieg zum Anderson Pass gestaltet sich fast schwieriger als der Aufstieg, aber dann kommen wir flott voran und sind schon zwei Stunden später wieder zu Hause. Unsere Frauen waren sehr fleißig, haben Feuerholz geholt, das Öfchen brennt und der Tee ist schon fertig. Wir erfrischen uns im Bach, lassen uns anschließend verwöhnen und erzählen von unserem Gipfelsturm.

Die folgende Nacht wird sehr unruhig. Es gewittert lang und heftig. Einmal schlägt der Blitz so nah ein, dass es taghell im Zelt wird und Sarah vor Schreck zu weinen anfängt. Dazu regnet und stürmt es so heftig, dass wir besorgt die Plane im Auge behalten.

Und am Morgen? Als wäre nie etwas gewesen, strahlt die Sonne von einem makellos blauen Himmel herab. Nun gut, in dieser Reihenfolge soll uns der Wetterwechsel recht sein. Petra und Sarah sind heute gut in Form, der Ruhetag macht sich bemerkbar. Lennart und ich schleppen uns ziemlich müde hinauf zum Smith Fork Pass, der Kings Peak hängt uns noch in den Knochen. Aber es ist der letzte Pass unserer Expedition. Gegen Mittag überqueren wir den Hauptkamm der High Uintahs und beginnen auf der Wyoming Side langsam nach Norden abzusteigen.

Die großen Anstrengungen sind vorüber, die Rucksäcke um etlichen Proviant leichter, und wir genießen es, in den folgenden Tagen durch den Urwald zu wandern. Das Wetter ist meist schön und wenn sich einmal ein Gewitter zusammenbraut, sitzen wir es einfach aus; unser Gepäck schützen wir mit einer Plane, und wir selbst kauern uns unter die andere. Als wir eines Morgens verschlafen aus dem Zelt in die aufgehende Sonne blinzeln, liegt dicker Raureif auf den Planen und der Wiese. An einem anderen Morgen kommt Lennart ganz aufgeregt vom Wasserholen zurück: »Im See steht ein Elch.« Wir lassen alles stehen und liegen und laufen zum Ufer. Tatsächlich! Völlig unbeeindruckt von unserer Gegenwart steht ein junger Elch im See, steckt regelmäßig den Kopf unter Wasser und schlabbert in aller Ruhe die Wasserpflanzen, fast eine Stunde lang. Ein Mountain Man hätte hier wohl nicht lange gefackelt! Ein anderes Mal entdeckt Petra eine

Elchkuh mit ihrem Kalb auf einer sumpfigen Wiese. Respektvoll drücken wir uns vorbei. An unserem Lager auf der Broadbent Meadow haben wir einen idealen Badeplatz. Ein mächtiger Baumstamm liegt quer im Bach. Wir stemmen unsere Füße dagegen und lassen uns vom eiskalten Wasser überspülen.

Seit wir Glen und Mike verlassen haben, trafen wir fast keinen Menschen. Erst im Randbereich des Schutzgebietes kommen uns insbesondere Angler entgegen. Alles Amerikaner, kein Ausländer ist darunter. Neugierig und kontaktfreudig wie sie sind, fragen sie uns, woher wir kommen, um uns dann etwas ungläubig, aber anerkennend die Hand zu schütteln. Sie halten es kaum für möglich, dass unsere Kinder ihre Rucksäcke selbst herübergetragen haben. Lennart, der meist ein Stück voraus ist, wird von einem begeisterten Hiker fast der Arm herausgerissen, als er ihm erzählt, dass wir vom Moon Lake aufgebrochen sind. Auch ein uniformierter Nationalpark-Aufseher, der uns mit drei Lamas als Packtieren entgegenkommt, versagt uns nicht seine Anerkennung. »Kommt wieder!«, ruft er uns nach. Wenn es nach uns ginge, würden wir gar nicht wieder weggehen.

Als wir in China Meadows unser Zelt aufschlagen, müssen wir uns erst wieder an die »Massen« gewöhnen. Immerhin kampieren etwa zwanzig Leute hier. Über dem fernen Hauptkamm der High Uintahs hängen dunkle Gewitterwolken. Wir wissen sehr wohl, was das bedeutet, trotzdem wären wir so gern dort oben.

Am späten Nachmittag des folgenden Tages holt uns Howard ab. Als wir auf dem Highway sind, fragt er mich: »Wisst ihr schon, wo ihr heute schlaft?«

»Na klar, in Salt Lake City auf dem Zeltplatz.«, denn so hatten wir es am Moon Lake vereinbart.

»Nein, ihr schlaft bei uns im Keller. Ihr dürft aber kein Lagerfeuer machen.«

Das war seine Art, eine Einladung auszusprechen. Überhaupt ist er ein lustiger Typ. Als ich ihn nach dem englischen Wort für

164

Hufeisen frage, antwortet er mir: »Horseshoe.« »Horseshoe?«, frage ich ungläubig zurück. »Pferdeschuh«, irgendwie kommt mir das unwahrscheinlich vor. Howard verzieht keine Miene: »Yes, horseshoe. Except the forehand. That we call horsegloves.« – »Ja, Pferdeschuhe. Außer an den Vorderhufen, da nennen wir sie Pferdehandschuhe.« Die zwei Sekunden, die ich brauche, den Sinn der Antwort in Gedanken zu übersetzen, sind Howard schon zu viel. Lachend knallt er mir seine Hand aufs Knie: »It was a joke!« – »War bloß ein Witz!«

Der Keller, in den er uns dann verfrachtet, ist eine Hundert-zwanzig-Quadratmeter-Wohnung, und das Haus, welches darü-ber steht, zeigt uns, dass Howard nicht zu den ärmeren Bevöl-kerungsschichten der Vereinigten Staaten gehört. Wir kommen uns zunächst wie Landstreicher vor, in unseren verschwitzten, nach Rauch stinkenden Klamotten. Aber eine heiße Dusche, fri-sche Wäsche und die Gastfreundschaft, mit der uns Howards Frau Michelle begrüßt, lassen das schnell vergessen. Sarah und Lennart finden in Aaron und Alexander, den Söhnen der beiden, rasch Spielgefährten.

Und so klingt unser Abenteuer Utah in einem fulminanten Abendessen in der Villa einer Millionärsfamilie aus.

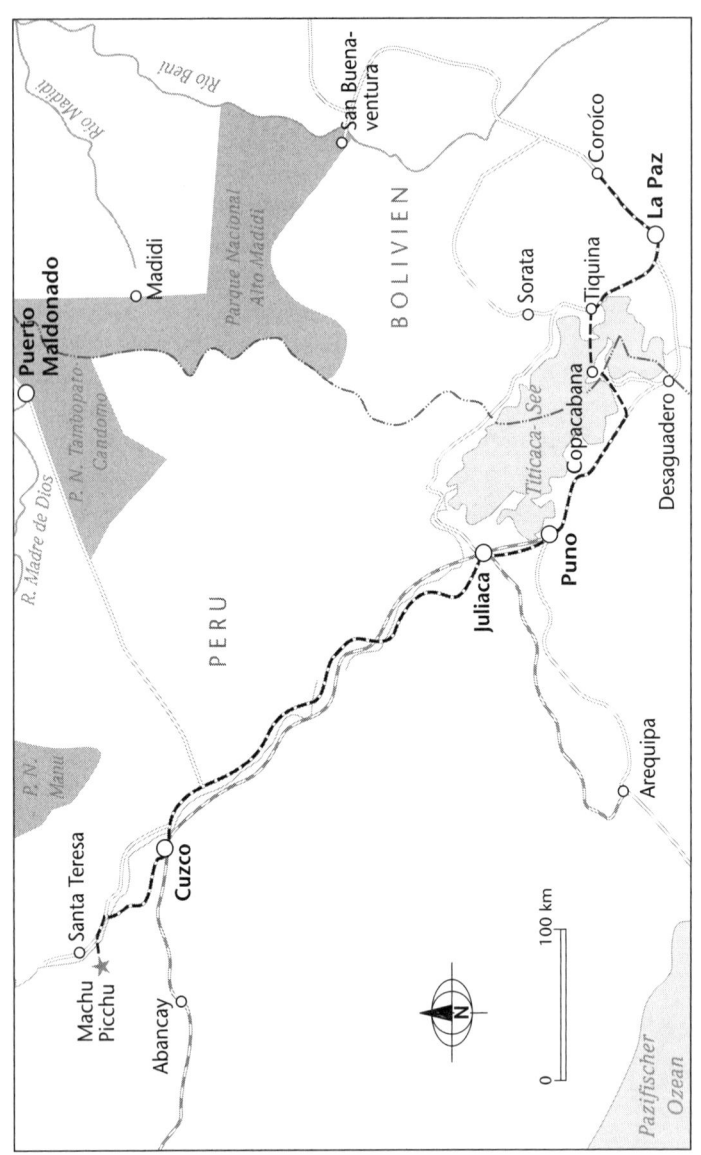

Auf den Spuren der Inkas in den Anden
Inka-Trail

Beinahe anderthalb Stunden stehen wir uns nun schon inmitten von Rucksacktouristen und Indianern vor dem vergitterten Eingang des Bahnhofes in Ollanta die Beine in den Bauch. Endlich öffnet die uniformierte Wache das Tor, und wir werden von der nach vorn drängenden Menschenmasse auf den Bahnsteig gespült. Das Tuten des nahenden Zuges verspricht Erlösung. Doch weit gefehlt! In den überfüllten Waggons ist es so eng, dass wir ein völlig neues Verständnis für den Begriff »Raum« entwickeln: Obwohl so gut wie keiner vorhanden ist, existiert man trotzdem. Mehr noch: Es gibt Naturtalente, die in der Lage sind, sich sogar dort zu bewegen, wo eigentlich kein Platz mehr ist. Das kleine Mädchen zum Beispiel, das unbedingt jetzt zur Toilette muss, oder der Verkäufer mit dem Bauchladen, der sich ebenso wie der Fahrkartenkontrolleur unter den unglaublichsten Verrenkungen durch das Abteil windet. Dazu schlingert der Zug so stark, dass immer wieder Trekking-Rucksäcke aus der Gepäckablage poltern. Man könnte glauben, die Strecke war ursprünglich als Achterbahn konzipiert.

Eine halbe Stunde später pressen wir uns am Kilometer 88 hinaus auf den Schotter. Erst nach einer eingehenden Prüfung unserer Gliedmaßen und unseres Gepäcks auf Vollständigkeit sind wir in der Lage, uns zu orientieren. Hier beginnt der berühmte Inka-Trail zur Ruinenstadt Machu Picchu, zu deren Talstation der Lokalzug jetzt weiterfährt. Mit uns sind viele Hiker ausgestiegen. Der Inka-Trail gilt als der meistbegangene Trekking-Pfad

Südamerikas. Wir freuen uns trotzdem auf die Tour durch die Hochgebirgslandschaft und die Begegnung mit zahlreichen Zeugnissen der Inka-Kultur.

Petra kauft für wenige Soles noch etwas Obst, dann laufen wir hinunter zur Brücke über den wilden Rio Urubamba, wo wir unseren Obolus für den Nationalpark bezahlen und uns für die Tour registrieren lassen. Die Zeremonie zieht sich in die Länge. Als man Sarah (zehn Jahre alt) und Lennart (knapp fünfzehn Jahre alt) in die teurere Altersgruppe der »Studenten« einstuft, und wir uns nach dem Eintrag in ein dickes Buch und nachdem wir alle Dokumente schon verstaut haben, noch einmal in einem gleichartigen Buch mit fast genau den gleichen Angaben verewigen sollen, platzt mir fast der Kragen. Die Bürokratie in diesem Teil der Erde ist zuweilen unglaublich aufreibend, aber als Gast ist man dagegen nahezu chancenlos. Also verschwenden wir lieber keine wertvolle Energie, die wir auf dem Trail noch brauchen könnten, schultern unsere Rucksäcke und stiefeln hinüber auf die Südseite des Flusses.

Wir befinden uns jetzt auf etwa 2.500 Meter über Meereshöhe und der Pfad führt zunächst nur leicht ansteigend gut drei Kilometer am Rio Urubamba stromauf. Noch schützt uns der Schatten des Laubwaldes vor den sengenden Strahlen der Tropensonne. Da wir uns erst seit drei Tagen im Hochland aufhalten und über unsere Höhenanpassung im Ungewissen sind, beginnen wir unseren Marsch mit gemischten Gefühlen. Ausrüstung und Verpflegung haben wir für vier Tage geplant. Jeder von uns trägt seinen Schlafsack, eine sich selbst aufblasende Isomatte und seinen Kleiderbeutel. Dazu kommen auf die verschiedenen Rucksäcke verteilt: zwei Bergzelte mit Zubehör, Kochgeschirr, Benzinkocher, zwei Liter Brennstoff, zwei gefüllte Trinkwassersäcke à zwei Liter, ein Katadyn-Wasserfilter, diverser Kleinkram und der Proviant.

Die ersten Schritte fallen uns fast zu leicht. Petra und Lennart greifen tüchtig aus und ich mahne zur Mäßigung, da ich das dicke Ende fürchte. Wie wahr! Nach einer guten halben Stunde erreichen wir die Ruinen von Llactapata (2.650 Meter) und biegen nach rechts in die Berge ab. Es folgt ein steiler Anstieg, der uns schon bald eine Ahnung vermittelt von dem, was uns in den nächsten Tagen erwartet. Viel zu schnell werden die Beine schwer, das Gewicht der Rucksäcke scheint sich auf einmal zu verdoppeln, und das Herz pocht aufgeregt gegen die Rippen. Zum Glück ist diese erste Anstrengung nur kurz, und wir verschnaufen im Schatten einiger Büsche.

Vor uns schlängelt sich der Trail durch ein zauberhaftes Hochtal, über dem die Eiskrone des 6.271 Meter hohen Nevado Salcantay schwebt. Wunderbar angenehm läuft es sich durch die grünen Hänge. Am Grund plätschert ein Bach, und die Strecke ist bei weitem nicht so belebt, wie wir befürchtet hatten. Eine Indianerin sitzt mit ihrem Kleinkind am Wegesrand und bietet den Vorüberkommenden Mineralwasser zur Erfrischung an. In der Hoffnung, ein paar Soles zu verdienen, hat sie ihren Vorrat an Flaschen, der schwerer ist als mein Rucksack, selbst hierher getragen. Wir enttäuschen sie nicht, stillen unseren Durst und schonen unsere Vorräte.

Schon gut zwei Stunden nach unserem Aufbruch tauchen vor uns die ersten Häuser des Dörfchens Wayllabamba auf, graubraune niedrige Hütten aus luftgetrockneten Lehmziegeln. Wir queren den Bach und folgen dem Pfad, der sich jetzt steil rechts hinauf in die Berge wendet. Sarah ist in einer erstaunlichen Verfassung. Trotz ihres Rucksacks läuft sie unbekümmert ihr Tempo und führt unsere kleine Gruppe an. Petra hält sich direkt hinter ihr. Lennart dagegen hat eindeutig noch Anpassungsprobleme. Oft muss er stehen bleiben und ringt mit auf die Knie gestütztem Oberkörper nach Luft. Ich bleibe bei ihm und rede ihm Mut zu.

Zwei-, dreihundert Höhenmeter weiter oben, bei den letzten

Häusern des Örtchens, rasten wir wieder. Neugierig werden wir von einigen Kindern aus sicherer Entfernung beäugt. Es sind schwarzhaarige, hübsche kleine Menschen in abgerissenen Kleidern, barfüßig und vor Dreck starrend. Sarah drückt ihnen einige VIBA-Riegel in die schmutzigen Hände, und mit einem »Gracias« flitzen sie davon. Ein Indianer mittleren Alters fragt uns, ob wir einen Träger brauchen. Auch er hofft auf eine Verdienstmöglichkeit. Doch wir wollen den Trail aus eigener Kraft schaffen.

Hinter Wayllabamba steigt der Pfad weiter an. Im Schneckentempo schieben wir uns aufwärts. Am Nachmittag erreichen wir den Rastplatz Tres Piedras Blancas auf 3.265 Meter Meereshöhe. Für heute soll es genug sein. Schnell sind die Iglus aufgestellt, und während wir uns im Bach erfrischen, rattert schon der Benzinkocher mit dem Teewasser. Unser Appetit ist gewaltig. Laut Verpackung verdrücken wir Nudelportionen für acht Personen.

Unterdessen füllt sich der Platz. Tief gebückt unter riesigen Bündeln kommen einige indianische Träger, die offensichtlich die Ausrüstung einer organisierten Gruppe schleppen. In verblüffend kurzer Zeit errichten sie aus den unförmigen Packen ein kleines Zeltdorf mit Gemeinschaftszelt, Tischen und Stühlen. Kaum steht das Lager, beginnen sie auch schon in großen Kesseln und Töpfen das Abendessen zuzubereiten. Nach und nach trudeln die dazugehörigen Touristen ein. Anfangs sind wir nur verblüfft. Dergleichen haben wir noch nie gesehen. Während die schmächtigen Indianer mit den schweren Lasten hantieren, stolzieren diese Typen – unter ihnen kräftige junge Männer – mit dem Gehabe von Eiger-Nordwand-Bezwingern im Lager herum, fotografieren und schauen interessiert zu. Als man sie später zum Essen an den gedeckten Tisch bittet, ist uns der Kamm schon dermaßen geschwollen, dass wir uns abwenden, um die koloniale Aufführung nicht mehr mit ansehen zu müssen. Bald legt die kurze Tropendämmerung ihren Mantel über dieses Schauspiel, und wir verziehen uns in die Zelte und beschließen den Tag mit einer Runde Rommee.

Touren über den Inka-Trail werden in Cuzco an jeder Straßenecke als großes Abenteuer angeboten, je nach Portemonnaie mit mehr oder weniger Komfort. Wir haben inzwischen eine klare Meinung zu dieser Art Pauschaltourismus, der vom Abenteuer genauso weit entfernt ist, wie Patagonien von Hollywood: Wer sich dergleichen Unternehmungen mit allen Konsequenzen nicht selbst zutraut, sollte sich andere Ziele setzen. Es gäbe eine spürbare Entlastung für touristisch überstrapazierte Naturregionen, denn das Hauptproblem ist die Masse und nicht das unvernünftige Verhalten Einzelner. Natürlich wissen wir, dass dieser Tourismus inzwischen vielen Menschen den Lebensunterhalt sichert. Aber es ist wie so oft: Die, die am härtesten schuften, haben am wenigsten davon. Und wer meint, dass zehn Dollar Tageslohn für einen Indianer doch viel Geld wären, dem empfehlen wir einen Acht-Stunden-Marsch mit fünfzig Kilogramm auf dem Rücken in gebirgigem Gelände. Als Erleichterung darf die Last sogar noch im Rucksack transportiert werden und nicht in Form von Kisten oder Ballen an dünnen Seilen, die tief in die Schultern schneiden. Wahrscheinlich würde der Durchschnittseuropäer, falls er eine solche Strapaze denn überlebt, danach gleich seinen Rentenantrag stellen!

Am nächsten Morgen werden wir durch leise Stimmen und dem Klappern von Geschirr geweckt. Dunkelheit empfängt mich, als ich den Kopf aus dem Zelt stecke. Nebenan sind die Indianer schon bei der Zubereitung des Frühstücks. Die Nacht haben sie, in ihre Ponchos gewickelt, im Freien verbracht. Jetzt wärmen sie sich am Kochfeuer, und die Flamme beleuchtet ihre bronzefarbenen Gesichter. »Buenos dias, Jungs.« Lachend grüßen sie zurück. Es ist fünf Uhr! Für ein weiteres Stündchen verziehe ich mich wieder in meinen Schlafsack.

Als wir nach Morgentoilette, Frühstück und Lagerabbau gegen halb acht aufbrechen, sind wir fast die Letzten. Der heutige Tag wird die Entscheidung bringen, ob wir den Inka-Trail packen. Vor uns, über uns, liegt der Abra Warmiwanusca, der 4.200 Meter hohe Pass der toten Frau. So hoch waren wir bisher noch nie, und schon gar nicht mit vollem Gepäck. Doch wir starten voller Zuversicht in die frische Morgenluft.

Zunächst nur mäßig ansteigend biegt der Pfad um eine Bergflanke. Dann verschwindet er im Tropenwald, der sich steil ein enges Tal hinaufzieht. Weit, weit oben erkennen wir ab und an winzige Farbkleckse an lichten Stellen im Laub. Da klettern Wanderer, die vor uns aufgebrochen sind. Kraftraubend geht es über steile, unregelmäßige Stufen aufwärts. Jeder sucht sich sein Tempo, bei dem er nicht außer Atem gerät. Lennart ist wieder der Alte und, von Petra gefolgt, bald um einiges voraus. Ich bleibe bei Sarah, für deren kurze Beine diese Himmelsleiter eine echte Herausforderung ist. Unterdessen belebt sich der Trail immer mehr, und wir wundern uns, wo all die Menschen herkommen. Vor allem indianische Träger und die dazugehörigen »Pauschalis« sind darunter, kaum Individualisten wie wir, die den Camino del Inca auf eigene Faust angehen. Nach einer guten Stunde rasten wir knapp unterhalb der Baumgrenze, trinken und genießen die Wärme der Morgensonne. Selbst hier oben haben sich einige Indianerinnen am Wegesrand postiert und bieten Erfrischungen an. Wahrscheinlich sind sie schon in aller Frühe von Wayllabamba heraufgeklettert. Als wir wenig später den Lagerplatz Llulluchapampa passieren, sehen wir erstmals die Passhöhe. Junge, Junge, das wird noch eine Herausforderung! Ehrlicherweise hatten wir gehofft, schon höher zu sein. Langsam und gleichmäßig ziehen wir uns wie im Staffellauf an rastenden Hikern vorbei aufwärts, die uns wenig später beim Luftschöpfen wieder überholen. Die Indianer freuen sich wie die Kinder über Sarahs Plüschhusky Terry, der frech unter der Regenhülle ihres Rucksacks hervorschaut. Für uns sind sie die wahren Helden dieser Berge. Barfuß, in primitiven Sandalen schleppen sie unglaubliche Lasten in dieser Höhe. Zwei (!) aneinander gebundene 60-Liter-Trekking-Rucksäcke und obenauf noch andere Packen, oder sperrige Kisten in große, auf der Brust verknotete Tücher gebunden, … Wo nehmen sie nur die Kraft her? Wir haben die größte Achtung vor ihnen!

Endlich, kurz nach elf Uhr, ist der Pass erreicht. Dreieinhalb Stunden für etwa tausend Meter Höhenunterschied. Ich bin mächtig stolz auf meine drei. Während sich die »Pauschalis«, die ohne Gepäck gelaufen sind, feiern, nehme ich Sarah ihren Acht-Kilo-Rucksack ab, und wir setzen uns zu einigen rastenden Indianern. Die Aussicht ist fantastisch. Tief unten liegt das Tal, durch das wir gestern Morgen gekommen sind. Und auf der anderen Seite erkennen wir am Gegenhang die Ruinen des Tambos Runkuraqay, unserem heutigen Ziel. Es wird noch ein hartes Stück Arbeit bis dahin.

Nach einer ausgiebigen Pause machen wir uns an den Abstieg. Steiler noch als beim Aufstieg geht es hier wieder über unregelmäßige Stufen hinunter. Da die Inkas das Rad nicht kannten, war es für sie kaum notwendig, Höhenunterschiede durch Serpentinen zu überwinden. So wählten sie für ihr ausgedehntes Wege- und Straßennetz oft die direkte Linie und wo es besonders steil war, bauten sie eben Treppen. Über eine solche bewegen wir uns jetzt nach unten.

Achthundert Höhenmeter tiefer sinken wir mit zitternden Knien am Rio Paqaymayu zu Boden. Hier gibt es einen Lagerplatz, den die meisten Pauschalgruppen nutzen. Für uns Grund genug, uns noch einmal aufzuraffen und dem Trubel zu entfliehen. Vielmehr aber lockt uns die Festung, die zum Greifen nah scheint. Zunächst läuft es sich auf dem nur mäßig ansteigenden, mit Steinplatten ausgelegten Trail recht angenehm. Doch das ist nur eine schlechte Tarnung. Schon bald trauern wir jedem vorher zwangsläufig im Abstieg verlorenen Höhenmeter nach. Nur wenige hundert Meter weiter knickt der Pfad himmelwärts ab und mit vibrierenden Oberschenkeln stemmen wir uns beinahe aus der Tiefkniebeuge die Steintreppen hinauf.

Was habt ihr Inkas euch nur dabei gedacht? Bei dem, was uns diese Sturmleitern abfordern, wird die Mühsal der Errichtung solcher Wege unbegreiflich. Schnaufend, mit gesenkten Köpfen unter der Last der Rucksäcke schielen wir aufwärts, um jeweils den nächsten Felsblock zu finden, dessen Form uns ein paar Momente der Ruhe verspricht. Schließlich rasten wir alle fünfzig Meter.

Aber wir kommen voran und erreichen am Nachmittag die Festung Runkuraqay, einen ehemaligen Versorgungsstützpunkt der Inkas auf 3.800 Meter Höhe. Viel weiter hätte es nicht mehr gehen dürfen. Doch dieser Platz ist die Mühen wert. Wir stellen unsere Zelte am Rand der kleinen Wiese hinter dem Tambo auf. Wie von einem Adlerhorst blicken wir hinüber zum Pass Warmiwanuscca und hinunter zu den Zelten am Rio Paqaymayu, die schon bald im Schatten liegen, während wir noch in der Sonne sitzen. Nur wenige Hiker sind nach den Anstrengungen über den Pass der toten Frau noch bis hier heraufgekraxelt. Ungestört können wir so unseren Verrichtungen nachgehen. Wir waschen uns an der kleinen Quelle, Lennart filtert das Trinkwasser für den nächsten Tag, die Frauen kochen das Abendessen und ich führe Tagebuch. Später sitzen wir vor den Iglus und genießen den Blick auf die Berge und die alten Mauern, die von der untergehenden Sonne rot angemalt werden. In der kurzen Dämmerung wird es empfindlich kühl und als die ersten Sterne am Tropenhimmel glitzern, schlüpfen wir in die Schlafsäcke.

Schon gegen sechs Uhr am nächsten Morgen fangen wir an, einzupacken. Draußen ist es sehr kalt, und der Raureif hängt dick auf den Zelten. Das Frühstück zieht sich ziemlich in die Länge, da ich erst den Kocher auseinander nehmen muss. Die Pumpe hatte zu wenig Druck erzeugt. Es wird Viertel nach acht, bis wir die Rucksäcke schultern. Der steile Aufstieg von gestern setzt sich fort, und so wird die Wadenmuskulatur gleich tüchtig gedehnt. Doch es scheint, wir kommen immer besser in Form. Nur eine halbe Stunde brauchen wir hinauf zum Runkuraqay-Pass in etwa 3.900 Meter Höhe. Der Ausblick auf die schneebedeckten Sechstausender der Cordillera Vilcabamba ist atemberaubend. Kilometerweit können wir den Trail mit den Augen verfolgen. Es sieht alles so nah, so leicht erreichbar aus. Aber durch Erfahrung gewitzt, wissen wir, was uns bevorsteht. Mit jedem Schritt nach unten staucht uns die nachwippende Last im Rucksack zusammen, verlangt die unterschiedliche Höhe der Steinstufen viel Konzentration. Rechts unten liegt der Lago Yanacocha, aber er hat nur wenig Wasser, die Ufer sind flach und dem Anschein nach sumpfig. Wenig später biegen wir um eine Bergflanke, und vor uns baut sich die Festung Sayaqmarca auf, die »Unzugängliche Stadt«. Gewaltig, fast drohend hängt sie über dem Trail. Zum Schutz des Inka-Weges gebaut, flößt sie noch heute Ehrfurcht ein.

Nach einer Rast unterhalb der Festung führt der gut ausgebaute und mit Platten ausgelegte Pfad in allmählichem Auf und Ab hinüber zum letzten, 3.600 Meter hohen Pass des Camino del Inca. Es lässt sich herrlich laufen. Noch lange können wir Sayaqmarca hinter uns sehen. Rechts davon funkeln die weißen Spitzen der Kordillere in der Sonne. Der Weg führt durch einen natürlichen Tunnel und nach dem folgenden Anstieg haben wir erstmalig einen Blick hinunter in das fast zweitausend Meter tiefer gelegene, grüne Urubamba-Tal. Die üppige Flora auf der Talseite verdeckt die Steilheit des Hanges, an der sich der Pfad entlangschlängelt. Ein Fehltritt würde einen mehrere Meter tiefen, senkrechten Sturz durch den dichten Busch nach sich ziehen. Wie weit man dann noch rollt, hängt von der Widerstandsfähigkeit der Vegetation ab. In jedem Fall wäre man sofort den Blicken seiner Begleiter entzogen, und die Suche nach einem

Bewusstlosen oder schwerer Verletzten würde sich enorm schwierig gestalten. Instinktiv halten wir uns auf der Bergseite.

Mittagsrast auf dem letzten Pass. Auf dem Rücken liegend, lassen wir uns die Sonne auf den Bauch scheinen und spüren die Entspannung in den Beinen. Immer wieder wandern staubige Windhosen über den ungeschützten Platz, reißen Mützen von den Köpfen der Wanderer und wirbeln abgelegte Kleidungsstücke in die Luft. Direkt unter uns liegt die Festung Phuyupatamarca, die »Stadt über den Wolken«. Die Terrassenfelder mit der Tempelanlage, den Wasserkanälen und den Steinbädern machen einen erstaunlich intakten Eindruck. An der gefassten Quelle füllen wir unsere Trinkflaschen nach. In etwa zwei Stunden werden die Micropur-Tabletten auf der Basis von Silberionen das Wasser entkeimt haben, so dass wir bedenkenlos trinken können.

Ab hier geht es nur noch hinunter. Frohen Mutes umrunden wir die Festung. Doch dann … stürzt auf der anderen Seite des Tempels eine steile Treppe hinab in den Urwald. Wir fühlen uns wie in der Anlauffluke einer Sprungschanze und machen uns schließlich seufzend an den Abstieg. Mehr als dreizehnhundert Stufen haben die Inkas hier aufeinander getürmt. Unbarmherzig brennt die Sonne herab, die feuchte Hitze treibt uns den Schweiß aus den Poren, und schon bald fangen die Knie wieder an zu zittern. Immer wieder legen wir eine kleine Verschnaufpause ein. Ab und zu kommen indianische Träger mit ihren schweren Packen vorbei. Fast im Laufschritt springen sie von Absatz zu Absatz und grinsen uns an. Einer spielt gar Mundharmonika dabei! Es ist nicht zu fassen. Wenn man sich selbst jahrelang aus sportlichem Ehrgeiz geschunden hat, kann man die körperlichen Leistungen anderer Menschen oft besser einschätzen als ein Untrainierter – oder sie werden noch unbegreiflicher, wie das, was wir hier am Inka-Trail erleben. Als Träger der Pauschalgruppen sind die Indianer Mädchen für alles. Sie sind

Phuyupatamarca – die Stadt über den Wolken

morgens die Ersten, kochen das Frühstück, bauen das Lager ab,
packen ein. Trotz der schweren Lasten überholen sie ihre lange
vorher gestarteten Schäfchen, so dass das Mittagessen schon auf
dem Tisch (!) steht, wenn diese an der vereinbarten Stelle ankommen. Dann wird wieder zusammengepackt, wieder überholt, und wenn die Helden das Ziel der Tagesetappe erreichen,
stehen Zelte und Essen wieder bereit. Wo wird in den Industrieländern mit so viel Schinderei so wenig verdient?

Die Jungs machen uns Mut. »No es lejos!« – »Es ist nicht
mehr weit.« Noch eine große Rast im Schatten eines kleinen In-
kapostens. Unter uns liegen die Mauern der riesigen Festung
Winyawayna. Dann wird der Weg angenehmer, nicht mehr so
steil und fast ständig im Schatten des Waldes. Schließlich gabelt
sich der Trail. Rechts geht es hinunter zum Centro de Vaccacio-

nes, dem allgemeinen letzten Übernachtungsplatz der »Pauschalis«. Links führt der Pfad an der Bergflanke entlang hinüber nach Intipata, einer großen Inka-Anlage mit Terrassenfeldern. Die Wahl fällt uns nicht schwer. Ein letztes Mal balancieren wir über schmale, steile Treppen hinunter auf den letzten Absatz. Der glatte Rasenteppich dort erinnert fast an einen Golfplatz. Ein herrliches Fleckchen. Aber – es gibt kein Wasser! Lennart und ich machen uns mit allen verfügbaren Gefäßen auf die Suche, während Petra und Sarah die Zelte aufstellen.

Wir haben Glück. Zwei-, dreihundert Meter den Bergwald hinab, finden wir eine Quelle. Wieder im Camp richten wir uns fertig ein, kochen Tee und kämpfen eine Großpackung Nudeln nieder. Wir sind redlich geschafft. Das waren etwa tausend Höhenmeter im Abstieg. Nach längerem Suchen erkennen wir weit, weit über uns die Ruinen von Phuyupatamarca im Grün des Dschungels. Die Inka-Ingenieure waren kühne Baumeister und perfekte Organisatoren. Für die Errichtung eines solch gigantischen Straßennetzes mit all den Bauwerken, Terrassenfeldern, Wasserkanälen reichte ein einmaliger Kraftakt nicht aus. Gerade hier im Bergdschungel bedeutete auch deren Instandhaltung eine ständige Auseinandersetzung mit der Natur, die sonst schon nach kurzer Zeit der Vernachlässigung alles überwuchern würde. Die Wanderung über den Inka-Trail lässt uns zumindest ahnen, welche Mühen dieses Volk auf sich nahm. Nicht nur um hier irgendwie zu überleben, sondern um nach den eigenen Vorstellungen leben zu können. Und der Höhepunkt liegt noch vor uns. Morgen sehen wir Machu Picchu.

Der fantastische Sonnenaufgang am anderen Morgen sieht uns schon beim Packen. Während wir Schlafsäcke zusammenrollen, Luft aus den Isomatten pressen und Kleiderbeutel in die Rucksäcke stopfen, springt das Licht von Terrasse zu Terrasse den Berg herunter auf uns zu, bis sich der Sonnenball über die steile, dicht bewaldete Bergkette im Osten schiebt und die Schatten der Nacht hinunterjagt in die Schlucht, von wo dumpf das Rauschen des Río Urubamba heraufdringt. Dort, wo die warmen Strahlen den Dschungel berühren, werden sie dankbar begrüßt, und bald erfüllt eine exotische Geräuschkulisse die Luft.

Nach einem kurzen, steilen Abstieg über das Centro de Vaccaciones führt der Camino del Inca größtenteils angenehm durch den schattigen Urwald. Wir sind so gespannt auf die berühmte Stadt, dass wir es kaum noch erwarten können. Endlich erreichen wir – wieder einmal – eine himmelwärts führende Treppe, und wir hoffen, an ihrem Ende schon Machu Picchu zu sehen. Doch nein, noch eine Senke, dann endlich die Stufen, die hinaufführen zum Intipuntu, zum Sonnentor. Noch nie in meinem Leben bin ich so neugierig eine Treppe hinaufgestürmt. Erlöst lassen wir oben die Rucksäcke von den Schultern gleiten und sinken darauf. Wir haben es geschafft! Unter uns liegt die alte Inka-Stadt Machu Picchu.

Wir hätten von Cuzco mit dem Zug hierher fahren können, gleich Heerscharen anderer Touristen aus der ganzen Welt. Nach unserer Auffassung hätten wir uns die Stadt dann auch auf Fotos anschauen können. Die Erfahrung des Camino del Inca würde uns fehlen. Die erstaunlichen Bauwerke, die grandiose Landschaft, das gegensätzliche Klima mit heißen Tagen und eiskalten Nächten, die hart arbeitenden Indianer und die selbst erlebte Anstrengung haben unseren Horizont ein wenig erweitert für die Leistungen dieser Hochkultur. Die alten Mauern sind für uns keine abstrakten Gebilde aus vergangenen Zeiten, degradiert zur Kulisse für das »Und da war ich auch schon«-Foto von durch die Welt hetzenden Angebern. Wir stellen uns Hunderte, ja Tausende braunhäutiger Menschen vor beim Brechen der riesigen Steine, dem mühsamen Transport tonnenschwerer Blöcke über unvorstellbare Entfernungen und schließlich dem filigranen Zusammensetzen zu perfekten Mauern, in deren Fugen keine Messerklinge passt und die selbst heute noch Erdbeben überstehen. Der außergewöhnliche Fleiß, der Mut und die Konsequenz, mit der die Inkas ihre Ziele verfolgten, waren es wohl, die ihnen die Errichtung ihres Riesenreiches ermöglichten.

Auch Sarah und Lennart blicken still hinunter. Sie haben gespürt, was es heißt, den Körper in diesen Höhen anzustrengen. Und das Erstaunen über das Menschenwerk in dieser Wildnis war ihnen oft anzusehen. Aber der Beifall der indianischen Träger unterwegs hat ihnen auch gezeigt, dass sie selbst etwas Besonderes leisten.

Den einzigen Zugang aus den Bergen sichert das Sonnentor. Im folgenden halbstündigen Abstieg haben wir die Augen ständig auf die Stadt gerichtet. Die Bergkuppe, auf der sie liegt, bietet durch nahezu senkrechte Hänge auf drei Seiten hervorragenden Schutz. Dahinter wird sie von dem charakteristischen Bergsporn des Waynapicchu überragt. Selbst auf diesem turmähnlichen Aussichtspunkt gibt es Ruinen und Terrassenfelder.

Natürlich ist der Rummel groß. Ständig bringen Pendelbusse neue Touristenscharen von der Zugstation in Aguas Calientes herauf. Doch es stört uns nicht. Es ist genügend Platz. Zufrieden mit uns stromern wir durch die Stadt und grinsen uns eins, wenn scheele Blicke aus persilreiner Abenteuerkluft über unsere verdreckten Klamotten streifen.

Machu Picchu ist ein Traum! Wir genießen es, durch Straßen zu laufen und Mauern zu berühren, in denen früher die Inkas lebten. Auf einer der Terrassen neben dem Viertel der Handwerker lassen wir uns schließlich nieder und beobachten das Treiben. Mit ein bisschen Fantasie sehen wir die Inkas die Stadt mit Leben erfüllen. Oben am Intipuntu blinken die Waffen der Wachen in der Sonne. Drüben auf den Terrassenfeldern schwingen mit gebeugtem Rücken die Bauern die typische Hacke, die Taclla. Neben dem Sonnentempel plätschert das Wasser durch die steinernen Becken. Und während das gemeine Volk sich auf dem Sonnenfeld ergeht, stehen oben am Intiwantana die Gelehrten und bestimmen an dem exakt behauenen Granitblock den Lauf der Sonne und Gestirne für den günstigsten Zeitpunkt von Saat und Ernte. – Ja, so muss es gewesen sein.

Niemand weiß, wann und warum die Inkas die Stadt verlassen haben. Bald verbarg sie der Dschungel unter einer grünen Decke. Die Spanier fanden sie nie, sie blieb ihnen unbekannt und entging damit der Zerstörung. Erst Anfang des zwanzigsten Jahrhunderts wurde Machu Picchu wiederentdeckt. Heute gilt die Felsenstadt als die Attraktion Südamerikas.

Irgendwann am Nachmittag reißen wir uns los. Wir müssen zurück nach Cuzco. Auf der Zugfahrt hängen wir unseren Gedanken nach, bis uns ein Stopp auf offener Strecke zurückholt in die peruanische Gegenwart. Der Treibstoff ist alle! Man hat vergessen, die Lok zu betanken. Ein Zugbegleiter klettert mit einem Draht zwischen den Zähnen den nächsten Telegrafenmast hinauf und klemmt ihn oben an. Unten steht schon der Schaffner mit dem Feldtelefon bereit und kurbelt alsbald um Hilfe. Etwa zwanzig Minuten müssen wir uns gedulden, dann nähert sich vorsichtig der folgende Zug und schiebt uns bis zu einem Bahnarbeiter-Camp. Mit vereinten Kräften wird ein riesiges Fass Diesel neben den Tankstutzen gerollt und zunächst ein Eimer abgefüllt. Doch damit lässt sich der Tank nicht füllen. Schließlich ersetzt eine am Boden aufgeschnittene 1,5 Liter Cola-Flasche den Trichter und nach etlichem Fass-über-den-Eimer-kippen und Eimer-in-die-Flasche-gießen können wir die Reise fortsetzen. Am Abend erreichen wir die hell erleuchtete Hauptstadt des alten Inka-Reiches.

Von Cuzco an den Titicaca-See

Es ist ein Geräusch, das mir eine Gänsehaut über den Rücken jagt. Ein tiefer, lang gezogener Ton erfüllt die Luft. Träume ich, oder ist es wahr? Ruft das Signal aus der Muscheltrompete die Inka-Krieger hinüber zum Platz Huacaypata, dem Mittelpunkt des Reiches? Unwillkürlich lauschen wir, warten auf das Trappeln vieler tausend Füße, die bereit sind, ihrem Herrscher zu folgen, wohin er befiehlt.

Doch es bleibt still. Dumpf dringt das Rumpeln eines Lkw durch die frühmorgendlichen Straßen. Hoch oben auf dem Bergkamm glänzt eine riesige, weiße Christusstatue im Licht der aufgehenden Sonne. Von der Tür unseres spartanischen Zimmers im zweiten Stock des Hostal Tumi schauen wir über den kleinen Innenhof und die mit Lehmziegeln gedeckten Dächer hinüber zu der dreihundert Schritt entfernten riesigen Kathedrale. Erbaut auf den Grundmauern des Palastes des Inka Viracocha steht sie heute am einst wichtigsten Platz des Zwölf-Millionen-Volkes der Inkas, der inzwischen Plaza de Armas heißt.

Wir sind in Cuzco, dem Herzen der bekanntesten Hochkultur Südamerikas, 3.400 Meter hoch über dem Meeresspiegel und fast fünfhundert Jahre nach dem Untergang des Inkareiches. Aber das Geräusch ist echt, und es erinnert wie so vieles andere hier an die einstigen Herren dieser nach wie vor wunderbaren Stadt.

Schon auf dem kurzen Weg zur Plaza de Armas gehen uns die Augen über. Wie bunt und fremdartig ist doch das Leben hier! Die Straßen bevölkern sich zusehends. Überall sind Indianer in ihren bunten Trachten, vor der Kirche Santa Teresa stehen Geistliche in langen weißen Gewändern, Schuhputzer buhlen um die ersten Kunden, Halbwüchsige stürzen sich auf Touristen, um Ansichtskarten, Zigaretten und sonstigen Kleinkram zu verkaufen.

Laut hupend bahnen sich Autos aller Altersklassen ihren Weg. In nahezu jedem Erdgeschoss der kolonialen Häuser befindet sich ein kleiner Laden, eine Werkstatt, ein Reisebüro oder eine Gaststätte. Wir kommen kaum dazu, uns umzuschauen. Ständig müssen wir »special price«-Angebote der Straßenhändler ablehnen, heben abwehrend die Hände und sagen dauernd »No, no!«

Der Brunnen in der Mitte der Plaza ist die rettende Oase, auf dessen Stufen wir von diesem ungewohnten Spießrutenlauf verschnaufen und das Treiben beobachten.

Punkt zehn Uhr werden wir Zeuge der allwöchentlichen Sonntagszeremonie: des Hissens der peruanischen Flagge und der siebenfarbigen Inka-Fahne. Wir mischen uns unter das zahlreich erschienene Volk auf den Stufen vor der Kathedrale. Das militärische Zeremoniell wird moderiert von der pathetischen Stimme eines Sprechers in Lametta-Uniform und vollzieht sich vorbei an einer Tribüne lokaler Persönlichkeiten. Es erinnert uns an die Aufzüge zum Tag der Republik in der ehemaligen DDR. Doch dann verbreiten Folkloregruppen mit bunten Tänzen und Gesängen Lebensfreude pur. Wir lassen uns mitreißen und schwingen mit der gaffenden Menge im Takt der Rhythmen.

Cuzco ist die wohl einmalige Symbiose der monumentalen Baukunst der Inka und der kolonialen Architektur der europäischen Eroberer. Nachdem die Spanier die Stadt am 15. November 1533 kampflos eingenommen und sich des Goldes bemächtigt hatten, gingen sie daran, ihre Kirchen und Wohnhäuser auf den fugenlos zusammengesetzten, kissenförmigen Mauern der Inkapaläste zu errichten. Es folgten unruhige Jahrhunderte mit Indianeraufständen und zahlreichen Erdbeben. Doch während die Konquistadoren mit grausamer Hand die Macht behaupteten, erwiesen sich die Inkas in der Baukunst als überlegen. Nur zu oft brachten Erdstöße die spanischen Bauten zum Einsturz, während die Inkamauern unversehrt blieben.

Die Kirche La Compania in Cuzco

Voller Unternehmungslust erkunden wir die Stadt und ihre Umgebung. Der Höhenlage Tribut zollend, schlendern wir gemächlich durch die engen Gassen. Wir beobachten das bunte Treiben auf dem Indiomarkt von Santa Ana, besichtigen Kirchen und Museen. Am Platz vor dem Stadttor entdecken wir zwei Gaukler, die in einer Menschentraube irgendeine mystische Magie betreiben. Obwohl wir unaufdringlich Abstand wahren, werden wir Gringos bemerkt und einer fängt an, sich auf unsere Kosten zu produzieren. Wir reagieren nicht. »El es sordo« – »Er ist taub«, schreit der Kerl. Meinetwegen. Von der Gigantenfestung Sacsaywaman haben wir einen herrlichen Blick auf Cuzco. Wenn wir pflastermüde werden, erfrischen wir uns in einem der zahllosen Lokale mit Koka-Tee oder nippen das peruanische Nationalgetränk Pisco sour. Unvergesslich der Lichterglanz der Plaza de Armas in der kalten Andennacht. Als wir nach drei viel zu kurzen Tagen mit dem Zug Richtung Osten davonrollen, ist Cuzco eine der wenigen Städte, von denen uns der Abschied schwer fällt.

Die dreihundertneunzig Kilometer lange Zugfahrt nach Puno am Titicaca-See führt zunächst durch ein enges Tal. Die Adobehäuschen der kleinen Dörfer, die links und rechts vorbeiziehen, sind oft bis dicht an die Gleise gebaut. Wir fahren mitten durch das Leben der Indios. Johlend rennen Schulkinder in ihren Uniformen neben den Waggons her. An Bachläufen oder kleinen Tümpeln versammeln sich die Frauen, waschen ihre Habseligkeiten und breiten sie dann auf den Wiesen zum Trocknen aus. Die Jugend spielt Fußball, und die Alten hocken Koka kauend zusammen. Es wird viel Landwirtschaft betrieben, meist in mühsamer Handarbeit. Lediglich einmal entdecken wir einen vorsintflutlichen Traktor. An jeder Station wird der Zug von fliegenden Händlern gestürmt, die im Eiltempo durch die Abteile hetzen und Früchte, Getränke und Selbstgestricktes aus Alpakawolle anbieten.

Später geht es über weite Wiesen, aus denen der Dampf heißer Quellen aufsteigt, hinauf zum 4.313 Meter hohen La Raya Pass. Die Geschwindigkeit geht immer weiter zurück, fällt sogar bis unter Schritttempo. Blumenpflücken während der Fahrt ist nicht verboten – hier wachsen keine. Lennart und ich machen es uns außen auf den Trittbrettern gemütlich und genießen den Blick auf den Eisgipfel des 5.489 Meter hohen Chimboya. Etliche Lamas haben sich wie braune Tupfer über die Wiesen verstreut. Es dauert ewig, bis wir am Pass sind. Hier oben überqueren wir die kontinentale Wasserscheide. Alle Wasser hinter uns fließen zum Stillen Ozean. Auf der anderen Seite geht es mit hoher Geschwindigkeit bergab. Die Berge vor uns rücken weit auseinander. Hier beginnt der Altiplano, das dreieinhalb bis viertausend Meter hohe südamerikanische Hochland. Stunde um Stunde zieht die kahle Ebene draußen vorbei und erinnert an Patagonien. Wir haben tüchtig Verspätung. Die Stadt Juliaca erreichen wir erst nach Anbruch der Dunkelheit. Spätestens hier werden die »Kopfjäger« der Hotellerie in Puno aktiv, die sich vornehmlich bei den Individualreisenden mit ihren Sonderangeboten gegenseitig übertreffen. Etwas Misstrauen ist schon angebracht, aber der Vergleich der Offerten mit den in unserem Reiseführer aufgelisteten Unterkünften und die guten Erfahrungen von Cuzco ließen uns auch in Puno für ein Hostal namens »Tumi« entscheiden. Ist die Wahl einmal getroffen, klappt alles andere verblüffend reibungslos. Im nächtlichen Chaos des Bahnhofs von Puno finden wir problemlos den Micro, der uns nach kurzer Fahrt vor dem Hostal absetzt. Aus Kostengründen buchen wir ein Zweibett-Zimmer. Selbst für zwei Personen wäre es klein, aber das Duschwasser ist warm, und wir sind froh, dass uns nach der anstrengenden Zugfahrt eine mühselige Quartiersuche mit dem Gepäck auf dem Rücken erspart blieb. Im Restaurant International verschlingen wir für umgerechnet 12 Euro ein üppiges Abendessen. Und vor dem Schlafengehen chartern wir noch ein Boot für den folgenden Tag.

Auf Taquile im Titicacasee

Am nächsten Morgen tuckern wir schon kurz nach acht Uhr in einer kleinen Barke hinaus auf den riesigen See. Titicaca – was für ein Klang. Das Wort aus der Sprache der Aymara-Indianer bedeutet eigentlich Pumafelsen und war der ursprüngliche Name der Sonneninsel drüben im bolivianischen Teil des Sees. Mit Lennart habe ich mich auf dem Sperrholzdach der Kabine ausgestreckt. So lässt es sich aushalten. Sanft wiegt sich das Bötchen durch die Wellen und die Sonne scheint uns auf den Bauch. Obwohl der Titicaca bis zu dreihundert Meter tief wird, ist er in diesem Bereich flach und schon bald erreichen wir den Schilfgürtel. Er war die Heimat der Uros, von denen man fast behaupten kann, dass das Totoraschilf für sie die gleiche Bedeutung hatte, wie der Bison für die nordamerikanischen Prärieindianer.

Sie bauten daraus schwimmende Inseln und auf ihnen ihre Behausungen, sie befuhren den See in Booten aus kunstvoll geflochtenen Schilfbündeln und die Pflanze diente ihnen sogar als Nahrung. Diese Lebensweise machte die Uros nahezu autark gegenüber der Festlandbevölkerung, und da das Totora wesentlich schlechter zu Fuß ist als der Büffel, fiel ihnen die »Jagd« auf ihre Lebensgrundlage um einiges leichter. Selbst den Inkas gelang es nicht, diesen Stamm zu unterwerfen.

Es gibt noch einige Nachfahren dieses Volkes, auch wenn es keine reinrassigen Uros mehr sind. Bis in unsere Tage leben sie in kleinen Gemeinschaften auf ihren schwankenden Inseln. Und noch immer sichert ihnen das Totora ihre Existenz, vornehmlich durch den Verkauf selbst gefertigter Souvenirs an die zahlreichen Touristen, die von Puno herüberkommen, um das »wahre« Leben der Schilfindianer zu beobachten. Auch wir stromern über den wunderbar weichen Untergrund, meiden die verräterischen dunklen Stellen, wo das Stroh nass und faulig ist, und umrunden die Insel im Schilfboot, bevor wir die Reise fortsetzen.

Als wir am späten Vormittag an der Insel Taquile anlegen, türmen sich vor uns mehr als fünfhundert Steinstufen hinauf ins Dorf. Sarah tut sich schwer, sie ist nicht richtig fit. Eine halbe Stunde später sind wir nach mehreren Pausen endlich oben und werden mit dem Gästebuch empfangen.

An den folgenden beiden Tage erholen wir uns bei unserer indianischen Gastfamilie. Obwohl das Adobegehöft winzig ist, haben wir ein Zimmerchen für uns. Die Tür zum Nachbarraum ersetzt eine Plastikplane. Die Mahlzeiten sind ein Fest: Herrliche Kartoffelsuppe, frisch gefangener Pejerrey, Königsfisch, ein Süßwasserraubfisch, der ursprünglich nicht im Titicaca beheimatet war, mit Reis, Kartoffeln und Gemüse, dazu Koka-Tee – es schmeckt vorzüglich.

Auf Taquile scheint die Zeit noch stillzustehen. Elektrischen Strom gibt es nicht, es sei denn aus einer Autobatterie. Die Men-

schen sind Selbstversorger. Sie leben vom Fischen, ihrer Landwirtschaft, und sie sind berühmt für ihre Strickwaren. Europäischen Augen mag es kurios vorkommen, dass hier die Männer
stricken, während die Frauen mit nichts anderem beschäftigt
scheinen, als die Wolle zu spinnen. Ich betrachte die Sache mehr
von der sportlichen Seite und bewundere die leichtfüßige Koor-
dination, mit der sich die Taquilenos in rund viertausend Metern Höhe bewegen und dabei auch im Laufen Stricknadel und
Faden führen. Bei Petra bricht regelrechte Begeisterung aus, als
sie sieht, dass die Männer ihre wunderschönen Motive ohne jede
Vorlage stricken.

Oberhalb des Dorfes steht eine winzige Kapelle. Von hier haben wir einen herrlichen Ausblick. Die Wege, die kleinen Felder,
alles ist durch etwa einen Meter hohe Mauern aus übereinander
gestapelten Feldsteinen voneinander getrennt. Tief unten rudert
ein einsames Boot hinaus auf das Blau des Titicaca zum Fischen.
Im Osten erkennen wir die Eisriesen der Cordillera Real mit so
berühmten Sechstausendern wie Illampu, Illimani und Huayna
Potosi. Die Idylle ist fast schon zu perfekt. Ab und zu trägt der
Wind das Krähen eines Hahnes, das Geschrei spielender Kinder
oder das Blöken eines Schafes aus dem Dorf herauf. Welches
Jahrhundert haben wir doch gleich?

Das Familienleben unserer Gastgeber spielt sich auf dem kleinen Innenhof ab. Während wir zusammensitzen und versuchen,
uns mit unserem mühsam angeeigneten Spanisch zu verständi-
gen, krabbeln ein paar halb nackte, niedliche Schmutzfinken zwischen unseren Beinen herum, es wird gestrickt und das Essen
zubereitet. Schon gegen sechs Uhr beginnt es zu dämmern und
mit der Dunkelheit kehrt schnell Ruhe im Dorf ein.

Morgens sehe ich durch die winzige, verstaubte Fensterschei-
be die Sonne hinter der Königskordillere aufsteigen. Die Berge
scheinen zu brennen, und als die Strahlen das Wasser berühren,
beginnt der Titicaca zu funkeln wie ein Teppich aus Perlen. Drau-

ßen trappeln die ersten Schritte um das Haus, doch wir gönnen uns den Luxus, lange liegen zu bleiben. Aus Zeitgründen wollen wir das angebotene Mittagessen ablehnen, doch dann zeigt der Hausherr fast hilflos auf einen Korb mit frisch gefangenem Pejerrey. Das können wir nicht abschlagen. Der Abschied ist herzlich. Die Selbstverständlichkeit, mit der wir uns hier bewegen, verdrängt die Wehmut, dass wir wahrscheinlich nie wieder zurückkommen. Unsere Welten liegen zu weit auseinander für einen gelegentlichen Abstecher. Sollen wir die Taquilenos beneiden? Ich weiß es nicht. Sie verbringen fast ihr ganzes Leben auf ihrer Insel und sie scheinen damit glücklich zu sein. Der Titicaca lässt den »Fortschritt« nur tröpfchenweise herüber. Noch strömen all die Verlockungen der Konsumgesellschaft nicht auf sie ein, die uns Zivilisationsmenschen nie richtig zufrieden werden lassen, weil in uns ständig das Verlangen nach einem Mehr, Besser und Schöner wach gehalten wird. Gemessen am Materiellen ist unser Lebensstandard um etliches höher, aber ist er auch besser? Schließlich gibt es eine ganze Menge Leute wie uns, die jede Gelegenheit nutzen, um diesem Wohlstand wenigstens auf Zeit zu entfliehen und die sich dabei pudelwohl fühlen.

Zwei Tage später nähern wir uns in einem winzigen Motorboot dem Dörfchen Cha'llapampa im Nordwesten der Sonneninsel. Ein Linienbus hatte uns von Puno in das bolivianische Wallfahrtsörtchen Copacabana gebracht. Dessen prachtvolle Kathedrale mit der berühmten Schwarzen Madonna erinnert in ihrer Architektur fast an eine islamische Moschee. Auf dem Kalvarienberg wurden wir zufällig Zeuge einer indianischen Zeremonie, als ein Heilkundiger mit viel Rauchwerk und geheimnisvollen Beschwörungsformeln einer alten Frau offensichtlich die bösen Geister austrieb. Wir hielten uns weit entfernt und wurden entweder nicht bemerkt oder ignoriert. Die tiefe Religiosität dieser Menschen besteht aus einer Mischung von katholischem Glauben und dem Festhalten an alte indianische Götter. Die Missionare der spanischen Eroberer haben es nie geschafft, traditionelle Glaubensvorstellungen und kultische Bräuche durch das Christentum völlig zu verdrängen. Gerade hier, in Copacabana, ist das wenig verwunderlich. Schon vor den Inkas war der Ort eine bedeutende Kultstätte der einheimischen Aymara-Indianer. Und die nahe Sonneninsel gilt als die Geburtsstätte der Inkas. Der Sage nach setzte der Sonnengott Wiracocha seinen Sohn Manco Capac und dessen Schwester Ocllo Huaca hier aus und schickte sie mit einem Stab aus Gold in die Welt. Dort, wo der Stab in der Erde stecken blieb, sollten sie sich niederlassen und ihr Reich gründen. In der Gegend des heutigen Cuzco erfüllte sich die Prophezeiung, und sie wurden das erste Herrscherpaar der Inka-Dynastie. Die Sonneninsel aber blieb ihnen heilig, und nur der Adel durfte sie betreten.

Wenn man sich heute auf dem Titicaca bewegt, fallen einem, ob auf dem Festland oder den Inseln, sofort die terrassierten Uferhänge auf, die sich offenbar um den ganzen See ziehen und nur gelegentlich von felsigen Abschnitten unterbrochen werden. Das sind die gigantischen Überreste der nahezu perfekten Landwirtschaft der indianischen Ureinwohner. Die Fleißarbeit des Anlegens dieser Terrassenfelder ist wohl durchaus dem Bau der ägyptischen Pyramiden vergleichbar, mal ganz abgesehen davon, dass dieser Aufwand auch noch Sinn hatte. Eine ausgeklügelte Bewässerung ermöglichte einen ertragreichen Landbau. Hier wurde die Kartoffel kultiviert und erstmals angebaut. Und hier liegen die Wurzeln einer der faszinierendsten Hochkulturen unserer Erde, gleich der der Pharaonen oder des römischen Reiches.

In Cha'llapampa waten wir ans Ufer. Ein paar Schweine grunzen uns zur Begrüßung im flachen Wasser an. Wir schultern unsere Rucksäcke, durchqueren das Dörfchen und steigen in der Mittagshitze hinauf auf das Inselplateau. Es wird eine schweißtreibende Angelegenheit, doch wir haben Zeit, pausieren oft und genießen den Ausblick auf den tiefblauen See. Fast am äußersten Ende der Insel gibt es eine lang gezogene, nach Süden offene Bucht. Direkt darüber befinden sich die Ruinen von Chincana, die den treffenden Namen El Labarinto, das Labyrinth, führen. Man kann sich unschwer in den zahllosen verschachtelten Gängen verlaufen, und wir spielen eine Weile Verstecken darin. Zweifellos ist diese Anlage älter als die Bauten zum Beispiel in Cuzco, denn die Wände sind noch nicht im perfekten »Lego«-Stil gebaut, sondern aus Feldsteinen gemauert.

Für die nächsten Tage werden wir die Herren des einsamen Sandstrandes unterhalb des Tempels. Ein Leben wie im Paradies. Sonnenbaden, Rommee spielen, Sandburgen bauen. Die Tageshitze treibt uns zur Abkühlung in das zwölf Grad warme Wasser des Titicaca, während wir uns in den eiskalten Nächten in mehr als dreitausendachthundert Metern Höhe tief in die Schlafsäcke kuscheln.

Eines Nachmittags, wir sind gerade beim Bannockbacken, bekommen wir Besuch. Ein winziges Fischerbötchen rudert in die Bucht und legt bei uns an. Es ist ein junger Aymara-Indianer, der hier über Nacht seine Netze auswerfen will. Wir laden ihn zu Mate de Coca und Bannock ein. Wenn wir ihn richtig verstehen, trägt er den nicht gerade typischen Namen René. Ihn interessiert, woher wir kommen, wie lange wir geflogen sind, wie unser Kocher funktioniert usw. Im Gegenzug fragen wir ihn über das Leben auf der Insel aus. In der Dämmerung begleiten Lennart und ich ihn zum Fischen. Mit einem Seil befestigt René das mehrere hundert Meter lange und etwa meterbreite Netz an einem Felsbrocken. Dann rudert Lennart hinaus auf den See, unterdessen spule ich mit René das Netz ab. Als Schwimmkörper hat er in Abständen leere Plastikflaschen daran befestigt. Auf diese Weise sperren wir eine Seitenbucht ab. Das Ende des Netzes lassen wir frei schwimmen. Fragend schaue ich René an. Ich weiß nicht, wie das funktionieren soll. Doch er nickt nur zufrieden, alles perfekt. In der Dunkelheit kehren wir zurück ans warme Feuer.

Noch vor Sonnenaufgang paddeln wir wieder hinaus. Raureif liegt auf den Zelten, aber René steht barfuß im Boot. In der Nacht ist Brandung auf dem sonst spiegelglatten See aufgekommen. Wellen schlagen auf das Ufer und haben nichts von unseren Sandburgen übrig gelassen. René muss das gewusst haben. Die aufkommende Strömung hat das Netz zu unserem Strand geschwenkt. Im Wellengang um unser Gleichgewicht kämpfend und mit absterbenden Händen im eiskalten Wasser holen wir es gemeinsam ein und pulen eine ansehnliche Menge Pejerreys aus den Maschen. Ich zwinkere Lennart zu, ganz schön clever die Jungs hier. Mit brummendem Außenborder nähert sich ein zweites Boot. Die Scherzworte, die zwischen beiden Aymaras hin- und herfliegen, sind uns unverständlich, doch wir ahnen, dass sie der professionellen Hilfsmannschaft von René gelten. Der übergibt seinen Fang dem anderen Boot, wo er gleich gewogen wird. Rechtzeitig zum Frühstück wird der frische Fisch auf dem Markt in Copacabana sein.

Wieder an Land baut René sein Lager ab und drückt uns zum Abschied zwei Fische in die Hand. Sein Arbeitstag hat erst begonnen. Er rudert jetzt hinaus auf den See und fischt im tieferen Wasser weiter. Wir winken ihm nach, bis er um die nächste Landzunge verschwunden ist. Dann sind wir wieder allein auf diesem wunderschönen Planeten, allein mit dem Titicaca, dem blauen Himmel, der Sonne, dem Strand und dem alten Tempel …

Huayna Potosi – sechstausend Meter hoch in den Anden

Es ist noch dunkel, als uns das Taxi morgens gegen sechs Uhr durch die beleuchteten Straßen von La Paz hinauf in die viertausend Meter hoch gelegene Vorstadt El Alto bringt. Die sonst von einem chaotischen Verkehr hoffnungslos verstopften Straßen sind fast leer, und unser Fahrer ignoriert bei vollem Tempo die roten Ampeln. An dem klapprigen Gefährt funktioniert nur das Fernlicht, und als wir den Bereich der Innenstadt verlassen, gibt es bei Gegenverkehr gefährliche Blindflugeinlagen auf der steilen Straße.

An der Plaza Ballivean steigen wir in einen Micro um, einen als öffentliches Verkehrsmittel fungierenden Kleinbus. Es ist kalt. Die Scheiben des Fahrzeugs sind gefroren und die Indianer, die ihre Marktstände aufbauen, haben sich fest in ihre Decken gehüllt.

Auf der knapp einstündigen Fahrt zur Laguna Zongo wird die schüchterne Hoffnung auf noch ein kleines bisschen Schlaf schonungslos aus uns herausgeschüttelt. Wie üblich, ist der Kleinbus auch diesmal mit sechzehn Personen überladen, und der Zustand der Piste lässt uns im Rückblick unsere Jeep-Fahrten auf den isländischen Lavafeldern als sanfte Schaukelei betrachten.

Doch im Verhältnis zum Ausblick sind diese Unannehmlichkeiten gering. Rechts unter uns liegt der Talkessel mit den Lichtern der Millionenstadt La Paz. Darüber thront das wuchtige Gipfelmassiv des 6.462 Meter hohen Illimani, hinter dem gerade die Sonne aufgeht und alles in ein rotgoldenes Licht taucht. Direkt vor uns aber überragt ein mächtiger Eisklotz die graugrünen Hügel, durch die sich die Straße schlängelt. Das ist unser Ziel – der 6.088 Meter hohe Huayna Potosi. An ihm wollen wir zunächst versuchen, das Campamento Argentino, das Hochlager auf etwa 5.400 Meter Höhe, zu erreichen. Wenn es unsere Verfassung dann noch zulässt, soll es für Lennart und mich morgen früh weitergehen bis auf den Gipfel. Anders als meinen sonstigen Plänen stand Petra dieser Operation sehr skeptisch gegenüber.

Die uns unbekannten Gefahren von Bergen dieser Höhe, der Verhältnisse im Gletschereis und die Unwägbarkeit der Wetterentwicklung flößten ihr regelrecht Angst ein. Mein Versprechen, kein Risiko einzugehen, konterte sie mit dem Satz, sie würde mich kennen. Es bedurfte einiges an Überredungskunst, sie doch mit an den Berg zu bringen. Ich selbst glaubte fest daran, dass wir das schaffen können. Immerhin halten wir uns seit zweieinhalb Wochen beständig in Höhen zwischen 3.500 und 4.200 Meter auf und sind dabei den anspruchsvollen Inka-Trail nach Machu Picchu mit vollem Gepäck gelaufen. Die Höhenanpassung ist also gegeben, und wir fühlen uns gut in Form. Doch als ich jetzt den mächtigen, vereisten Gipfelaufbau dieses Riesen, der seine Nachbarn um einiges überragt, vor mir sehe, kommen mir doch Zweifel. Ist das mit unseren Mitteln wirklich zu packen? Lennart und ich haben uns in La Paz lediglich Steigeisen ausgeliehen. Wir besitzen keine Eispickel, nur ein Paar Teleskopstöcke, kein Seil, keine Gurte, keine Karabiner, ja nicht einmal richtig warme Kleidung für Temperaturen in über 6.000 Meter Höhe. An eine Umkehr verschwende ich jedoch keinen Gedanken. Noch gibt es keinen objektiven Grund dafür. Das Wetter ist seit Tagen stabil. Am Berg wird sich zeigen, wie weit wir kommen und bei auftretenden Schwierigkeiten sollte ein Abstieg in sichere Höhen jederzeit möglich sein.

Am Zongopass gibt es einen kurzen Stopp, den zwei Indianerinnen nacheinander dazu nutzen, keine zwei Meter neben mir mit ihren vielen übereinander getragenen Röcken in die Hocke zu gehen. Erst nach ein paar Sekunden hellt das Begreifen mein Hirn auf, und ich schaue diskret weg. Bei uns stellen sich eben nur Männer an den Straßenrand!

Wenig später fliegen oberhalb der Staumauer der Laguna Zongo unsere Rucksäcke vom Autodach auf die Straße, und der Micro macht sich auf seinen Weg hinunter in die einige tausend Höhenmeter tiefer gelegenen Dschungeldörfer der Yungas. Jetzt sind wir ganz allein mit dem Giganten und fühlen uns winzig klein! Aber es gibt kein Zurück mehr. Zunächst über die Staumauer, balancieren wir anschließend mehrere hundert Meter über die schwebebalkenbreite Mauer eines am Berghang verlaufenden Wasserkanals hinüber an den Beginn des Aufstiegs. Hier holen wir das dem frühen Aufbruch in La Paz geopferte Frühstück nach und stärken uns mit heißer Brühe und Pemmikan-Brötchen.

Dann wird es ernst. Ohne die Chance auf ein allmähliches Einlaufen geht es sofort einen etwa fünfundvierzig Grad steilen Anstieg hinauf. Weiter oben kämpfen wir uns mit kleinen Pausen über einen lang gezogenen Moränenrücken aufwärts. Lennart ist in Hochform. Schon bald ist er uns weit voraus. Ich bleibe bei den Frauen. Sarah hält sich sehr gut, aber Petra bekommt zunehmend Probleme. Immer öfter muss sie sich setzen, da ihr schwindlig und übel ist. Aber noch will sie nicht aufgeben. Nach der Moräne folgt ein steiler Schotterhang, in dem es in kurzen, unangenehmen Serpentinen aufwärts geht. Hier werden wir von einigen einheimischen Trägern überholt, die unglaublich schwere Lasten schleppen: die Ausrüstung für das Hochlager einer amerikanischen Expedition. Schon am Inka-Trail haben wir die Leistungen dieser eher schmächtigen Menschen bewundert und sind mehr denn je der Meinung, dass, was immer man ihnen dafür zahlt, es zu wenig ist!

Als Familie sind wir eine kleine Attraktion für die Indianer. Anerkennend klatschen sie in die Hände. Für einen Moment setzt sich einer von ihnen zu uns, fragt lachend nach dem Woher und lädt uns ein, nach dieser Tour mit an den Illampu und den Illimani zu kommen. Wenn er wüsste, wie neu wir in diesen

Höhen sind! Als ich ihm erzähle, dass unser Sohn schon vorausgestiefelt ist, fragt er, woran er ihn erkennen kann. Ich deute auf die roten Regenhüllen unserer Rucksäcke. So eine hat Lennart auch. Gut, er wird die Augen offen halten und nach ihm schauen, ob alles in Ordnung ist. Dann stemmt er seinen schweren Packen auf, und schon bald sind seine braunen Waden über uns im Geröll verschwunden.

Inzwischen mache ich mir immer größere Sorgen um Petra, deren Zustand auch nach einer großen Pause nicht besser wird. Plötzlich entdecke ich Lennart, der uns von oben ohne Rucksack zuwinkt. Sollte er das Hochlager schon erreicht haben? Dieses Ziel vor Augen, reißt sich Petra noch mal zusammen und nach einer letzten Anstrengung stehen wir auf einem kleinen Sattel in etwa 5.100 Meter Höhe, hinter dem unmittelbar die Schneefelder beginnen. Das Campamento Argentino liegt noch etwa ein bis zwei Stunden und dreihundert Höhenmeter weiter oben, eine Strecke, die Petra unmöglich heute noch schafft. Aber hier ist Platz für einige Zelte, und wir beschließen zu bleiben. Es müsste auch von hier möglich sein, den Gipfel zu erreichen. Den Nachmittag verbringen wir ruhend und Rommee spielend in der Sonne.

Als wir gegen sechzehn Uhr unsere Iglus auf einem luftigen Aussichtsbalkon aufstellen, erwischt es auch Lennart und mich. Urplötzliche, rasende Kopfschmerzen und Übelkeit zwingen uns in die Schlafsäcke. Der Tag ist gelaufen. Wir wälzen uns in den wegen der zu erwartenden Nachtkälte zusammengekoppelten Schlafsäcken und versuchen zu schlafen. Einzig Sarah ist noch fit. Im Nachbarzelt liest sie Petra laut aus unserem Reiseführer vor. Sie behauptet auch, dass sie lieber mit ihrem Rucksack in das Hochlager eines Sechstausenders läuft, als zu Hause mit dem Fahrrad den Ruppberg hinaufzufahren.

Als ich wieder einigermaßen klar denken kann, ist es dunkel und ich habe eiskalte Füße. Vorsichtig drehe ich den Hals. Die

Kopfschmerzen scheinen weg zu sein. Ein Blick auf die Uhr – es ist kurz vor ein Uhr nachts. Ich kann nicht sagen, ob ich viel oder wenig geschlafen habe. Es war ausgemacht, dass wir um zwei Uhr morgens starten.

»Lennart.«

»Ja.«

»Wie geht es dir?«

»Es geht.«

»Kannst du schlafen?«

»Nein.«

»Wollen wir jetzt los?«

»Ja!«

»Na dann vorwärts!«

Wir ziehen an, was wir da haben. Je ein T-Shirt, zwei Pullis, eine Jacke, zwei Paar Strümpfe in die Wanderschuhe, eine dicke Unterhose unter die Wanderhose, Wollmütze und dicke Fingerhandschuhe. Fehlende Wärme soll uns die Bewegung liefern. Draußen empfängt uns der üppige Sternenhimmel der Tropen und im Nordwesten leuchtet der Vollmond so hell, dass wir Zeitung lesen könnten. Es ist sehr kalt, aber windstill. So schnell wir können, legen wir die Steigeisen an. Petra ist munter. Sie wünscht uns viel Glück und um Viertel nach eins stapfen wir den steilen Firnhang hinauf. In Erinnerung an Lennarts Sturmlauf von gestern lege ich ein entsprechendes Tempo vor und bemerke nicht gleich, dass er zurückbleibt. Er hat Magenschmerzen und ihn quält ein ständiger Brechreiz. Aber er will weiter. Noch lasse ich ihm die Entscheidung, doch wir werden immer langsamer, müssen alle zwanzig Meter pausieren. Unbarmherzig greift die Kälte nach uns, lässt Finger und Zehen langsam gefühllos werden. Auf etwa 5.300 Meter zeigt Lennart Einsicht, er kann nicht mehr weiter. Aber er will allein zurück, ich soll auf den Gipfel. Den Rückweg zu den Zelten traut er sich zu. Nach kurzem Zögern bin ich einverstanden. Unser Lager liegt in der mondhellen Nacht in Sichtweite, das Gelände bis dahin ist nicht schwierig und gut einsehbar, so dass ich ihn bis hinunter beobachten kann und außerdem erkenne ich einige Bergsteiger im Nachstieg, die unserer Spur folgen. Gegen drei Uhr ist Lennart wieder sicher im Zelt.

Jetzt bin ich auf mich allein gestellt. Zunächst versuche ich das Tempo zu erhöhen, um wieder warm zu werden. Aber das gelingt mir nur über eine kurze Strecke, dann fordert die dünne Luft ihren Tribut und ich kehre zu dem gleichmäßigen Rhythmus zurück. Bis zum Sonnenaufgang muss ich die Kälte aushalten.

Als ich das Campamento Argentino passiere, machen sich die Amerikaner gerade fertig zum Aufbruch. Von dem einzelnen Eisgeher nimmt kaum einer Notiz. Wenige hundert Meter oberhalb davon erreiche ich die erste Schlüsselstelle, einen fast senkrechten, vereisten Hang. In etwa der Hälfte wird er waagerecht von einer Gletscherspalte durchzogen, über die lediglich ein einen halben Meter breites Schneebrückchen führt. Im Abstieg werde ich hier genau zielen müssen. Auf Händen und Füßen kraxelnd, überwinde ich das Steilstück problemlos. Mehr oder weniger steil geht es anschließend immer weiter aufwärts. Die Aussicht ist schon jetzt grandios. Weit drüben im Süden funkeln die Millionenlichter von La Paz und El Alto, am östlichen Horizont färbt sich der Himmel zart im ersten Morgenrot und rechter Hand schwebt tief unter mir eine dichte Wolkendecke, aus der nur vereinzelte Gipfel ragen. Hier stürzen die Ostabhänge der Anden mehrere tausend Höhenmeter hinab in den Dschungel des Amazonas.

Inzwischen verdeckt der Gipfelaufbau des Huayna Potosi den Vollmond, und es ist ziemlich dunkel. Weit vor mir mache ich eine Zweier-Seilschaft aus. Da ich den Weg nicht kenne, sind die beiden meine einzige Orientierung. Die Taschenlampe habe ich Lennart für den Rückweg mitgegeben. Der Aufstieg ist zwar gut gespurt, aber ich weiß nicht, wie es weiter oben aussieht. Vorbei an riesigen Gletscherspalten und Büßerschneefeldern geht es weiter. Die beiden sind langsam. Da ich sie nicht überholen möchte, verlangsame ich das Tempo und gleich kriecht mir die Kälte ein Stückchen weiter den Rücken hinauf. Am Fuß des Gipfelaufbaus hole ich sie doch ein. Ein einheimischer Bergführer, der einen zahlenden Touristen am Seil hat.

Mein Gott, geht das hier noch mal steil und lang hoch. Einen Moment frage ich mich wirklich, ob ich mir das antun muss. Konditionell habe ich keine Probleme, aber die Kälte setzt mir doch elend zu. Immer wieder schiele ich hinüber zum östlichen Horizont, aber der rötliche Streifen ist nur unwesentlich breiter geworden. Hier hilft nur Bewegung. Ich klemme mich hinter die beiden. Der Bergführer ist vom gespurten Pfad abgewichen und geht den wohl siebzig Grad steilen Hang direkt an. Als ich mich unterwegs einmal umschaue, frage ich mich, wie ich hier wieder heil herunterkommen soll. Doch es kommt noch schlimmer. Nach etwa einer halben Stunde angestrengter Kletterei erreichen wir den Nordgrat, der hinauf zum Gipfel führt. Als wir uns aus der Dunkelheit nach oben ziehen, wird es urplötzlich hell. Fast zum Greifen nahe blendet uns die kalte Scheibe des Vollmondes ins Gesicht. Unbegreiflich hängt sie da im freien Raum und einen halben Schritt vor uns stürzt die Westwand des Huayna Potosi mehrere hundert Meter in die Tiefe. Erschrocken schwindele ich zurück, schaue nur einmal hin – zweimal, zur Bestätigung, dass ich nicht träume, und halte meinen Blick dann auf dem kaum fußbreiten Grat hinauf zum Gipfel krampfhaft nach links.

Endlich, gut vier Stunden nach dem Start, habe ich den Gipfel des Huayna Potosi erreicht – 6.088 Meter über dem Meeresspiegel. Wie gern wäre ich mit Lennart hier gestanden.

Fast anderthalb Stunden harre ich zähneklappernd auf dem Gipfel aus, dann belohnt mich die aufgehende Sonne mit ihrer Wärme und einem Schauspiel, das ich wohl nie vergessen werde.

Als ob am östlichen Himmelsrand ein Riese behutsam Farbe auf eine Glasplatte kippt, fließt das Morgenrot gleichmäßig breiter werdend auf uns zu. Dann ergreifen die ersten Sonnenstrahlen den gut fünfzig Kilometer entfernten Illimani, lösen eine lautlose Explosion von leuchtenden Farben aus, die seine Flanken hinunterlaufen. Wenig später schiebt sich der Feuerball über das Wolkenmeer der Yungas. Ich drehe mich um. Unter mir liegt das Altiplano. Die Gipfelpyramide des Huayna Potosi wirft ein gigantisches Schattendreieck hinaus auf die dreieinhalb- bis viertausend Meter hohe Ebene bis fast hinüber an den gut hundert Kilometer entfernten Titicaca-See. Die Sonne steigt schnell in Äquatornähe, und bald ist das Tal vom Licht überflutet.

Für den Abstieg wähle ich eine sehr steile Firnflanke in sicherer Entfernung von der Westwand. In zwei Vierer-Seilschaften kommen mir die Amerikaner entgegen. Eispickel blitzen auf, Karabiner-Bündel klingeln, geräuschvoll werden Eisschrauben eingebracht und Kommandos gerufen. Als ich, mit Ausnahme meiner Steigeisen, sozusagen im herbstlichen Rennsteig-Outfit zu ihnen herabsteige, starren mich einige von ihnen an wie einen Berggeist. Mein freundliches »Buenos Dias« entspannt die Gesichter keineswegs. Offensichtlich habe ich sie etwas aus ihrem »Heroes of the mountains«-Gefühl gerissen. Nun, Berghelden sind sie für mich gewiss nicht, trotz des beeindruckenden Equipments. Sich die Ausrüstung ins Hochlager schleppen zu lassen, dort noch bekocht zu werden und dann mit ein bisschen Seil und Geklimper den Gipfel zu versuchen, ist in meinen Augen kein großes Kunststück, sondern eher eine Sache des Geldbeutels.

Im Hochgefühl meines Erfolges lasse ich keine Schatten an mich heran. Wie die Sonne doch die Welt verändert! Die massige, unnahbare Kälte des nächtlichen Berges hat sich aufgelöst in ein farbenprächtiges Panorama.

Glasklar liegt die Spur vor mir. Noch ist der Firn nicht sulzig und die Steigeisen finden festen Halt. Im Eiltempo, aber mit der gebührenden Vorsicht an den kritischen Stellen, erreiche ich unser Lager schon nach eineinhalb Stunden. Da das Empfangskomitee noch schläft, krieche ich mit der angenehmen Müdigkeit der überstandenen Anstrengung in meinen Schlafsack. Als mich Petra am späten Vormittag mit einem frisch gebrühten Koka-Tee weckt und mich fragend anschaut, hebe ich noch schlaftrunken den Daumen. Ja, ich war oben!

Vom Hochland in den Dschungel

Als wir, gebückt unter der Last unserer Rucksäcke, aus dem kolonialen Hostal Republica auf den schmalen Bürgersteig treten, liegt eine ungewohnte Ruhe über den Straßen von La Paz. Es ist Samstagmorgen, das hektische südamerikanische Treiben beginnt am Wochenende offenbar etwas später. Trotzdem müssen wir nicht lange warten, um ein Taxi zu ergattern, das uns hinüber nach Villa Fatima bringt, von wo Micros über den 4650 Meter hohen Pass La Cumbre hinunter in die Yungas fahren. Nur wenig später quetschen wir uns wieder in einen völlig überfüllten Kleinbus und lenken uns mit dem Blick auf die karge Landschaft ab. Klaustrophobie dürfte man sich hier nicht leisten. Die Fahrt hinauf dauert nur eine gute halbe Stunde, und wir fädeln uns gerade rechtzeitig hinaus, um unsere Rucksäcke aufzufangen, die der Fahrer vom Dach wirft. Die Rücklichter verschwinden um die nächste Kurve, und wir sind allein. Es ist kalt. Über uns zerfetzt der Wind die Wolken, die Strahlenbüschel der Sonne beleuchten mal hier, mal da das kahle, braungrüne Hochtal. In Sichtweite grüßt uns der Abra Chucura, der letzte und mit 4.880 Meter höchste Andenpass unserer Reise. Wir schultern unsere Rucksäcke und machen uns über weite Wiesen und an einigen Seentupfern vorbei an den Aufstieg. Eine Lamaherde kreuzt unseren Weg. Scheu und misstrauisch lassen uns die Tiere nicht aus den Augen.

Nach einer Stunde stehen wir oben. Sarah ist förmlich hochgeflogen, obwohl ihr Rucksack sogar ein klein wenig schwerer ist als am Inka-Trail. Wir befinden uns jetzt am Ostkamm der Andenkette. Links tanzen Wolken um den Gipfel des Huayna Potosi, hinter uns liegt das Altiplano und vor uns schlängelt sich der Pfad irrsinnig steil hinunter in ein enges Tal. Etliche Meter unter uns schweben zwei Raubvögel in der Thermik der Felswände. Der Blick von oben macht fast glauben, es wäre ein Leichtes, es ihnen nachzutun. Spielzeuggroß erkennen wir im Monokular einige Ruinen am Grund.

Auch dieser Trail ist ein alter Indianerweg, der den Dschungel mit dem Hochland verbindet und schon weit vor den Inkas angelegt wurde. In den nächsten drei bis vier Tagen wollen wir rund dreieinhalbtausend Höhenmeter hinabsteigen in den Urwald des Beni, der bereits zum Amazonasbecken gehört. Einen Auflauf wie am Inka-Trail müssen wir diesmal nicht befürchten. Diese Strecke ist wesentlich unbekannter, und in manchen Reiseführern werden Alleinreisende sogar vor Überfällen gewarnt. Nun, wir sind zu viert und werden vorsichtig sein. Für die Orientierung im Busch haben wir im militärgeografischen Institut in La Paz zwei gute 1:50.000 UTM-Karten erworben, die Verpflegung ist ausreichend kalkuliert, Mückenschutz und Malaria-Prophylaxe sind dabei. Da wir uns inzwischen schon lange im Hochland aufhalten, fühlen wir uns gut in Form.

Nach einer kurzen Pause beginnen wir mit dem Abstieg. Anfänglich geht es ganz gut. Der Weg ist zwar steil, aber breit und eben und lässt sich gut laufen. Eine halbe Stunde später begegnen wir einigen Indianern, die ihre Lamas auf die Hochweide treiben. Wir grüßen uns freundlich. Die Andenkamele drängen sich ängstlich zusammen, als wir näher kommen und weichen sogar auf den Steilhang aus. Ihre Toleranzzone gegenüber Fremden liegt bei drei, höchstens zwei Metern. Dann reagieren sie panisch. Um in dem steilen Gelände keine gefährliche Situation zu provozieren, drücken wir uns mit betont ruhigen Bewegungen und im größtmöglichen Abstand vorbei. Ein älterer Mann und zwei Frauen mit Kleinkindern in den Tragetüchern folgen dem Treck. Es ist ihnen keinerlei Anstrengung anzumerken. Sie fragen uns nach Süßigkeiten für die Kleinen. Wir geben ihnen eine Hand voll VIBA-Riegel. Ich nutze die Gelegenheit und bitte um ein Foto. Insbesondere die Frauen lassen sich sehr ungern ablichten. Sie glauben, dadurch einen Teil ihrer Seele zu verlieren. Die Frage um Erlaubnis ist ein Gebot der Höflichkeit. Lachend, aber doch widerstrebend nicken sie, um sich im letzten Moment fast doch noch wegzudrehen.

Als wir die Ruinen erreichen, sind wir immer noch knapp 4.300 Meter hoch, aber wie hat sich die Landschaft verändert. Der ehedem so weite, wolkenverhangene Himmel ist nur noch ein milchglasfarbenes Aquarell, gefangen im gezackten Rahmen grauer Felswände. Wir kommen uns vor wie Ameisen am Grunde eines steinernen Troges, dessen abschüssiger Boden auf die einzig offene Schmalseite hinabführt. Dass der Weg jetzt etwas »flacher« wird, muss man relativ sehen: Noch immer unnachgiebig schieben uns die Rucksäcke bergab. Feuchte Grasbüschel wechseln mit Schotterpassagen und schmierigem Lehm. Sarah rutscht aus, stürzt gar, aber es ist nichts passiert. An den Hängen weiden vereinzelte Lama- und Schafherden. Wir kommen an einer Ansammlung primitiver Steinhäuser mit Strohdächern vorbei, die Gehöfte haben Zäune aus übereinander gestapelten Feldsteinen. Offensichtlich sind es einfache Sommerbehausungen in der Nähe der Hochweiden. Doch kein Mensch lässt sich blicken.

Einige Kilometer weiter stürzt von einer einsamen Adobe-Hütte ein Indianer im Sturmschritt auf uns zu. Er möchte eine Spende für die Instandhaltung dieses Prä-Inka-Trails. Zuerst bin ich unwirsch, weil ich das Geld im Rucksack verstaut habe. Doch dann holt er Fotos hervor, die ihn und andere Männer bei der Reparatur der Holzbrücken im Frühjahrshochwasser zeigen. Was ist schon einmal Rucksack-Absetzen gegen das harte Leben dieser Menschen. Er gibt uns sogar eine Quittung!

Siempre abajo! Immer bergab. Inzwischen begleitet uns auf der linken Seite das Plätschern eines Bächleins. Jetzt haben sich auch die Berge in Wolken gehüllt. Lautlose Lawinen kalten Nebels gleiten die Hänge herab, und alles macht einen griesgrämigen Eindruck. Wir rasten wieder. Sarah ist nicht ausgelastet. Während wir, an einen Felsblock gelehnt, die Beine entspannen, springt sie herum und bemüht sich erfolglos, fünf einzelne Schafe zu einer Herde zu vereinigen.

Am Nachmittag erreichen wir das Bergdörfchen Achura. Das Häufchen grauer Lehmhütten im tristen Zwielicht erinnert an den einfarbigen Entwurf eines Gemäldes, bei dem der Künstler noch überlegt, welche Farben er verwenden soll. Einzig beim Dach des kleinen Schulhauses hat er sich schon entschieden. Gelb leuchtet es aus dem Dunst.

Während wir durch die enge Gasse abwärts steigen, bekommen wir kaum jemand zu Gesicht. Hier und da steht eine Tür offen, und wir sehen die offene Feuerstelle auf dem Fußboden aus gestampfter Erde und die rußschwarzen Wände. Keine Spur von Romantik hier oberhalb der Baumgrenze in dreitausend Metern Höhe. Keine Straße führt herauf, es gibt keinen Strom und keine Wasserleitung. Was mag Menschen veranlassen, sich hier niederzulassen?

Einige Kilometer unterhalb des Dörfchens verlassen wir den Trail, klettern die steile Böschung hinab und schlagen am Rande des Baches unser Lager auf. Die Vegetation ist inzwischen ein fast mannshoher, dichter Busch, in dem Flechten wie Bärte hängen. Wir sind sehr gespannt, wie es weiter unten aussieht.

Dumpfe Schritte und das Rollen kleiner Steinchen wecken

uns am nächsten Morgen. Als wir die Köpfe aus den Zelten stecken, erstarrt ein Dutzend Lamas vor Schreck. Die Überraschung ist beiderseits. Unser kleiner Lagerplatz bietet den einzig freien Zugang zum Bach und es scheint, dass er die gewohnte Tränke der Tiere ist. Wenig später erscheinen zwei mit Macheten bewaffnete Frauen und ein kleiner Junge. Sie lassen sich nichts anmerken, versperren der verwirrten Herde die Flucht nach hinten und zwingen sie schließlich an uns vorbei. Dann verschwinden die Indianer im Busch auf der anderen Seite des Baches, und wir hören nur noch das Brechen von Holz unter den Schlägen der Haumesser.

Später, als wir unseren Frühstückstee schlürfen, kommt der Junge zurück. Er ist fast einen Kopf kleiner als Sarah, aber auf seinem Rücken trägt er, von einem Strick zusammengehalten, eine riesige Ladung Knüppelholz. Vorsichtig balanciert er mit seinen Sandalen durch das eiskalte, reißende Wasser und steigt gebückt und weit nach vorn gebeugt den Hang herauf. Ich rufe ihn an: »Hola, chico.« – »Hallo, Junge.« Er bleibt stehen, lacht, gibt mir die Gelegenheit für ein Foto. Petra steckt ihm einige VIBA-Riegel zu. Sein lautes und freudiges »Gracias, Señora« macht unsere Herzen weich. Kein Kind sollte so schuften müssen, doch er tut es sicherlich jeden Tag und bei jedem Wetter, denn oben in Achura gibt es kein Feuerholz.

Hier in Südamerika überkommt uns oft ein Gefühl der Hilflosigkeit, wenn wir mit dem Elend konfrontiert werden. So gerne man in der unmittelbaren Situation helfen will, wir können nicht jedem etwas abkaufen oder ein paar Soles oder Bolivianos geben, obwohl wir wissen, dass davon oft ganze Familien ernährt werden müssen. Diese Menschen brauchen keine Almosen, sondern eine Chance. Eine Chance auf Bildung, auf Arbeit! Sicherlich sind die Ursachen des Wohlstandsgefälles auf dieser Erde vielschichtig und für den Einzelnen nicht leicht erkennbar. Doch wer denkt überhaupt darüber nach? In den reichen Industrieländern registrieren die meisten zwischen den Scheuklappen ihres Kulturkreises nur das, was die allmächtigen Medien für wichtig und erwähnenswert halten. Und die wiederum übertreffen sich beim Kampf um hohe Auflagen und Einschaltquoten mit möglichst spektakulären Aufmachungen aktueller Sensationen. Da müssen schon Vulkanausbrüche oder andere Katastrophen her, um auch mal die Not der Menschen in den Entwicklungsländern kurzfristig ins mitteleuropäische Bewusstsein zu bringen. Wenig später wird das Thema durch die Schlagzeile über die Traumhochzeit im Königshause Sowieso und die Garderobe auf dem Wiener Opernball verdrängt – Schnee von gestern. Hochzeit und Opernball gehen vorbei, die Armut aber bleibt.

Um halb zehn setzen wir den Abstieg fort. Die Grasbüschel zwischen den Fugen des mit Steinplatten ausgelegten Trails sind feucht. So vorsichtig wir auch laufen, immer wieder passiert es, dass der talwärts belastete Fuß plötzlich wegrutscht und uns die blitzartige Gewichtsverlagerung auf das andere Bein in die Knie zwingt. Zwischenzeitlich führt der Weg an einer Bergflanke entlang, während der Bach tief unten durch die immer dichter werdende Vegetation donnert. Als Sarah bei einer Rast etwas unachtsam ihren Rucksack abwirft, rollt er quer über den Pfad und bleibt zentimetergenau auf der Kante liegen. Ein Hauch nur, und er wäre auf Nimmerwiedersehen in der Schlucht verschwunden. Die Gemeinschaftsschelte von Petra und mir erweist sich als unnötig. Auch so ist ihr der Schreck gehörig in die Glieder gefahren. Bei dem Minidörfchen Cha'llapampa erreichen wir wieder den Bach, der sich langsam zum Fluss mausert. Eine schwankende Hängebrücke führt hinüber auf die andere Seite. Hier in etwa beginnt der Regenwald. Ab jetzt laufen wir durch einen grünen Tunnel, aus dessen Wänden die seltsamsten Geräusche dringen und dessen feuchtwarmer Atem uns den Schweiß aus den Poren treibt. Am frühen Nachmittag setzt ein zäher Nieselregen ein. Wieder erreichen wir ein paar armselige

Behausungen. Ein Blick auf die Karte, der Flecken hat sogar einen Namen – Chorro. Doch eigentlich sehen wir nur drei, vier Hütten im Regenwald. Wir rasten unter einem Blätterdach. Lennart frischt mit dem Filter unsere Trinkwasservorräte auf. Neugierig mustern uns ein alter Mann und ein kleines Mädchen. Noch etwa zwei Stunden bis zu einem günstigen Lagerplatz am Rio Jucu Marini, antwortet er auf meine Frage.

Über zwei wackelige Stege wechseln wir auf die andere Flussseite und kraxeln dann mehrere hundert Meter steil den Berg hinauf. Die Anstrengung hält sich in Grenzen, wir sind gut in Form. Ein Blick zurück zeigt uns die unscheinbaren Hütten, eingequetscht zwischen dem übermächtigen Dschungel und dem breiten Flussbett aus weißem Geröll, in dem jetzt unverhältnismäßig wenig Wasser fließt. In der Regenzeit muss sich hier eine unvorstellbare Gewalt herunterwälzen. Deutlich erkennen wir die Wasserlinie, der Wasserstand ist dann um einige Meter höher. Die Region ist dann noch mehr von der Außenwelt abgeschnitten als ohnehin schon.

Oben eröffnen sich wunderbare Ausblicke in die Schlucht. Kilometerweit zieht sich der Trail gleich einer Höhenlinie den Berghang entlang. Keine Spur von einem Fluss. Wir beginnen, an der Zeitangabe des Indianers zu zweifeln. Der Pfad ist eng, glitschig und mit Tierkot nahezu gepflastert. Ständig müssen wir uns bücken und verrenken, um tief hängendem, nassem Geäst auszuweichen. Ein herrliches Plätzchen hat leider kein Wasser. Also weiter!

Plötzlich übertönt ein dumpfes Rauschen das feine Rieseln der Regentropfen. Noch ein steiler Abstieg in ein Seitental, und als der Dschungel den Blick endlich freigibt, haben wir den Fluss fast schon erreicht. Mit viel Gefälle und entsprechendem Getöse taucht er plötzlich auf und ist genauso schnell im Blätterwald verschwunden. Doch hier wird die Falllinie durch einen Absatz unterbrochen, der die Eile des Wassers bremst. Wenn in der Re-

genzeit die Wassermassen vom Berg herunterbrechen, ver-
schnaufen sie hier in ihrem Lauf, breiten sich aus und lagern
Geröll ab, bevor sie sich mit neuer Kraft in den Schlund stürzen.
Diese Architektur verhindert immer wieder aufs Neue, dass der
Busch die Oberhand gewinnt und so haben wir jetzt in der
Trockenzeit die Möglichkeit, uns zwischen den Blöcken einen
Lagerplatz zu suchen.

Nach dem Essen baden wir im Fluss. Es ist herrlich erfrischend.
Nur Sarah kneift und wäscht sich mit warmem Wasser aus dem
Topf. Das restliche Tageslicht reicht gerade noch für zwei Partien
Rommee, dann verteilen wir uns auf die Zelte. Von dort lauschen
wir hinaus auf die unheimlichen Geräusche des Urwalds; seltsam
klagende Schreie, ein Knarren, Klopfen und Rasseln … In den
Bäumen blinken weiße Lichter wie Taschenlampen auf. Wenn das
Glühwürmchen sind, müssen sie King-Size-Format haben. Wie
ein lautloser Schatten schwebt eine große Fledermaus über uns
hinweg. Wer weiß, an wie viel verborgenem Getier wir heute
vorbeigelaufen sind, ohne es zu bemerken!

Kaum setzt die Morgendämmerung ein, beginnt im Dschungel
die Tagschicht. Es ist grandios. Schlagartig schwillt die Geräuschkulisse auf ein Mehrfaches an. Offensichtlich begrüßt jede Krea-
tur, die sich in der Dunkelheit verkrochen hat, lautstark und erleichtert den neuen Tag. Der Himmel ist blau, und mit den ersten Sonnenstrahlen steigen Dunstschwaden auf. Heute werden
wir wohl noch mehr Schweiß vergießen. Als wir das Seitental
verlassen, breitet sich der Bergwald bis zum Horizont aus.
Gleich Wolken schweben im Westen einige weiße Gipfel der Königskordillere über dem Grün. Die Dimensionen dieser Wildnis
sind mit dem Verstand kaum zu erfassen. Das Amazonastiefland
ist das größte Tieflandbecken Südamerikas und nimmt mit 3,6
Millionen Quadratkilometern über ein Fünftel von dessen Ge-
samtfläche ein. Wir kratzen gerade einmal am westlichen Rand

dieser gigantischen Schüssel. Nordöstlich von hier, in fast dreitausend Kilometern Entfernung, mündet das riesige Delta des
Amazonas in den Atlantik. Dazwischen breitet sich der größte
tropische Regenwald der Erde aus. Im trügerischen Glauben an
die Unerschöpflichkeit dieser überquellenden Natur lässt sich
der Mensch zum Raubbau verleiten. Acht Millionen Bäume
werden täglich gefällt, alle paar Jahre dem Urwald eine Fläche
von der Größe Westeuropas entrissen! Selbst wem nur vage die
Bedeutung dieser grünen Lunge für das Weltklima ins Bewusstsein dringt, dem muss angesichts solcher Zahlen im wahrsten Sinne des Wortes der Atem stocken. Man muss nicht Ein-
stein heißen, um ausrechnen zu können, wann das Ende erreicht
ist!

Wieder geht Sarah voran. Schon als sie noch kleiner war,
wollte sie »auch mal unser Langführer sein«. Mit großem Ernst
hat sie die Karte studiert und dann beschlossen, in die Richtung
zu laufen, die ich vorher angezeigt habe. Keiner durfte sie überholen. Bei Lennart ist das anders. Wenn wir ihm zu langsam
sind, stiefelt er manchmal weit voraus. Wird ihm die Sache aber
zu eintönig, hängt er sich auch mal unmittelbar hinter einen
Vordermann und lässt sich ziehen, ohne die Umgebung zu beachten. Als er mir bei einer Wanderung einmal fast die Schuhsohlen von den Hacken trat, bin ich, um ihn zu testen, vom Weg
abgebogen, rein in den Wald, mal rauf, mal runter und durchs
Gestrüpp. Lennart immer hinterher, bis ich mir das Lachen nicht
mehr verkneifen konnte.

Auf langen Abschnitten sind wir heute der prallen Sonne ausgesetzt, und der Schweiß fließt in Strömen. Wo uns der Schatten
Erholung verspricht, bereichert der dichte Busch unseren Ge-
päckmarsch mit Elementen aus einem Hindernislauf. Mal wir-
belt Staub von der knochentrockenen Erde auf, dann versinken
wir bis zu den Knöcheln im Morast. Endlose Schleifen in tief
eingeschnittene Seitentäler lassen uns laufen und laufen, wäh-

rend die tatsächliche Entfernung zu unserem Ausgangspunkt nur unwesentlich zunimmt.

Es gibt kaum menschliche Spuren. Wir passieren lediglich zwei winzige Hütten, in denen Bergbauern leben. Wie schon seit Jahrhunderten haben sie mit Feuer und Hacke ein Streifchen Dschungel gerodet. Gleich Dachdeckern stehen sie auf den steilen Hängen und bearbeiten ihre winzigen Bananenfelder, die aus der Ferne nur gelbe Tupfer im grünen Ozean sind.

Am Nachmittag erreichen wir nach einem langen Anstieg mit hängenden Zungen eine der üblichen Adobehütten auf einer kleinen Anhöhe. Davor ein hölzernes Eingangstor, über dem Casa Sandillani steht. Als wir hindurchschreiten, ist uns, als würden wir den Garten Eden betreten. Satter, grüner Rasen bedeckt die terrassierten Hänge. Obstbäume spenden Schatten, Wasser plätschert durch kleine Kanäle und verbindet mehrere Becken miteinander. Es gibt Ziegen und Schafe, und zwischen Rosenstöcken gackert eine Schar Hühner über die Wiese. Tief gebückt kommt uns ein kleiner, alter Mann entgegen.

Schon seit mehr als dreißig Jahren lebt er hier, der freundliche Japaner Tamiji Hanamura. In dieser Zeit hat er die einst dicht bewaldete Bergkuppe in ein Paradies verwandelt und ist dabei ganz krumm geworden.

»?De donde sois?« – »Woher kommt ihr?« – »Alemania.« – Ah, mit der Machete ritzt er die Umrisse Deutschlands in den Weg. Petra deutet auf die Mitte. »Aha, Thuringia.« Wir sind baff. Auf unsere Frage, ob wir hier bleiben können, breitet er schon im Weitergehen die Arme aus. Wo immer wir wollen!

Die Oase Sandillani ragt wie ein Kap über dem Tal des Rio Huarinilla auf. Als das Lager steht, liegen wir zufrieden im Gras. Ein leichter Wind streichelt unsere nackten Füße. Über uns schweben die scharfen Silhouetten zweier Raubvögel, die es bestimmt auf die Hühner abgesehen haben. Doch kein Paradies ohne Plagegeister. Es gibt hier eine ganz unangenehme Abteilung der fliegenden Blutsauger: Bremsen! Sie beißen so kräftig zu, dass es blutet, und dann sind sie auch noch wesentlich flinker als unsere heimischen. Aber unser gutes kanadisches Moskitospray hält sie nach den ersten Angriffen auf Distanz und lässt uns ungestört den Sonnenuntergang genießen.

Am nächsten Vormittag steigen wir nach Chairo ab. Hier führt eine Straße, die offensichtlich als Teststrecke für Raupenfahrzeuge gebaut wurde, aus der Wildnis heraus. Auf der offenen Ladefläche eines Camionetta rumpeln wir nach Coroico. Gegenverkehr wird links passiert, damit der Fahrer die Reifen zentimetergenau am Rande des Abgrunds platzieren kann. Unterdessen hocken wir sprungbereit auf der anderen Seite. In Coroico quartieren wir uns ganz kolonial mit Swimming Pool und unter Palmen im Hostal Kory ein. Zwei Tage faulenzen, baden und Pisco sour trinken!

Unser letztes Abenteuer wird die Fahrt im Micro zurück nach La Paz. Die haarsträubende Schotterpiste führt von eintausendzweihundert Metern Meereshöhe wieder hinauf zum La Cumbre und ist berühmt-berüchtigt. Oft gerade breit genug für ein Auto windet sie sich in steilen Serpentinen haarscharf an atemberaubenden Schluchten bergauf. Um die Strecke wenigstens etwas zu entschärfen, haben die Behörden seit kurzem eine Einbahnstraßen-Regelung eingeführt. Von acht Uhr morgens bis fünf Uhr nachmittags rollt der Verkehr von La Paz herunter, in der restlichen Zeit geht es hinauf. Und so bildet sich jeden Nachmittag eine lange Schlange von Fahrzeugen, die Punkt siebzehn Uhr von zwei Beamten im Stile eines Ralley-Starts in kurzen Abständen auf die Reise geschickt werden. Danach gibt es keine Regeln mehr. Mit Vollgas im zweiten oder sogar ersten Gang heulen die Vehikel bergan. Schon bald haben schnellere Autos andere eingeholt. Die Fahrer müssen Blindflugausbildung haben. Minutenlang drängeln sie hupend und auf Stoßstange fahrend in der Staubwolke des Vordermannes, bis sie die erste Minimalchance nutzen, um sich vorbeizuquetschen. Nichts für schwache Nerven! Da rast der Micro kerzengerade auf einen Abgrund zu. Im letzten Moment biegt die Serpentine nach links ab. Auf der rechten Seite sitzend, habe ich dann das Gefühl, frei über der Schlucht zu hängen. Die vielen Holzkreuze am Pistenrand tun ihr Übriges, dass der Angstschweiß nicht trocknet. Stunde um Stunde geht es hinauf. Ganz allmählich verwandelt sich die üppige Vegetation in den Frostschutt der Sierra. Als wir La Cumbre endlich erreichen, funkeln längst Sterne am kalten Himmel, und wir rollen auf das Lichtermeer von La Paz zu.

ARGENTINIEN

Fitz Roy
3375 m
El Chaltén

L. Viedma

Cerro Roma
3270 m

L. Argentino

El Calafate

Cerro Paine
3050 m

Rio Turbio

Puerto Natales

CHILE

Rio Gallegos

Rio Gallegos

Südliches Patagonisches Inlandeis

Rio Chico

Rio Santa Cruz

Patagonien

Atlantischer

Ozean

Magellanstraße

Magellanstraße

Punta Arenas

Feuerland

Pazifischer Ozean

N

0   100 km

Patagonien – am anderen Ende der Welt
Zum Cerro Torre

Regentropfen peitschen schmerzhaft ins Gesicht, immer wieder greifen Sturmböen nach uns, lassen uns taumeln, fast stürzen mit den schweren Rucksäcken. Der Pfad hat sich aufgelöst in einen knietiefen Brei aus braunem Schlamm. Wie grüne Rettungsinseln leuchten Grasnarben und Feuerbüsche mit ihren roten Sternblüten aus der Pampe. Schon längst sucht sich jeder seinen eigenen Weg, immer bestrebt, halbwegs trockenen Fußes von Insel zu Insel zu gelangen. Nur zu oft vereitelt der Sturm diese Absicht, schiebt uns wie Spielzeug einfach ein Stück beiseite. In den wasserdichten Schuhen quatscht die Brühe, die von oben hineingelaufen ist.

Irgendwo da vorn schaukelt Lennarts Rucksack zwischen den Südbuchen. Neben mir kämpft sich Sarah vorwärts, weit nach vorn gebeugt und die Daumen hinter die Träger geschoben. Wie tapfer die kleine Maus ist mit ihren knapp zehn Jahren und dem acht Kilo schweren Rucksack auf ihren schmalen Schultern! Petra und ich versuchen, es ihr so leicht wie möglich zu machen und den günstigsten Weg zu finden. Wie spät ist es eigentlich? Mit dem Ärmel wische ich die Regentropfen vom Zifferblatt. Kurz vor drei Uhr nachmittags. Lediglich vier Stunden beträgt der Zeitunterschied zu Mitteleuropa, obwohl wir fast 14.000 Kilometer von zu Hause entfernt sind. Dann sitzen sie dort jetzt also gemütlich und trocken unter dem Tannenbaum, singen Weihnachtslieder und packen die Geschenke aus – heute ist Heiliger Abend.

Und wir? Wir versuchen, hier im dicksten Sturm das Bergsteigercamp Bridwell zu Füßen des Cerro Torre im argentinischen Teil Patagoniens zu erreichen. Nur neun Kilometer sind es von der kleinen Touristenbasis Chaltén bis hinauf, aber bei diesem Wetter und dem vollen Gepäck ist die Tour alles andere als ein Vergnügen. Noch beim Aufbruch heute Morgen in Calafate hat uns die Sonne Hoffnung auf eine gemütliche Wanderung im Angesicht der schönsten Berge der Welt gemacht. Doch als sich der Bus nach rund vierstündiger Fahrt dem Fitz-Roy-Massiv näherte, regnete es Bindfäden und durch die aufgeweichten Schotterstraßen Chalténs pfiff ein eiskalter Wind. Die graugrünen Berghänge verschwanden schon nach wenigen Höhenmetern in wabernden Wolkenhaufen. Keine Spur von der grandiosen Bergwelt, die es hier geben soll. Trotzdem zogen wir den Aufbruch einem überteuerten Aufenthalt in einer der Herbergen Chalténs vor.

Ähnlich wie Dawson City wurde Chaltén aus dem Boden der Wildnis gestampft. Es ist allerdings nicht das Gold, das den Reichtum in dieses neuzeitliche Pionierstädtchen bringen soll. Wo sich vor zehn, zwölf Jahren noch Fuchs und Hase »Gute Nacht« sagten, ist man im Begriff, alle Voraussetzungen zu schaffen, um die goldene Kuh des ausgehenden 20. Jahrhunderts, den Pauschaltouristen, gründlich zu melken. Noch existieren nur wenige Hotels und Unterkünfte, aber die bereits schachbrettartig angelegten und beschilderten Straßen lassen einiges befürchten. Für viele Pesos bekommt man dann sicherlich das perfekte Abenteuer geboten. Jedoch … Mit einer Macht nämlich lässt sich kein Bündnis schließen auf dieser Erde – dem Wetter, und das erst recht nicht in Patagonien! Eingekeilt zwischen zwei Ozeanen am immer schmaler werdenden Ende des südamerikanischen Festlandes und nur durch die Inselwelt Feuerlands von der Antarktis getrennt, ist das Klima ganzjährig rau. Die häufigen Stürme vom Pazifik bringen hochschwangere Regenwolken

mit, die in den Anden hängen bleiben. Östlich davon jagt scheinbar ewig ein trockener Wind über die riesigen Weiten der Pampa
zum Atlantik, und der nahe antarktische Eisschrank sorgt dafür,
dass selbst jetzt, an den langen Tagen des patagonischen Sommers,
die Temperaturen kaum über die Zehn-Grad-Marke klettern.
Schönes Wetter ist die Ausnahme und so stapfen wir schicksalsergeben weiter, den Duft von Glühwein und die wohlige Wärme
der heimatlichen Stube im gedämpften Licht des Christbaums
vor dem inneren Auge.

Der Trail macht einen Schwenk nach links, und bald mischt sich
das Fauchen des Sturms mit dem Rauschen der Stromschnellen
des Rio Fitz Roy. Dafür haben wir noch ein Auge – hier mal mit
dem Canadier runter! Schon aus Gewohnheit sucht unser Blick
die günstigste Fahrtroute im Gewirr der Felsblöcke, stehenden
Wellen und Kehrwasser. Doch erstens haben wir kein Kanu dabei, zweitens geht es jetzt stromauf und drittens sind wir auch
ohne Kanufahren pitschnass – der verdammte Orkan lässt einfach nicht nach. Wenigstens ist der Pfad am steinigen Flussufer
entlang besser, aber dafür greifen uns die Böen überfallartig und
mit unheimlicher Wucht an. Da hilft nur stehen bleiben und
sich zusammenkauern.

Endlich können wir weit vor uns ein paar bunte Farbtupfer
im Südbuchenwald erkennen. Noch einige verbissene hundert
Meter und Camp Bridwell ist erreicht. Wir haben es geschafft,
aber noch sind wir nicht daheim. Irgendwie trostlos sieht es hier
aus. Zwischen knorrigen Stämmen, an denen der Wind rüttelt,
geduckt hinter meterhohen Schutzwällen aus übereinander ge-
schichteten Steinen liegen einige wenige Bergzelte. Ein Blick in
die aus groben Balken und den Überresten irgendwelcher Plas-
tikplanen zusammengeflickte Schutzhütte entlarvt sie als ungemütliche Tropfsteinhöhle. Wir verschwenden keine weitere
Zeit und machen uns mit geübten Augen auf die Suche nach einem geeigneten Standplatz für unsere Kåta. Wenig später sum-

men helle Beilschläge die acht Heringe in den Boden. Zelt einhängen, Mittelstange aufrichten, Sturmleinen spannen, alles festzurren und mit Steinen beschweren – fertig. Die Kraftprobe mit dem Sturm läuft auf Hochtouren. Doch wie heftig er sich auch gegen die Plane wirft – unser Heim hält stand! Petra und Sarah beginnen sofort mit dem Einrichten: Bodenmatten ausbreiten, Isomatten platzieren, Schlafsäcke ausrollen. Unterdessen springen Lennart und ich mit Säge und Beil durch den Wald und machen Feuerholz. Die Aussicht auf Wärme und Geborgenheit gibt uns neue Energie. Als dann unser Wildnisöfchen die ersten Funken versprüht und die nassen Klamotten in der Zeltspitze hängen, ist die ungemütliche Außenwelt fast vergessen.

Erwartungsvoll schauen mich die Kinder an. Ja, ja, es geht ja schon los! Mit Lennarts Hilfe bastle ich aus den Teleskopstöcken und einigen Südbuchenzweigen unseren Weihnachtsbaum Marke »Patagonia spezial«. Statt dem Lauschaer Christbaumschmuck verleihen ihm die bunten Verpackungen der VIBA-Riegel und unsere Abwaschbürste »Lola« als krönende Spitze das besondere Flair. Dazwischen werden noch zwei Kerzen platziert – und fertig ist das Prachtstück. Unterdessen brutzelt in der Pfanne der süße Feiertags-Bannock. Wenig später genießen wir die Fladen zum heißen Tee. Ein geschicktes Ablenkungsmanöver und plötzlich liegen zwei kleine Geschenkpäckchen unter dem Baum.

Große Kinderaugen – die Überraschung ist uns gelungen! Spannung beim Aufreißen der Verpackung und echte Freude über die argentinischen Leckereien aus dem Süßwarengeschäft in Calafate. Und während draußen der Sturm weiterheult, ertönt aus unserem Zelt »Stille Nacht, heilige Nacht«.

Welch eine Wohltat, sich am kuschligen Feuer ausstrecken zu können. Die harten Stunden des Nachmittags sind nicht vergessen, aber jetzt am Ziel verklärt sich der Blick: Es war alles nicht so schlimm. Dieses Patagonien zu erleben, diese grandiosen Landschaften zu sehen, ist alle Mühen wert. Und während die Zweige im Öfchen knistern, drehen sich unsere Gespräche um das bisher Erlebte, wandern unsere Gedanken zurück an den Beginn unserer Reise.

Vom Thüringer Wald ans Ende der Welt

Frankfurt – Madrid – São Paulo – Buenos Aires heißen die Stationen der Anreise. Der Inlandflug von der argentinischen Hauptstadt hinunter ins über zweitausend Kilometer entfernte Rio Gallegos macht uns die riesigen Dimensionen dieses Landes bewusst. Vier Stunden lang begleiten uns links der Atlantik und rechts die Hunderte Kilometer breite, tischebene Pampa – das »große Nichts«, wie sie später in Calafate eine Einheimische treffend bezeichnet. Auf der Gangway in Rio Gallegos packt uns zum ersten Mal der patagonische Wind. Es gibt ihn wirklich! Er steht nicht nur im Kapitel »Klima« der Reiseführer. Der kleine und triste Flughafen findet uns zunächst etwas hilflos im Gewirr der mit uns Angekommenen, deren zielstrebige Geschäftigkeit uns zeigt, dass ihre weitere Reise wohl organisiert ist. Wir wollen so schnell wie möglich hinüber ins chilenische Punta Arenas, um dort unsere Expedition zu beginnen. Doch es ist bereits 18 Uhr. Ein kurzer Rundgang – die Hand voll Reisebüros und Busunternehmen, die es hier gibt, haben schon geschlossen. Auf dem Rückweg spricht mich ein untersetzter, schwarzhaariger Mann an. Ich verstehe kein Wort. Wo sind nur meine mühsam erworbenen Spanischkenntnisse? »Mas despacio, por favor!« – »Etwas langsamer bitte!« – Doch auch als er langsamer spricht, bekomme ich fast nichts mit. Schließlich krame ich die Vokabeln zusammen und erkläre ihm, wohin wir wollen. Ein Wunder! Er versteht mich und er heißt Manuel. Nach und nach kommen wir miteinander klar. Heute gibt es keinen Bus mehr nach Chile, aber er würde uns mit seinem Pkw fahren. Der Preis ist okay, und so verladen wir unsere Packen in den altersschwachen, kleinen Peugeot. Ein Gummiseil muss die Klappe des überladenen Kofferraumes fixieren. Petra und die Kinder quetschen sich in den Fond, mein Beifahrersitz wackelt wie ein Schaukelstuhl. Noch ein kurzer Tankstopp, und als es dann hinaus auf die Schotterpiste geht, lehnen wir uns entspannt zurück. Fast sind wir am Ziel. Über dreißig Stunden sind wir nun schon nonstop unterwegs, aber die Müdigkeit ist wie weggeblasen. An uns zieht die Pampa vorbei, nur wenige weiße Wolken schweben am leuchtend blauen Himmel, und die warmen Strahlen der Abendsonne vermitteln die Illusion einer sommerlichen Idylle. Draußen aber pfeift ein unangenehmer Wind. Wenn uns – selten genug – ein Auto begegnet, drosselt Manuel den Pkw fast auf Schrittgeschwindigkeit. Trotzdem prasseln immer wieder Steine auf den Wagen, vergrößern das Spinnennetz auf der Windschutzscheibe. Wir nähern uns einer gewaltigen Staubfahne, die ein riesiger Truck hinter sich herzieht. Das Überholmanöver wird zum gefährlichen Blindflug.

Nach einer Stunde erreichen wir den argentinischen Grenzposten, ein verwahrlostes steinernes Gebäude in der Einöde. Davor knattert eine zerschlissene blau-weiß-blaue Flagge am Fahnenmast. Auch drinnen sieht es dringend renovierungsbedürftig aus. Von den überraschenderweise recht zahlreichen und keineswegs überbeschäftigten Beamten nimmt keiner Notiz von uns. Manuel zeigt keine Ungeduld. Ganz brav und schicksalsergeben wartet er, bis sich einer der Herren herablässt, uns seine Aufmerksamkeit zu erweisen. Auch während der ganzen Prozedur der Passkontrolle und des Ausfüllens und Abstempelns unendlich wichtiger Formulare nimmt er eine fast unterwürfige Haltung ein. Der Respekt vor dem Militär in diesem Teil der Erde scheint, sicher nicht unbegründet, gewaltig zu sein. Wieder im Wagen lässt man uns noch geschlagene zwanzig Minuten warten, bis sich einer der niederen Chargen herausbequemt und den

Schlagbaum öffnet. Wenige Minuten später, an der chilenischen Grenze, wiederholt sich das Ganze, nur mit dem Unterschied, dass sich der Posten in einem wesentlich besseren Zustand befindet und die Straße ab hier asphaltiert ist.

Nach wenigen Kilometern geht das Gelbgrau der Pampa am Horizont in das Blau des Meeres über. Mein Herz schlägt schneller: Da vorn liegt die Magellan-Straße. Bald schlängelt sich die Piste an der Küste entlang westwärts. Sonne, Meer, weiße Schaumkrönchen auf den Wellen – nichts deutet darauf hin, dass dies eine der berühmtesten und gefährlichsten Wasserstraßen der Welt ist.

Mehr als dreißig Tage hat Fernando Magellan, portugiesischer Seefahrer in spanischen Diensten, im Jahre 1520 gebraucht, um den Seeweg vom Atlantik in den Pazifik zwischen dem südamerikanischen Festland und den feuerländischen Inseln zu erkunden, der die riskante Umschiffung Kap Hoorns überflüssig machen sollte. Weder von Meuterei, noch von widrigen Winden, noch von Irrfahrten in die zahllosen Buchten ließ er sich aufhalten. Bis zur Fertigstellung des Panama-Kanals im Jahre 1914 war die Magellanstraße der wichtigste Seeweg zwischen der Ost- und Westküste der Neuen Welt.

Ein rostiges Schiffswrack schiebt sich ins Blickfeld, einsames Zeugnis für die vielen Opfer, die die christliche Seefahrt in vier Jahrhunderten hier bringen musste. Etliche Schiffe sanken in den fürchterlichen Stürmen oder zerschellten an den Klippen und rissen dabei Hunderte Matrosen in den Tod. Selbst heute noch, im Zeitalter der Satellitennavigation, wagen die modernen Schiffe die Durchfahrt nur mit einem ortskundigen, chilenischen Lotsen an Bord.

Ein Blick auf den Rücksitz zeigt mir, dass meine drei Mitstreiter eingeschlafen sind. Und als die ersten Häuser von Punta Arenas auftauchen, zieht es auch mir die Augen zu.

Es ist schon fast zehn Uhr abends, als uns Manuel vor einer kleinen »Hospedaje« im Zentrum der Stadt absetzt. Die Unterkunft – eine enge, steile Treppe, ein fensterloser, schmaler Gang und ein Doppelbett, das den winzigen Raum fast ganz ausfüllt und uns magisch anzieht, soll dreizehntausend Pesos pro Nacht kosten. Der schwarzhaarige, füllige Hausherr lächelt uns freundlich an. Ich bin zu müde zum Umrechnen. Wird schon seine Ordnung haben! Kein Problem, dass das Türschloss nicht funktioniert. Unser Gepäck und ich auf meiner Isomatte davor ersetzen die Alarmanlage. Petra und die Kinder rollen sich ins Bett. Durch das kleine Fenster leuchtet der hellblaue Sommerabendhimmel. Dreiundfünfzig Grad südliche Breite – wir sind am anderen Ende der Welt.

Am nächsten Morgen sitzen wir voller Tatendrang und gespannt auf die Stadt und die fremde Kultur beim Frühstück. Der halbdunkle Raum mit dem vergitterten Fenster, der unmittelbar auf die Straße hinausführt, ist gleichzeitig Speisezimmer für die Gäste und Wohnstube der Besitzer. Während wir an dem einzigen Tisch hungrig über weiche Brötchen mit Marmelade, Tee und Milch herfallen, sitzt die Mamita keinen Meter neben uns auf der abgewetzten Couch und stillt ihre dreimonatige Tochter. Ihr schnelles südamerikanisches Spanisch mit den verschluckten Endungen und der hohen Stimme bleibt mir bis auf Wortfetzen unverständlich. Im Hintergrund läuft der unvermeidliche Fernsehapparat.

Bis ins Zentrum sind es nur wenige Schritte. Auf den Bürgersteigen herrscht dichtes Gedränge. Wir bleiben eng beieinander. Imposante Villen im Kolonialstil säumen die Straßen, dazwischen einige modernere Gebäude und bunt bemalte, etwas zerbrechlich wirkende Häuser. Obwohl ein kalter Wind durch die Straßen weht und lange Mäntel und Jacken die Szenerie beherrschen, lacht die Sonne vom Himmel und im Windschatten ist es sommerlich warm. Irgendwie deplatziert wirken die künstlichen Christbäume hinter den Schaufenstern, doch auch aus den Geschäften und Kneipen dringt Weihnachtsmusik.

Punta Arenas – Einhunderttausend-Seelen-Stadt an der Südspitze des amerikanischen Festlandes. Einst als Strafgefangenenlager gegründet, brachten der berühmte Seeweg und der aufblühende Handel zwischen Europa und der Westküste Amerikas den Aufstieg zur südlichsten Metropole der Erde. Die Stadt wurde zu einem der weltgrößten Häfen und zum Zentrum der patagonischen Schafindustrie. Mit der Inbetriebnahme des Panama-Kanals folgte der steile Absturz bis fast in die wirtschaftliche Bedeutungslosigkeit. Erst die Entdeckung großer Erdöl- und Erdgasvorkommen in den vierziger Jahren und der kommerzielle Fischfang führten zu einem erneuten Aufschwung.

In einer Wechselstube erhalte ich für meine Reiseschecks vier Bündel Banknoten, jedes sorgsam mit einem Gummi umwickelt; der Kurs des US-Dollars steht bei 465 Pesos.

Der Supermercado in einer Nebenstraße ist eine Kaufhalle wie wohl beinahe überall auf dieser Welt. Mit Einkaufswagen und vorbereiteter Proviantliste im aufgeschlagenen Tagebuch marschieren wir die Gänge auf und ab und stapeln die Verpflegung für die erste Tour, die in den Torres-del-Paine-Nationalpark gehen soll, hinein. Manchmal gibt es bei solchen Gelegenheiten kritische Momente, und Petra und ich stehen uns dann wie zwei Kampfhähne gegenüber. Ich sehe nur den Korb immer voller werden und frage, wo das alles untergebracht werden und wer es tragen soll. Petra rechnet mir dann laut und deutlich an den Fingern vor, wann genau der Hungertod eintritt, wenn wir dieses und jenes nicht noch mitnehmen.

Vom Cerro de la Cruz haben wir einen herrlichen Blick über die bunten Dächer der Stadt, den Hafen und die Magellanstraße. Als dunkle Landmasse erkennen wir dahinter die Inselwelt Feuerlands.

Als die ersten Weißen den Südzipfel Amerikas erreichten, war hier keineswegs Niemandsland. Schon seit mindestens elf Jahrtausenden hatten es indianische Völker verstanden, sich den extremen Bedingungen anzupassen. Die Ankunft der Zivilisation überlebten sie nicht. Die Alacaluf und die Yaghan wagten sich in ihren einfachen Kanus mitsamt ihren Familien oft tagelang hinaus aufs Meer, waren dabei fast nackt, unterhielten eine Feuerstelle an Bord, jagten Seehunde, fischten und tauchten im eiskalten Wasser nach Langusten. Auf den windgepeitschten Ebenen Feuerlands machten die hoch gewachsenen, kräftigen Krieger der Ona und, im östlichen Patagonien, der Tehuelche in kleinen Verbänden Jagd auf Guanakos und Nandus. Als man Zäune quer durch ihr Land spannte und dort in großen Mengen leicht zu jagende, zottelige weiße Tiere auftauchten, nahmen sie diese Einladung gerne an. Privatbesitz an Tieren und dem Boden, über den sie gestern noch ungehindert streiften, war ihnen unbekannt und unverständlich. Die Konfrontation mit den Schafbaronen verlief tödlich. Schlimmer und gnadenloser als Tiere wurden sie gehetzt. Man zahlte Kopfprämien für sie, und so war die Ausrottung ungestraft innerhalb kürzester Zeit vollzogen.

Bis auf einige Yaghan-Mischlinge leben heute keine Nachfahren dieser wohl zu den anpassungsfähigsten Naturvölkern gehörenden Stämme mehr. Einzig im Magellan-Denkmal an der Plaza de Armas im Herzen von Punta Arenas erinnern zwei eindrucksvolle Plastiken an diese stolzen Menschen.

Torres del Paine

Auf dem Weg nach Norden machen wir einen Abstecher zur Pinguin-Station an der Otway-Bucht. Eine Palisade aus bleichen, starken Schwemmholzstämmen schützt die Bretterhütten der Forscher zur Seeseite. Daneben surrt eilig das Windrad. Hier ist immer Sturm. In weiter Vorlage wie Skispringer machen wir uns auf den Weg am Ufer entlang zu den Dünen. Geräuschvoll stürzen die meterhohen Wellen des Pazifiks auf den steinigen Strand.

Magellan-Pinguin

Die Begegnung mit den Magellan-Pinguinen gehört zu den lustigsten Tiererlebnissen, die wir je hatten. Ihr emsiges Treiben hat gar zu menschliche Züge. Da tummeln sich einige beim Bad in der Brandung, dort haben sich kleine Gruppen am Strand verteilt. Hier watschelt geschäftig eine Gruppe auf ausgetretenem Pfad vom Meer hinauf, von oben kommt eine andere herunter. Als sie sich begegnen, scheint es als grüßten sie sich und tauschten Gefälligkeiten aus, so eifrig verbeugen sie sich und drehen die Köpfe: »Na, Herr Generalmusikdirektor, das ist aber auch ein Badewetter heute.« »Ja, ja, Frau Kammersängerin. Nur gut, dass nicht auch noch die Sonne scheint. Man kriegt ja sonst glatt einen Hitzschlag.« Sarah erklärt die munteren Gesellen prompt zu ihren Lieblingstieren.

Während der vierstündigen Fahrt mit dem bequemen Linienbus nach Puerto Natales verändert sich draußen die Landschaft.

Die Piste führt durch sanfte, grüne Hügel, hier und da tauchen die ersten Baumgruppen auf und am Horizont grüßen schneebedeckte Berge. Immer wieder flieht eine aufgeschreckte Herde Guanakos in die Pampa oder einzelne Nandus stelzen hastig davon. Weit auseinander liegend zweigen Fahrwege ab, unterbrechen die kilometerlange Monotonie der parallel zur Straße verlaufenden Drahtzäune. Schilder über den Einfahrten weisen auf die Besitzer dieser riesigen Estancias hin. Auf weiten Flächen liegen verbrannte Baumleichen. Viel Weideland wird nach wie vor durch Brandrodung gewonnen.

Puerto Natales liegt am Eingang des Seno Ultima Esperanza, der Bucht der letzten Hoffnung. Es ist ein hübsches kleines Städtchen mit bunt gestrichenen Holzhäusern. Im Hafen schaukelt eine kleine Flotte vorsintflutlicher Kutter, mit der sich die Männer der Fischereigenossenschaft auf das unberechenbare Meer wagen.

Zwei Boote löschen gerade ihre Ladung, Berge stacheliger Seeigel. Die Jungs werden auf uns aufmerksam. Ein lustiger Bursche winkt uns heran, greift sich zwei, drei der Meerestiere und zerschlägt eines davon auf dem Boden. Der schleimige Inhalt nimmt sich ganz mickrig aus im Verhältnis zur Hülle. Die Männer bedeuten uns, dass er eine Delikatesse sei. »Rico, rico« – sie meinen damit nicht »reich«, sondern »gut«. Sie grinsen uns an und führen eine Hand zum Mund. Zweifelnd und etwas unsicher schaue ich mich um. Erwartungsfrohe Blicke rundum, einschließlich die meiner Familie. Na klar, Papa ist der Testpilot! Zögernd probiere ich davon. Ha, es schmeckt gut! Zwar etwas schlabbrig, aber gut, irgendwie nach Meer. Doch auch das Urteil eines Gourmets kann meine Mitstreiter nicht dazu bringen, es mir nachzutun.

Puerto Natales ist notwendige Zwischenstation auf dem Weg in eine der schönsten Gegenden unserer Erde, den Torres-del-Paine-Nationalpark. Er liegt fast genau an der unteren Spitze des südlichen patagonischen Inlandeisfelds, dessen Gletscherzungen bis in den Park hineinragen.

Auf der einhundertfünfundzwanzig Kilometer langen Busfahrt zum Park verhüllen triste Nebelschwaden die Landschaft, und der Wind peitscht waagerechte Regenfäden gegen die Windschutzscheiben. Wir könnten überall sein, auf Island, in Lappland, in Alaska, auf dem Mond … – bei dem Wetter sieht alles gleich aus. Doch nein, da vorn auf einem Hügel steht ein Nandu im Gegenlicht, da drüben liegen zwei Guanakos im Gras, und wenig später versperrt eine Kuhherde die Straße. Drei berittene Vaqueros – chilenische Viehhüter – treiben sie weiter.

Am Parkeingang bezahlen wir unseren Obolus und dann kommt ein großer Moment. Mit Hilfe eines unserer geschickten Zella-Mehliser Handwerker haben wir unseren Bootswagen zu einem zerlegbaren, geländegängigen Gepäckwagen umkonstruiert, den ich mittels Gestänge und Geschirr wie ein Schlittenhund hinter mir herziehen will. Die Idee ist, insbesondere Sarahs und Petras Rucksäcke zu erleichtern und mehr Verpflegung für einen längeren Aufenthalt draußen transportieren zu können. Unter den erstaunten und interessierten Blicken anderer Hiker schrauben wir die Teile zusammen, verzurren das Gepäck und ziehen im Triumphmarsch davon. Bis kurz nach der Brücke über den Rio Paine … Dann stehe ich an einem steilen, sandigen Anstieg. Meine Beine stampfen den Sand eimerweise unter mir weg, ohne dass ich mich von der Stelle bewege. Als ob ich eine Rolltreppe verkehrt herum hinauflaufen wollte. Die zentnerschwere Karre steht wie angemauert, bis Lennart schiebend eingreift. Mühsam mahlen wir uns nach oben. Dann wird es fast gemütlich, und nach einer guten Stunde erreichen wir den Lagerplatz Las Torres am Fuß des Gebirges. Jetzt im Frühsommer kampieren nur wenige Wanderer hier. Hat schon unser Anmarsch bei ihnen einiges Aufsehen erregt, sind wir, nachdem unsere Schweden-Kåta steht, bald Mittelpunkt des Interesses.

Wie von einer magischen Schnur gezogen, biegen drei brasilianische Trekker vom Weg ab und kommen gestikulierend herüber. So was haben sie noch nie gesehen. Ich muss sie vor dem Zelt stehend fotografieren. Ganz verrückt wird es, als abends auch noch Rauch aus der Spitze steigt. Immer wieder wollen neugierige Augen einen Blick hereinwerfen. Und während draußen einige vermummte Gestalten im eiskalten Abendwind zwischen den auf leichtgewichtig und Platz sparend getrimmten Hightech-Bergzelten hin und her huschen, sitzen wir hemdsärmelig im Kerzenlicht, füttern unser Wildnisöfchen mit Holz, backen Bannock und kämpfen um den Titel des Rommee-Weltmeisters der Saison.

Es gibt viele Möglichkeiten, die Wunder des Paine-Gebirges kennen zu lernen. Die spektakulärste, aber auch anstrengendste ist sicherlich die rund neunzig Kilometer lange Umrundung des kleinen Gebirgsstocks. Eine Woche sollte man dafür mindestens veranschlagen. Ursprünglich war das auch unser und vor allem mein ehrgeiziges Ziel. Doch die in der Behaglichkeit der heimatlichen Stube geschmiedeten Pläne werden vom patagonischen Wind jetzt weit hinaus in die Pampa geblasen. Starke Stürme und heftige Regenfälle in den letzten Wochen haben einen Großteil der Trails unpassierbar gemacht. Insbesondere die Pfade auf der Nordseite des Gebirges und über den 1.300 Meter hohen Paso John Garner haben sich in knietiefen Morast verwandelt. Keine Chance für unser Wägelchen und Sarahs kurze Beine. Nach kurzer Beratung planen wir um. Wir entschließen uns, das so genannte »W« zu laufen. Die Basis des Buchstabens verläuft an der Südseite des Paine-Massivs bis zum Lago Pehoe. Auf den drei Balken des »W« werden wir Abstecher hinauf zu den schönsten Plätzen dieser Berge unternehmen. Auf diese Weise verpassen wir nichts, nur die Rückansicht des Gebirges bleibt uns verborgen.

In der Nacht zerrt der Sturm so stark an unserer Kåta, dass die

Spitze der Mittelstange einen verrückten Tanz aufführt. Immer wieder werde ich wach und leuchte mit der Taschenlampe die Plane nach verdächtigen Beulen ab, die eine gerissene Sturmleine signalisieren. Hat der Wind erst mal eine Angriffsfläche, könnte er das Zelt in Sekunden zerlegen. Gegen vier Uhr schlüpfe ich mit dem Beil in der Hand hinaus und überprüfe die Heringe. Die Sorgen waren unbegründet, alles sitzt fest. Trotzdem lässt uns der Krach kaum schlafen.

Der Morgen überrascht uns mit Sonnenschein und dem lang ersehnten Blick auf die Berge. Gerade mal hundert Meter liegt das Campamento Las Torres über dem Meeresspiegel. Direkt hinter dem Camp wächst plötzlich das Paine-Gebirge steil aus der Pampa. Von seinen Wahrzeichen, den fast dreitausend Meter hohen Torres, den mächtigen Säulen, sehen wir nur den unteren Teil. Die Gipfel sind von Wolken verhüllt und die geschlossene, felsige Masse, die von der Ebene bis in die Wolkendecke reicht, lässt das Massiv als unüberwindliche Barriere erscheinen. Ein gewaltiger Anblick.

Die gepäckfreie Wanderung hinauf zu den Torres ist eine ideale Vorbereitung auf die nächsten Tage. Das Wetter meint es gut mit uns, und als wir nach steilem Aufstieg unser Mittagessen im Camp Chileno kochen, präsentieren sich die Türme fast in voller Pracht. Die seltene Gelegenheit nutzend, geht es im Eilmarsch den Rio Ascensio stromauf bis zum Camp Torres. Ab hier kann man sich nicht mehr verlaufen. Deutlich ist die Spur gelegt. Wüstes Geröll vom Niveau der Goldenen Stufen am Chilkoot Trail bricht den linken Hang herunter. Hinauf, hinauf! Immer wieder eilt der Blick voraus, während Hände und Füße hasten. Noch sieht das Wetter gut aus, doch es könnte sich jeden Moment wieder zuziehen. Schließlich hat sich das hohe Tempo gelohnt. Oben blinkt eine zauberhafte kleine Lagune im Sonnenschein. Ihr hinteres Ende ist von Eis überzogen, und direkt darüber erheben sich aus einer Schutthalde die drei Türme, die

Torres del Paine. Wir stehen hier keine tausend Meter hoch, und die gigantischen Granitwände steigen nochmals fast zweitausend Meter senkrecht hinauf. Nur um den Gipfel des höchsten, des Torre Sur, spielt ein kleines Wölkchen. Im Jahre 1963 wurden diese einmaligen Berge erstmals von britischen Bergsteigern erklommen. Angesichts des glatten Felses eine uns Laien unbegreifliche sportliche Meisterleistung.

Den folgenden Tag fesselt uns ein Sturm ans Zelt. Wir verbringen ihn in angenehmer Gesellschaft unserer Nachbarn Holger und Daniela, zwei Studenten aus Mannheim, mit Braten, Backen, Rommeespielen und Klönen in unserer warmen Stoffhütte. Holger hat gerade ein Auslandssemester an der Universität in Santiago absolviert, und wir erfahren von ihm viel über Land und Leute.

Am nächsten Morgen spanne ich mich vor unser Wägelchen und voller Zuversicht auf eine angenehme Wanderung starten wir in den Tag. Zunächst läuft es wie geschmiert. Selbst die Seilbrücke über den Rio Ascensio passieren wir problemlos. Danach fangen die Schwierigkeiten an. Der Pfad wird immer schmaler und das Durchqueren von Bächen stellt uns vor Probleme. Später wird der Weg sehr steinig, so dass Lennart hart arbeiten muss, um den Wagen darüberzuheben. Trotzdem kippt er mehrfach um. Schließlich disponieren wir um. Es hilft nichts, jeder muss seinen Rucksack selbst tragen, auf dem Bootswagen verbleibt nur der Verpflegungssack. Trotzdem wird es eine Schinderei, die Lennart und mir einiges abverlangt. Am Ende dieses Tages sind beide Reifen platt, das Gestänge verbogen und uns tun alle Knochen weh.

Aber Patagonien war gnädig zu uns. Bis auf den allgegenwärtigen Wind blieb das Wetter schön. Als ich mich nach dem Aufbau des Camps in den Zelteingang setze, um Tagebuch zu schreiben, sinkt mir der Kugelschreiber aus der Hand. Erst jetzt wird mir bewusst, welch märchenhafter Platz das ist. Auf der

Oberfläche des riesigen Lago Nordenskjöld oszilliert ein Muster aus weißen Schaumkrönchen und tiefblauem Wasser, dahinter schwebt die schneebedeckte Kordillere am Horizont. Zum Greifen nah hängt der Franzosengletscher vom Cerro Paine Grande, dem mit 3.248 Meter höchsten Berg des Massivs. In der Abendsonne scheint die Eiskappe zu glühen. Direkt hinter uns schwingen sich weiße Granitwände senkrecht nach oben. Ihre scharfen Spitzen sind rabenschwarz. Das sind die berühmten Hörner, die Cuernos del Paine.

Ein dumpfes Rumpeln irritiert uns. Ein Gewitter? Erst nach einer Weile erkennen wir die Ursache. Immer wieder lösen sich drüben am Franzosengletscher kleine Lawinen. Bis die Schallwellen deren Aufprall herübergetragen haben, ist der abgestürzte Schnee schon wieder zur Ruhe gekommen, so dass das Auge zunächst nichts Verdächtiges bemerkt. Das möchten wir uns gern aus der Nähe ansehen.

Am nächsten Vormittag wandern wir hinüber ins Campamento Italiano. Das Gepäck haben wir auf die vier Rucksäcke verteilt und den zusammengelegten Bootswagen trage ich in der Hand. Ich bin etwas traurig, dass meine Idee hier nicht funktioniert. Denn wenn er einmal rollt, ist er schon eine erhebliche Erleichterung. Die Bodenfreiheit ist ausreichend, aber für raues Gelände ist der Wagen einfach nicht genügend kippstabil. Dafür müssten die Räder nicht unter dem Wagen, sondern seitlich daran befestigt und oben leicht nach innen geneigt sein und einen wesentlich größeren Durchmesser haben. Aber wer nichts probiert, macht auch keine Erfahrungen.

In steilem Auf und Ab schlängelt sich der kaum fußbreite Trail am Seeufer entlang; hier lässt es sich sehr schwer laufen. Kopfgroße Steine wechseln mit tiefem Morast, und das zähe Südbuchengestrüpp zerrt an Kleidung und Gepäck. Trotzdem müssen wir über den lustigen Anblick lachen, den die rückwärtige Ansicht unserer Expedition bietet. Wie Türme auf zwei Stelzen schwanken da vier hochbepackte, schlanke Rucksäcke durch den Busch.

Als wir nach steiler Kraxelei auf eine exponierte Bergkuppe bei einer Rast unsere Lebensgeister wieder einsammeln, reißt uns ein Schrei von Petra aus unserer Andacht. Keine zehn Meter über uns schwebt plötzlich lautlos ein riesiger Schatten. Ein Kondor! Der König der Anden gibt uns die Ehre einer privaten Audienz. So nah haben wir ihn noch nie gesehen. Deutlich erkennen wir die weiße Halskrause und den Kamm auf seinem nackten Kopf. Gleich Fingern spreizen sich die äußeren Federn seiner mächtigen Schwingen, die mehr als drei Meter Spannweite erreichen. Aus größerer Entfernung konnten wir ihn schon oft beobachten. Ich kann mich nicht erinnern, dass ich ihn einmal habe mit den Flügeln schlagen sehen. Der perfekte Segler nutzt jede Luftströmung aus. Auch jetzt kippt er in elegantem Bogen ab und ist wenig später nur noch ein dunkler Strich über dem See.

Das Campamento Italiano liegt inmitten eines Südbuchenwalds am Ufer des Rio del Frances. Es besteht aus einem Plumpsklo und winzigen Stellflächen für die Zelte. Mit etwas Mühe finden wir auch genügend Raum für unsere Kåta. Immer wieder mischt sich das dumpfe Rumpeln der Lawinen mit dem Rauschen des Flusses.

Nach dem Mittagessen wandern wir auf dem zweiten Balken des »W« hinauf in die Berge. Am Franzosengletscher können wir die Eislawinen jetzt aus nächster Nähe beobachten. Ein Stück weiter oben öffnet sich der Blick auf ein idyllisches Hochtal. Aber der Weg ist anstrengend. Von rechts, den Westhängen der Cuernos del Paine kommend, haben sich eine Vielzahl kleiner Wasserläufe tief in das Gelände eingeschnitten, und so geht es im Stil einer Berg-und-Talbahn voran. Nach dem Überqueren einer sumpfigen Hochalm verkündet uns ein Schild, dass wir das Campamento Británico erreicht haben. Sinnigerweise hat offensichtlich ein argentinischer Patriot den Spruch »Las Malvinas son argentinas!« – »Die Falklandinseln sind argentinisch!« darauf eingeritzt.

Doch was sich vor unseren Augen auftut, sieht nicht mehr sehr nach Lagerplatz aus: Vor kurzem muss eine gigantische Mure heruntergekommen sein. Die Bäume sind mindestens einen Meter im Geröll versunken. Wir halten uns nicht auf und wandern weiter.

Oberhalb der Baumgrenze haben wir einen herrlichen Ausblick. Tief unten blinkt das Blau des Lago Nordenskjöld, rechts lastet der schwere Eispanzer des Ventisquero del Frances, des Gletschers auf dem Paine Grande, und gegenüber scheinen die schwarzen Hörner auf dem weißen Fels zu schweben.

Beim Abstieg lässt uns knapp unterhalb des Gletschers ein mächtiges Donnern herumfahren. Noch in der Bewegung zücke ich den Fotoapparat. Von der oberen Kante ist ein ganzes Eisfeld abgebrochen und stürzt als riesige Lawine herunter. Wenig später ist der Berg in weißen Nebel gehüllt, und wir spüren den Ausläufer der Druckwelle als starken Luftzug.

Der Weg hinüber an den Lago Pehoe ist kurz, aber stark dem Wind ausgesetzt. Zunächst auf einem schwankenden Steg über den Rio del Frances. Die alte Hängebrücke ist vom Frühjahrshochwasser weggeschwemmt worden. Dann wühlen wir uns durch dichten Busch. Im Bereich des Lago Skottsberg reißt uns der Sturm förmlich die Luft zum Atmen weg. Sarah stolpert zweimal, fällt hin, rappelt sich aber gleich wieder hoch.

Die weite Ebene zwischen dem Refugio Pehoe und dem Seeufer bietet dem Wind kein Hindernis. Es dauert seine Zeit, bis wir hinter kaum meterhohem Gestrüpp einen einigermaßen geschützten Zeltplatz gefunden haben.

Am Nachmittag, wir sitzen gerade bei grünem Tee zusammen, steht plötzlich ein junger, schwarzhaariger Mann in derbem Strickpullover und abgewetztem Rucksack im Eingang. Auch er ist auf unsere Kåta neugierig geworden. Lachend winken wir ihn herein. Jan ist Tscheche und vorgestern an der Laguna Amarga aufgebrochen, um das Gebirge zu umrunden. Heute will er noch weiter bis zum Italiener-Camp. Alle Achtung, er hat ja ein Riesentempo drauf. Allerdings läuft er ohne Zelt und hofft auf trockene Nächte. Wir dopen ihn mit Tee und VIBA-Riegeln, auf dass er den Rest auch noch schafft.

Der letzte Balken des »W« führt von hier hinüber an das Nordende des Lago Grey. Am Morgen verzögert ein Sturmregen, bei dem die Tropfen wie so oft waagerecht kommen, den Abmarsch. Als es aufklart, spannt sich unser »Langführer« Sarah vor das Team und zieht uns in einem unglaublichen Tempo zunächst durch ein enges Tal und dann den steilen Bergrücken hinauf, der die beiden Seen voneinander trennt. Oben bleiben wir mit offenen Mündern stehen. Patagonien, was bist du doch schön! Umrahmt von immergrünen Südbuchenwäldern erstreckt sich unter uns der Lago Grey. Auf einer Breite von vier Kilometern wälzt sich am Horizont der Grey-Gletscher in den See. Wie eine Insel umspült der Eisstrom eine bewaldete Bergkuppe in seiner Mitte. Die Oberfläche sieht aus wie ein erstarrtes Meer. Als ob ein Temperatursturz innerhalb von Millisekunden die Wellen in ihrer Bewegung eingefroren hätte. Auf dem See treibt eine Flottille von Eisbergen, die sich schließlich an seinem Südende zu einem Puzzle aus unförmigen Brocken staut. Angesichts des farbenfrohen Panoramas fällt es schwer, sich auf den anspruchsvollen Trail zu konzentrieren. Immer wieder gleiten wir an schlüpfrigen Hängen aus, verfangen uns in knorrigem Wurzelwerk oder Zweige schlagen uns ins Gesicht. Dreieinhalb Stunden später liegt, nur durch einen schmalen Streifen Wasser getrennt, die rund vierzig Meter hohe Abbruchkante des Gletschers uns gegenüber. Das also ist von der kilometerdicken Eisschicht der letzten Eiszeit übrig geblieben. Vor zehntausend Jahren begann der riesige Eispanzer, der das Land bedeckte, zu schmelzen. Unter dem gewaltigen Druck dieser Masse hat sich die Erdoberfläche verändert. Je nachdem, welchen Widerstand ihr das Gestein entgegensetzte, wurden Täler ausgefräst, bizarre Felsformationen modelliert, Gesteinsschutt transportiert und als Endmoräne abgelagert. Auch der Grund, auf dem wir jetzt stehen, weist tiefe Schleifspuren auf. Die Zunge des Grey Gletschers reicht neunzehn Kilometer weit hinauf zum südlichen Patagonischen Inlandeisfeld. Zusammen mit dem kleineren nördlichen Eisfeld ist dies die größte Eismasse außerhalb der Polarkreise und mehr als fünfmal so groß wie die Summe der zusammengenommenen Alpengletscher. Als zäher Überrest okkupieren sie seit dem Abtauen der pleistozänen Kappe den Raum zwischen der nach Süden langsam im Meer versinkenden Küstenkordillere und dem Hauptzug der Anden. Es ist eine lebensfeindliche weiße Wüste, der es mit Hilfe des extremen Klimas bis heute gelungen ist, sich seiner Erforschung zu widersetzen.

Auf dem Rückweg treten wir zum Wettlauf gegen einen schwimmenden Eisberg an. Wir schlagen ihn um Längen. Aber er hat auch mehr Zeit als wir. Am Südende des Lago Grey muss er sich sowieso hinten anstellen bis ihn seine Nachfolger deformiert und zerkleinert in den Abfluss schubsen.

Am nächsten Tag überqueren wir in einer überfüllten winzigen Barke den Lago Pehoe. Am Refugio Pudeto verstaue ich mit Lennart unsere Rucksäcke auf dem Dach eines Kleinbusses. Danach rumpeln wir auf schottriger Piste aus den Bergen in die Steppe. Noch lange verrenken wir uns die Hälse, denn als ob sie uns den Abschied besonders schwer machen wollten, grüßen die Torres del Paine in voller Pracht weit hinaus in die Pampa.

Zurück in Puerto Natales wartet in unserer kleinen Herberge »Tierra del Fuego« unten am Hafen auf jeden von uns ein riesiges chilenisches Rindersteak mit Spiegelei und Pommes frites.

Wir ziehen um. Mit dem Linienbus wechseln wir hinüber nach Argentinien. Unser Ziel sind die Wunder des Nationalparks Los Glaciares.

Am Tag vor der Weiterreise kaufen wir im Reisebüro vier Busfahrscheine mit Abrissstreifen im King Size Format (A5). Kurz vor der Abfahrt muss ich sie im Büro der Busgesellschaft abgeben. Dafür stellt mir eine nette Dame handschriftlich vier neue aus, gleiches Format. Keine fünf Minuten später werden diese vom Busfahrer durch Zerreißen entwertet. O Menschheit, ein bisschen mehr Verstand und ganze Wälder könnten noch stehen.

Auf der Fahrt über einen Gebirgspass nach Rio Turbio schließen wir lieber die Augen. Wir müssen nicht sehen, wie sich der Bus mit defektem Scheibenwischer im Dauerregen lehmige Bergpisten hinaufquält. Der Fahrer sitzt zwar drei Reihen vor uns, aber wir bezweifeln, dass er dort mehr sieht als wir – nämlich nichts. Genauso gut könnte er Zeitung lesen, offensichtlich erfühlt er die Straße mit seinem Hintern.

Im Bus ist es kalt und ungemütlich. Mit uns an Bord sind einige Chilenen, die zu ihrer täglichen Arbeit in Rio Turbio fahren, untersetzte, stämmige Männer in abgetragener Kleidung. Die Spuren harter Arbeit haben sich in ihre wettergegerbten Gesichter und die schwieligen Hände gegraben. Ganz bestimmt führen sie kein leichtes Leben. Aber sie lachen uns freundlich an.

An der argentinischen Grenze wartet diesmal eine andere Prozedur auf uns. Alles rein in die Station, Tür zu. Drinnen sortieren sich die Chilenen in Reih und Glied. Ein dicker Beamter bedeutet uns, sich mit einzureihen. Warten! Irgendwoher zaubert ein zweiter Beamter eine Liste und beginnt mit melodischer Stimme Namen vorzulesen. Die zuerst aufgerufenen Chilenen treten einzeln vor, weisen sich aus und marschieren hinaus. Für sie ist das tägliche Routine. Zum Glück werden wir als Letzte aufgerufen. Offensichtlich ist die Aussprache unserer Namen ein Zungenbrecher für die Südamerikaner. Da nur noch wir dastehen, müssen wir gemeint sein.

Der Weg führt nach Osten, und je mehr wir uns von den Bergen entfernen, umso besser wird das Wetter. Draußen erstreckt sich nichts als eine windgebeutelte, platte, eingezäunte Pampa. Nach etlichen Kilometern der Schwenk zurück nach Westen und im vertrauten Regen erreichen wir gegen Mittag das Städtchen El Calafate am Lago Argentino, dem größten See Argentiniens. Die Gemeinschaftsküche des gleichnamigen Hostals ist internationaler Trekker-Treff. Mit einem finnischen Pärchen fachsimpeln wir über das Skispringen, mit zwei Holländern tauschen wir Erfahrungen über das Kanufahren in Lappland aus und ein australisches Ehepaar erzählt uns freudestrahlend von seinen Touren in der Hohen Tatra. Obwohl, oder vielleicht gerade weil sich Sarah und Lennart in solcher Umgebung mit gewohnter Selbstverständlichkeit bewegen, fallen die beiden natürlich auf, und ein Großteil der Gespräche dreht sich um die uns bekannten Fragen des Reisens mit Familie.

Einen ganzen Tag verbringen wir an einem der größten Naturwunder Südamerikas, dem Perito-Moreno-Gletscher. Der mächtige, sechs Kilometer breite Eisstrom schiebt sich quer über einen Seitenarm des Lago Argentino. In manchen Jahren wächst er über den See und dann steigt der Wasserspiegel im abgeriegelten Brazo Sur – dem »südlichen Arm« – so lange, bis die angestaute Energie in einer gewaltigen Explosion einen Tunnel durch das Eis sprengt, der schlussendlich einstürzt. La Ruptura nennen die Argentinier dieses Ereignis. Der höchste Niveauunterschied zum Lago Argentino betrug siebenunddreißig Meter und die gewaltige Flutwelle, die sich dann nach Osten wälzte, führte zu verheerenden Überschwemmungen in der Region des Río Santa Cruz.

Für uns ist der Perito Moreno ein Naturschauspiel, dessen Anblick nie langweilig wird. In seinem Inneren grummelt und rumort es, wenn turmhohe Séracs zusammenstürzen. Immer wieder donnern hausgroße Blöcke oder ganze Wandteile aus der fast sechzig Meter hohen Vorderfront auf die Wasseroberfläche, wippen dort im Takt der durch den Aufprall verursachten Wellenberge und nehmen dann Kurs hinaus auf den See. Eine unheimliche, ruhige Kraft geht von dem Gletscher aus, eine Kraft, die nichts aufhalten kann. Vierzehn Kilometer weit lässt sich der Eisstrom hinauf Richtung Inlandeis mit den Augen verfolgen. Wie schnell vergeht doch die Zeit für uns Menschen. Wir rechnen aus, dass das Eis am oberen für uns sichtbaren Ende in etwa neunzehn Jahren hier unten sein wird …

Am Morgen des vierundzwanzigsten Dezember folgt die Busfahrt nach Chaltén und die stürmische Wanderung ins Camp Bridwell.

Traumberge zum Jahreswechsel

Als wir am ersten Weihnachtsfeiertag den Kopf aus dem Zelt stecken, empfängt uns blauer Himmel. Mein erster Gedanke gilt dem Cerro Torre. Unter Bergsteigern hat die senkrechte, über zweitausend Meter hohe Granitsäule den Rang des schwierigsten Kletterbergs der Welt. Doch nicht nur seine spektakuläre Form, sondern auch sein Standort direkt am Rand des südlichen patagonischen Inland-Eisfelds halten die Chancen auf eine Besteigung sehr niedrig. Die meiste Zeit des Jahres ist der Cerro Torre von Wolken verhüllt. Und darüber hinaus ist er fast ständig den eisigen Stürmen ausgesetzt. Selten genug zeigt sich dieser »Torre de las nubes« – der »Wolkenturm« – in voller Pracht, so dass eine mehrtägige Schönwetterphase für die oft wochenlang im Camp Bridwell ausharrenden Bergsteiger schon ein Glücksfall ist.

Sollten wir dieses Glück heute schon haben? Gespannt flitzen

Seilbrücke über den Rio Fitz Roy

wir hinüber zu der kleinen Lichtung und starren enttäuscht auf eine Wolkenwand. Es scheint wahr zu sein: Rundherum ist das schönste Wetter, der Cerro Solo links und der Cerro Techado Negro rechts von uns sind bis zum Gipfel frei. Aber genau dazwischen, über der Moräne der Laguna Torre hängen dichte Nebelbänke.

In den folgenden Tagen wird unsere Geduld auf eine harte Probe gestellt. Wir unternehmen Touren in die nähere Umgebung, wandern um die Laguna Torre und hinauf zum Mirador Maestri. An einem straff gespannten Seil über den Rio Fitz Roy, das als Behelfsbrücke dienen soll, warnt uns ein Schild. Letzten Februar ist hier ein junger Deutscher abgestürzt und ertrunken. Mit Lennart klettere ich die steilen Schotterhänge hinab auf den Glaciar Torre, wo wir uns vorsichtig unseren Weg auf dem knarrenden, von Schutt überzogenen Gletscher suchen. Wir müssen höllisch aufpassen. Wenn wir ausrutschen, kommt schwarzes, glänzendes Eis zum Vorschein. Irgendwo poltert es dumpf, und manchmal haben unsere Schritte einen hohlen Klang. Bloß nicht durchbrechen.

Doch was immer wir auch tun, aus den Augenwinkeln schielen wir fast ständig in Richtung Cerro Torre, in der Hoffnung, er möge sich doch endlich zeigen. Aber er macht es spannend. Ab und an hebt sich die Wolkendecke einige hundert Meter, und es zeigen sich die charakteristisch schräge, knapp zweitausend Meter hohe Platte des dem Cerro Torre vorgelagerten Cerro Mocho und einige spitze Gipfel am hinteren Talausgang. Jedes Mal warten wir gespannt auf das Finale, doch dann fällt der Vorhang wieder. Es ist zum Verrücktwerden, wie bei einem Striptease, bei dem die entscheidenden Teile dann doch nicht abgelegt werden.

Wer den Cerro Torre nicht gesehen hat, hat Patagonien nicht gesehen, heißt es. Soll uns das wirklich passieren?

An einem Tag tut sich überhaupt keine Sicht auf: Es schneit im schönsten patagonischen Sommer bis herunter auf unsere Höhe von siebenhundert Metern. Wir befinden uns hier in etwa auf der gleichen geografischen Breite wie unser heimatlicher Thüringer Wald – eben nur auf der Südhalbkugel –, es wäre also in etwa so, als würde es dort Ende Juni schneien. Immer noch frohen Mutes setzen wir die Belagerung fort und nutzen die Zeit zum Schlafen, Lesen oder Brot backen. An meinem rechten Bergschuh hat sich vorn die Sohle gelöst. Nun ja, sie tun auch schon über acht Jahre vorbildlich ihren Dienst. Einer der wichtigsten Ausrüstungsbestandteile des Globetrotters ist Sekundenkleber. Risse in der Regenkleidung, zerbrochene Schnallen, Löcher in den Isomatten – was lässt sich damit nicht alles reparieren. Jetzt leime ich damit die Sohle wieder an. Um den Vorgang durch möglichst großen Druck zu beschleunigen, balanciere ich im Schuh mit dem ganzen Körpergewicht auf der rechten Fußspitze auf einem kopfgroßen Stein. Das Ergebnis übertrifft alle Erwartungen. Mitsamt der Sohle haben sich Stein und Schuh mauerfest zu einem unförmigen Klumpen verbunden. Ein paar Tropfen mehr, und ich schleppe halb Patagonien hinter mir her. Der Veitstanz, den ich aufführe, um den Ballast wieder loszuwerden, trägt sehr zur allgemeinen Erheiterung bei.

Als mich eines Morgens dringende Geschäfte gegen fünf Uhr aus dem Zelt treiben, sieht der Himmel vielversprechend aus. Die Wolken um den Cerro Torre leuchten rot im Licht der aufgehenden Sonne und machen den Eindruck, als würden sie steigen. Leise hole ich meinen Schlafsack und lege mich auf die Lichtung, um das Schauspiel zu genießen. Drüben am Berg ist immerzu Bewegung. Als stünde oben auf dem patagonischen Inlandeis ein Riese, der mit spitzen Fingern das Wolkentuch nach oben zieht, klettern die Schwaden die Felsflanken hinauf. Mein Herz beginnt schneller zu schlagen. Einige niedrigere Gipfel sind schon frei. Dann wieder sieht es so aus, als hätte es sich der Gigant anders überlegt und schaufelte nun die Wolken von dort über die Bergkette herüber ins Tal. Wie riesige Fontänen rauschen sie herab und zerstieben auf dem Gletscher. Plötzlich glaube ich zu träumen. Hoch über dem Berg reißt in der Wolkendecke ein Fenster auf, und im Sonnenlicht leuchtet wie ein Diamant die Eisspitze des Cerro Torre. Ehe ich mich aus dem Schlafsack gewühlt und den Fotoapparat gegriffen habe, schlägt der Riese das Fenster wieder zu. War das hoch! Jetzt weiß ich erst, wie viel da noch an Höhenmetern fehlt. Wahnsinn! Wie gerne möchte ich den Anblick ganz genießen. Mehr als drei Stunden schaue ich zu. Jedes Steigen der Wolken registriere ich mit Hoffnung, jedes Fallen mit Enttäuschung. Aber auch diesmal gibt es kein Happy End. Wie so oft in Patagonien schlägt das Wetter innerhalb von Minuten um, der Himmel bedeckt sich, und wenig später taucht ein zäher Nieselregen die Landschaft in ein tristes Grau.

Wir geben auf. Schweren Herzens, aber wir müssen schließlich weiter. Ein klitzekleines Hoffnungsfünkchen halten wir am Glimmen. Solange die Endmoräne der Laguna Torre noch in

Sichtweite ist, entfernen wir uns fast ausschließlich im Rückwärtsgang aus diesem Tal. Vergeblich! Schließlich verlegt uns ein quer zum Weg verlaufender Höhenzug den Blick. Aus! Um den halben Erdball gereist und den schönsten Berg der Welt nicht gesehen. Die Stimmung ist auf dem Tiefpunkt. Griesgrämig schwimmen wir durch dichtes Gestrüpp. Immer wieder schlagen uns Zweige ins Gesicht. Plötzlich umschwirren uns Wolken von Stechmücken. Mit einem Mal waren sie da. Auch das noch! Wir stoppen und lassen das Moskitospray kreisen. Grimmige Genugtuung, als die Insekten ihre Angriffe kurz vor unserer Haut stoppen. Wenigstens das haben wir im Griff!

Ein langer, steiler Anstieg verlangt von Sarah das Äußerste. Wir rasten häufig. Inzwischen ist die Sonne herausgekommen und der Schweiß fließt in Strömen. Wütend schaue ich auf den blauen Himmel. Der Cerro Torre ist jetzt bestimmt frei. Doch nein, von unserer hochgelegenen Lichtung aus müsste laut Karte links der höchste Berg der Region, der 3.375 Meter hohe Fitz Roy, zu sehen sein. Aber dort liegt nur eine Nebelwand. Fast bin ich beruhigt.

Am Nachmittag erreichen wir die Laguna Capri. Der stürmische Wind wirft die Brandung gegen das felsige Ostufer des kleinen Sees. In dem Südbuchenwald darüber bauen wir unser Lager auf. Es ist eng zwischen den Bäumen, und wir haben einige Schwierigkeiten, genügend Platz für die Kåta zu finden. Petra geht es nicht gut. Sie wühlt sich in ihren Schlafsack und versucht zu schlafen. Die Kinder sind fleißig und sammeln Feuerholz. Das Wasserholen wird an dem steilen Ufer zum Geschicklichkeitsspiel. Das meterhohe Auf und Ab der Wellen lässt mir nicht genügend Zeit, mit einer schnellen Bewegung den Topf zu füllen. Wage ich mich zu weit nach vorn, schlägt mir das Wasser in die Schuhe. Und mit noch so weit ausgestrecktem Arm fange ich nur ein paar Tropfen auf. Nach zwei, drei Versuchen sind die Füße nass, und ich muss auf nichts mehr Rücksicht nehmen.

Unsere Familie vor dem Fitz Roy

Später bekommen wir Gesellschaft. Ein paar französische Trekker schlagen ihre Bergzelte auf. »Bonjour.« Wir nicken uns freundlich zu.

Das Abendessen bereiten wir in gemeinsamer Arbeitsteilung vor. Ich knete den Teig, Lennart rollt die Fladen und Sarah brutzelt sie in der Pfanne. Später sitzen wir zu dritt auf dem Felsen über dem See und schauen hinüber zu den Bergen. Hoppla, da tut sich was … Ähnlich wie am Cerro Torre klettern die Schwaden langsam senkrechte Felswände hinauf. Aber hier haben wir mehr Glück. Die Wolken schaffen es bis nach oben und schließlich hängen sie nur noch wie eine Rauchfahne am Gipfel. Plötzlich steht da drüben ein gewaltiger Granitklotz. Was für ein Berg! Inmitten seiner Trabanten überragt der Fitz Roy das flache Land nahezu senkrecht um mehr als zweieinhalbtausend Meter. Da ihn der Cerro Torre und dessen Gefährten vom Inlandeis trennen, ist er den Stürmen von dort nicht ganz so ausgesetzt. Die Chance, ihn zu sehen, liegt damit etwas höher. Der Gigant ist das Wahrzeichen Patagoniens. Halbwegs versöhnt krabbeln wir mit der Dämmerung ins Zelt.

Als ich am nächsten Morgen erwache, ist alles anders als sonst. Kein Lüftchen regt sich, die Vögel zwitschern lauter als gewohnt und der Himmel schaut noch viel blauer als gewöhnlich zur Zeltspitze herein. An den wenigen Nachbarzelten surren Reißverschlüsse, und eilige Schritte trappeln vorbei. Da wird doch nicht etwa…? In Windeseile bin ich auf dem Sprung. Nicht die Spur eines Wölkchens zeigt sich am Firmament. Ich flitze hinüber zum Aussichtspunkt. Es ist ein Traum! Rot leuchten die Flanken des Fitz Roy in der aufgehenden Sonne und spiegeln sich in der glasklaren Oberfläche der Lagune.

Mein nächster Gedanke gilt dem Cerro Torre. Der müsste doch heute auch frei sein. Ein Blick auf die Uhr. Es ist noch nicht einmal sechs. Eine verrückte Idee schießt mir durch den Kopf: Wenn ich ohne Gepäck, nur mit dem Fotoapparat losrenne, könnte ich in einer Stunde drüben sein. Die meiste Zeit geht es steil bergab. Ich zögere noch ein bisschen: Und wenn es sich wieder zuzieht? Das passiert immer so schnell hier. Ach was, das Risiko muss ich eingehen. Der Entschluss ist gefasst. Leise schlüpfe ich in die Bergstiefel, flüstere Petra meinen Plan ins Ohr, und dann bin ich auf dem Weg. Natürlich starte ich zu ungestüm. Nach ein paar hundert Metern kommen meine Lungen dem Rhythmus meiner Beine nicht mehr hinterher. Verdammt! Ich zwinge mich weiter. Als ich den steilen Hang erreiche, springe ich in großen Sätzen hinunter. Irgendwann komme ich im dichten Wald vom Pfad ab. Egal! Nur keine Zeit verlieren. Die Richtung ist klar, immer bergab. Ständig greifen Südbuchenzweige nach mir, wollen mich aufhalten. Die Unterarme schützend vors Gesicht geschoben, stürme ich weiter. Durch die gespreizten Finger sondiere ich den Boden, um mir nicht die Füße zu verknacksen. Ein Blick durch die Wipfel. Noch ist der Himmel blau, aber ist er es auch noch oben an der Kante des Inlandeises? Endlich stolpere ich unten am Grund hinaus auf die sumpfige Ebene. Vorsichtig, als könnte eine schnelle Wendung irgendeine Katastrophe verursachen, drehe ich mich nach rechts. Mein Herz klopft bis zum Hals. Und dann bin ich einfach nur noch glücklich – und überwältigt.

Wie gemeißelt glänzt der 3.102 Meter hohe Cerro Torre in der Morgensonne. Jeder Superlativ, den ich über ihn gelesen habe, empfinde ich als zutreffend. Ein atemberaubend hoher Granitpfeiler! An seiner Rückseite hängt ein weißer Mantel, den ihm die ständigen Schneestürme vom Inlandeis angezogen haben. Seine Spitze besteht ganz aus Eis, an deren vorderer Kante ein runder Eisklumpen wie die Quaste einer Skimütze balanciert. Für mich das Schönste, was ich bisher an Bergen gesehen habe. Es ist wahr: Der Cerro Torre ist Patagonien!

Erschöpft, aber glücklich bin ich einige Stunden später zurück im Lager. Am liebsten würde ich mit Petra und den Kindern noch mal umkehren, damit auch sie diesen Berg sehen. Doch wir glauben nicht an so viel Glück, dass er dann immer noch frei ist. Petra geht es wieder besser, und wir frühstücken in luftiger Höhe über dem See im Angesicht des Fitz Roy. Das Wetter hält nun schon Stunden, keine Wolken, kein Wind – eine ganz neue Erfahrung für uns hier in Patagonien. Wir beschließen, die schöne Phase zu nutzen, brechen unser Lager ab und wandern weiter in das Gebirge hinein.

Direkt zu Füßen des Fitz Roy liegt das Camp Poincenot, bestehend aus dem Komfort einiger Stellflächen am Waldrand, die nach Norden durch brusthohe Palisaden aus willkürlich gestapelten Holzstämmen geschützt werden. Der Südbuchenwald ist ein Mikado aus geknickten Stämmen, herabgebrochenen Ästen und zersplitterten Baumkronen. Hier scheint öfter mal die Post abzugehen. Nur zu bald sollten wir uns davon überzeugen können.

Als sich meine Truppe nach dem anstrengenden Marsch hier herüber in eindeutigen Posen auf die angenehmsten Stellen der Umgebung verteilt, wird mir klar, dass ich sie heute nicht mehr zu irgendwelchen Heldentaten motivieren kann. Mich reizt der nahe Berg zu sehr. So hänge ich noch eine halbe Stunde dran und spurte hinauf zur Laguna de los Tres, einem kleinen Gletschersee auf 1.200 Metern Höhe direkt unter der Ostwand des Fitz Roy. Der Ausblick von hier oben reicht über die Vorberge und den riesigen Lago Viedma weit hinaus in die Pampa. Im Jahre 1834 näherte sich von dort auf dem Rio Santa Cruz das britische Forschungsschiff »Beagle« den Anden bis auf etwa sechzig Kilometer. Vermutlich waren sie die ersten Weißen, die diese Berge zu Gesicht bekamen, sofern sie Glück mit dem Wetter hatten. Mit an Bord war der Naturforscher Charles Darwin, und der Kapitän hieß Fitz Roy. Nach ihm benannte man den massigen Felsturm hinter mir, dessen Gipfel noch einmal mehr als zweitausend Meter höher liegt. In der Sprache der einheimischen Mapuche-Indianer hatte der ihnen heilige Berg schon längst einen Namen – »Chaltén«, der Große. Ich suche mir eine windgeschützte Stelle mit Blick zum Fitz Roy und nicke in der warmen Sonne ein.

Als ich heimkomme, war die ganze Familie schon fleißig. Lennart hat ein tolles Bild vom Massiv gemalt, Sarah schleppt im Zeltsack gerade Feuerholz herbei, und Petra hat sich beim Sonnen die Beine verbrannt.

Nachdem uns Patagonien für unglaubliche zwei, drei Tage mit schönem Wetter eingelullt hat, meinten wir schon fast, das müsste immer so sein. Aber ganz nach Patagoniens Art werden innerhalb kürzester Zeit wieder die schweren Geschütze aufgefahren. Hat uns die Sonne eines Morgens noch zu einem Start in kurzen Hosen verleitet, sackt die Temperatur gegen Mittag in den Keller, der Himmel bedeckt sich, und schon bald deformiert der aufkommende Sturm die Regentropfen zu waagerechten

Bindfäden. Windböen werfen uns fast um und pressen das Wasser auch an die geschütztesten Körperpartien. In so einer Verfassung erreichen wir nach einigen Tagen zum zweiten Mal Camp Poincenot.

Was für ein Unterschied! Vor kurzem haben wir uns hier noch in der Sonne geaalt und jetzt Kälte und Regen. Während ich mit Lennart in Rekordzeit die Kåta aufbaue, springen Petra und Sarah durch den triefenden Wald und suchen Feuerholz. Zähneklappernd versammeln wir uns dann um die Mittelstange und mühen uns mit dem nassen Holz beim Feuermachen ab. Es will nicht gelingen! Schließlich kommt mir eine Idee. Benzinkocher anwerfen, den Ofen auf ein paar Hölzchen stellen und den Kocher darunter schieben. Durch die konzentrierte Hitze trocknet das Holz im Nu und wenig später brennt unser Feuerchen. Gleich sieht die Welt ganz anders aus. Wir wärmen uns erst einmal auf, schichten dann den Holzvorrat um den Ofen, hängen die nassen Sachen auf und richten uns ein. Das Abendessen wird heute fulminant. Wir kochen Reis mit Champignons und streichen ihn dann fingerdick auf unsere Cathay-Bannocks. Nach dem vierten habe ich das Gefühl zu platzen. Wir heizen munter weiter, und langsam wird auch die letzte nasse Socke trocken. Zum Rommee-Spielen sind wir zu müde. Im Schein des Feuers zieht es uns langsam die Augen zu. Sarah und Lennart haben sich schon in ihre Schlafsäcke gekuschelt. Draußen tobt unvermindert der Sturm. In Minutenabständen rollen Orkanböen wie riesige D-Züge das Tal des Rio Blanco herauf. Weit unten starten sie mit einem unheimlichen dunklen Grummeln. Während sie dann auf uns zurasen und der Ton immer höher wird, können wir die Sekunden zählen, bis eine Riesenfaust das Zelt packt und wie ein Spielzeug schüttelt. Der Regen ist inzwischen in Schnee übergegangen.

Als wir am nächsten Morgen den Kopf aus dem Zelt stecken, stellen wir fest, dass wir hier nicht allein kampieren. Auf der

Wiese sitzt ein einsamer Hiker in kurzer Unterwäsche im Schneegestöber, und an den Büschen neben ihm flattern seine nassen Sachen zum Trocknen im patagonischen Wind. »Wet by the rain yesterday.« – »Nass vom Regen gestern.«, grinst er uns mit stoischer Ruhe an. Da schleppe ich doch liebend gern die neun Kilogramm schwere Kåta und habe es warm und trocken.

Am Silvestertag marschieren wir den Rio Blanco stromab Richtung Norden. Der Trail ist kaum erkennbar. Wir orientieren uns am Fluss, stolpern durch dichtes Gestrüpp, Morastlöcher und grobes Gestein. Unterhalb des Gletschers Piedras Blancas klettern wir mühsam über dessen unordentlich abgelegtes Geröll. Flussab weitet sich das Tal, und der Weg wird besser. Schließlich biegt er nach links in das Tal des Rio Electrico ab. Weit vorn erkennen wir den Paso Marconi, der hinauf auf das Inlandeis führt. Dieses Gebiet ist Privatbesitz und Bestandteil einer riesigen Estancia. An den Stromschnellen des Rio Electrico aufwärts – schon wieder so ein wunderbarer Kanufluss – genießen wir es, durch den parkähnlichen Südbuchenwald zu wandern. Das Refugio Los Troncos, das wir am Nachmittag erreichen, ist ein Kleinod in der Wildnis. Ricardo, der Besitzer, hat hier eine Oase für den womöglich vom Wetter zermürbten Trekker angelegt. Man kann sein Zelt auf grünem Rasen aufbauen oder sich eine kleine Hütte mieten, es gibt überdachte Kochplätze und als Höhepunkt ab achtzehn Uhr eine warme Dusche. Dazu wird am Nachmittag ein primitiver Holzofen angeworfen, der das Wasser in einem Tank erhitzt, von wo es dann in den innen mit Zinkblech verkleideten Bretterverschlag fließt. Nach tagelanger Abstinenz für uns der Gipfel an Komfort.

Danach beginnen wir mit den Vorbereitungen auf die Silvesterparty. Lennart und ich schneiden das Feuerholz ofenfertig, Petra und Sarah präparieren das Menü. Mitten im Hantieren klopft es an die Plane. Die junge Frau vom Refugio reicht uns eine Flasche Sekt herein und wünscht uns einen guten

Rutsch ins neue Jahr. Spitze! Wir hätten sonst mit Tee anstoßen müssen.

Die Feierlichkeiten können beginnen. Zunächst gibt es Cathay-Bannock. Es heißt, wer von den Beeren des Calafate-Strauches isst, wird nach Patagonien zurückkehren. Um das sicherzustellen, haben wir in Chaltén ein ganzes Glas Marmelade davon gekauft und bis hierher geschleppt. Mit süßem Bannock ist das die Krönung. Wir könnten immer weiter essen. Dann dehnt sich die Zeit. Zu Hause ist schon Neujahr. Wir spielen zwei Runden Rommee und erzählen uns Geschichten. Sarah will immer wissen, wie das war, als sie und Lennart noch kleine Frösche waren. Eine ihrer Lieblingsgeschichten ist folgende: Als beide noch ein gemeinsames Kinderzimmer hatten, wollte dort wie so oft abends keine Ruhe einkehren. Nach etlichen erfolglosen Ermahnungen griff Petra zum Mittel des moderaten Warnklapses auf die kleinen Hinterteile. Auch das half nur wenige Minuten. »Jetzt gehst du aber mal rein!« Als ich im Interesse eines wirkungsvollen Auftritts mit Schwung die Tür aufriss, guckt mich Sarah ganz unschuldig an und sagt: »Wir sind schon gehaun!« Alle weiteren geplanten Maßnahmen erstickten in einem Lachkrampf.

Draußen feiert geräuschvoll eine Gruppe Briten, die nach uns angekommen ist. Endlich geht es auf Mitternacht zu. Berghaferl bereitstellen, Sektflasche öffnen. Die Briten haben ein Radio und zählen lautstark die letzten Sekunden, wir fallen im Chor mit ein. Prosit Neujahr!

Wir stoßen an und umarmen uns. Dann gehen wir hinaus zu der Gruppe und verbrüdern uns. »Happy New Year!« Die sind alle mächtig in Fahrt. Eine Menge Bierbüchsen kullern am Boden. Unsere Kåta, die jetzt im Dunkeln so schön leuchtet, fasziniert sie. Zum Jahresauftakt macht Petra eine Führung, ich lasse mich derweil gern auf einen Schluck einladen.

Am Neujahrsmorgen werde ich durch das laute Rattern des

Windrads zeitig geweckt. Leise schleiche ich mich ins Freie. Friedlich liegt der Platz in der Morgensonne. In der Nacht hat ein stürmischer Wind alle Wolken vom Himmel geputzt, die Luft ist kalt und klar. Die Nordwand des Fitz Roy scheint zum Greifen nah. Über eine steile Bergflanke lässt sich der Paso del Quadrado in dessen unmittelbarer Nähe erreichen. Schnell ist mein Entschluss gefasst: Ich muss da hoch! Nur im Pulli, die Radlerhose über den langen Unterhosen, und mit dem Fotoapparat mache ich mich auf den Weg. Der Anstieg ist sehr, sehr steil und es zwickt tüchtig in den Waden. Trotzdem behalte ich ein hohes Tempo bei. Mit jedem Meter wird der Ausblick fantastischer. Rechts flimmert die weiße Kappe des Inlandeises in der Sonne. Auf dem lang gezogenen Rio Electrico wirft der Wind Schaumkronen auf. Die Lage des Refugios ist genial. Mitten im Tal bietet ihm der etwa zweihundert Meter lange Bergrücken der Piedra del Fraile Schutz gegen die Stürme, die durch das Tor des Paso Marconi vom Eisfeld hinunterpfeifen.

Weiter oben wird es zunächst etwas flacher, und dann zieht sich hinter einem kleinen Gletschersee ein Schneefeld hinauf zum Pass. Dort wird es schwierig. Die Sonne hat den Firn schon tüchtig aufgeweicht. Auf Händen und Füßen wühle ich mich hinauf, sinke ständig bis zu den Knien ein und hole mir nasse Füße. Nach anderthalb Stunden erreiche ich die Felsbarriere und klettere die letzten der rund zwölfhundert Meter Höhenunterschied nach oben. Auf dem Grat sinke ich abgekämpft zusammen. Ich könnte heulen vor Freude. In voller Pracht und nur durch seinen Gletscher von mir getrennt, steht der Cerro Torre vor mir. Ich habe nicht damit gerechnet, ihn noch einmal zu sehen. So kann ein neues Jahr beginnen – im Angesicht der Traumberge Fitz Roy und Cerro Torre.

Ganz allein sitze ich auf meinem luftigen Beobachtungsposten und blicke weit hinaus in das Land. Am nordöstlichen Horizont entdecke ich eine spektakuläre Felsformation, die ich erst für die Torres del Paine halte. Doch die stehen ja südwestlich von hier. Wie viele Naturwunder gibt es hier eigentlich noch? Ich möchte ein Kondor sein, um alles zu sehen.

Es ist so schön, die Wärme der Sonne zu spüren und den harten Stein in meinem Rücken. Auch die Kälte an meinen nassen Füßen gehört dazu. Der Moment dehnt sich aus, wird zeitlos. Stumm schauen die Berge auf mich herab. Ich bin versucht, mit ihnen zu sprechen. Es wundert mich nicht, dass die Menschen sie zu ihren Göttern gemacht haben. Generationen kommen und gehen in ihrem Schatten, der Berg aber bleibt. Ruhig, mächtig, unerschütterlich – ein Beweis der Existenz von Ewigkeit für den nur kurz verweilenden Erdling.

Tief unter mir erkenne ich einen winzigen, hellen Fleck. Dort steht die Kåta mit den Menschen, die ich am meisten liebe. Von Alaska bis Patagonien hat uns unser Weg geführt, zu Fuß, zu Pferd, mit dem Kanu, im Buschflugzeug. Was haben wir nicht alles erlebt und gelernt. War es nicht erst gestern, als meine fünfjährige Sarah die Golden Stairs am Chilkoot Trail hinaufkletterte? Inzwischen ist mir Lennart über den Kopf gewachsen, und mir wird bewusst, dass die beiden irgendwann ihre eigenen Wege gehen. Ich hoffe, dass unsere Reisen dazu beitragen, dass es die richtigen sein werden.

Und jetzt spreche ich doch zu den Bergen: »Bitte lasst uns noch vieles gemeinsam erleben.«

Infos

Die Goldrausch-Tour

Die Faszination dieser Tour liegt in der Verbindung der allgegenwärtigen Spuren eines spannenden Kapitels der nordamerikanischen Geschichte und der grandiosen Landschaft. Die Fjorde der Inside Passage, die Hochgebirgslandschaft am Chilkoot Trail, die weiten Wälder am mächtigen Yukon River, die aufgewühlte Erde am Klondike – all das hinterlässt unvergessliche Eindrücke.

Voraussetzungen

Kombinierte Wildnistour mit anspruchsvollem Bergwandern und Gepäckfahrt im offenen Canadier. Gute Kondition, Erfahrung in Sachen Wildnis und im Kanufahren im bewegten Wasser sind wichtige Voraussetzungen. Auch wenn diese Strecke, oder Teile davon, auf Grund ihrer Popularität eventuell häufiger frequentiert werden als andere abgelegene Regionen, sollte sich niemand täuschen lassen. Es ist Wildnis mit allem, was dazu gehört! Bären, Buschbrände, Stürme, plötzliche Wetterwechsel ... Auf einer Distanz von mehreren hundert Kilometern, in der Orientierungslosigkeit eines Hagelsturmes im Hochgebirge oder im Inselgewirr eines kilometerbreiten Flusslaufes kann in einer Notsituation das Warten auf Hilfe ein hoffnungsloses Unterfangen sein.

Beste Zeit

Die traditionellen Sommermonate Juli und August sind auch hier erste Wahl. Im August gibt es bereits die ersten Nachtfröste, dann beginnt aber auch die moskitofreie Zeit. Tagsüber kann es sehr heiß werden. Am schönsten ist der September mit den herrlichen Farben des Indianersommers.

Ausrüstung / Verpflegung

Kanu und Zubehör kann man vor Ort ausleihen. Der Rücktransport des Canadiers ist Sache des Vermieters. Komplette Wildnis-Ausrüstung inkl. guter Kocher für den Chilkoot Trail ist erforderlich. Während der Kanufahrt kann man seine Mahlzeiten zünftig auf dem (kleinen) Kochfeuer zubereiten. Hervorragend bewährt hat sich hierfür ein kleiner Klappgrill.

Problemlose Proviantbeschaffung vor Ort möglich. Auf Tour muss einschließlich gut kalkulierter Reserve alles mitgeführt werden. Es lohnt sich, eine Angelausrüstung mitzunehmen. Auch für Laien ist es, nach Kenntnis einiger weniger Grundbegriffe, fast unmöglich, keinen Fisch zu fangen. Angellizenzen sind in Sportgeschäften und beim Kanuvermieter erhältlich.

Anreise / Logistik

Anreise über Vancouver. Von dort gibt es Inlandflüge nach Prince Rupert und nach Whitehorse. Wer genügend Zeit hat, kann auch bereits in Vancouver seine Reise auf dem Marine Highway beginnen. Wer auf dem Sonnendeck kampiert, braucht nicht unbedingt eine Reservierung. Nach Whitehorse gibt es auch Direktflüge mit Condor und LTU von Frankfurt / M., München und Düsseldorf.

Auf dem Chilkoot Trail ist eine Registrierung spätestens am

Ausgangspunkt zwingend erforderlich. An der Log Cabin kreuzt die WP&YR den Klondike Highway. Wer auf den Schienen vom Lake Bennet bis hierher gelaufen ist und gleich nach Whitehorse weiterreist (Trampen), muss die kanadischen Einreiseformalitäten dort erledigen.

In Whitehorse gibt es mehrere Kanuvermieter. Auch hier ist eine Vorbestellung nicht unbedingt notwendig.

Übernachtung

Auf dem Chilkoot Trail nur an den dafür ausgewiesenen Plätzen. An den Flüssen hat man die freie Auswahl. Vorzugsweise auf Sand- oder Kiesbänken am Flussufer oder auf Inseln. In Whitehorse bietet sich der Robert-Service-Campground an, der allerdings einige Schritte vom Stadtzentrum entfernt ist.

Sprache

Gutes Schul-Englisch reicht aus.

Nationalpark

Der Chilkoot Trail ist ein Nationalpark. Weder darf die Landschaft verändert noch Relikte des Goldrausches entfernt werden. Offenes Feuer ist nicht gestattet. Inwieweit die Nichtbeachtung dieser Vorschriften oder andere Umstände inzwischen zu einer Verschärfung der Auflagen führten (limitierte Besucherzahl, Erhebung einer Gebühr), erfragt man am besten im Vorfeld (siehe »Wichtige Adressen«).

Wichtige Adressen

Klondike Gold Rush National Historic Park
Box 517-TP
Skagway, AK 99840
Tel. 001/907/983 29 21

Alaska Marine Highway System
Customer Services
P.O. Box R
Juneau, AK 99811-2505
Tel. 001/907/465 39 41

Tourism Yukon
P.O. Box 2703
Whitehorse, YT Y1A 2C6
Tel. 001/403/667 53 40

Bücher/Karten

- *Dieter Kreutzkamp:* Straßen in die Einsamkeit. Durch West-Kanada und Alaska. München 1999.
  Die schönsten Nordlandrouten mit Auto, Bahn, Boot und zu Fuß.
- *Höh, Rainer:* Blockhütten-Tagebuch. Hattorf 1997 (ISBN 3-8939-2146-X)
  Interessanter Bericht über ein Jahr in der Wildnis des Yukon Territory.
- *James A. Michener:* Alaska. Bergisch-Gladbach 1991 (ISBN 3-4041-1810-3)
  Großer Roman über Alaska von der Urgeschichte bis zur Gegenwart, in dem auch die dramatischen Ereignisse des großen Goldrausches erzählt werden.

Für den Chilkoot Trail gibt es im Klondike and Goldrush Information Centre in Skagway einen ausgezeichneten Hiker's Guide (engl.) mit Wanderkarte, Streckenprofil und jeder Menge Informationen.

Topographische Karten im Maßstab 1:250.000 haben wir uns in Whitehorse nur für den Teslin River zugelegt. Blatt 105 C: Teslin; Blatt 105 E: Lake Laberge. Für den Yukon River haben wir uns auf die Streckenbeschreibungen aus der o.g. Literatur verlassen.

South Nahanni

Der South Nahanni ist einer der großen Wildfluss-Klassiker. Fern jeder Zivilisation kann man hier in eindrucksvollster Natur wochenlange Kanutrips auf leichtem bis mittlerem Wildwasser erleben.

Voraussetzungen

Echte Wildnistour mit Wildwasser-Passagen bis Schwierigkeitsgrad 3 (bei Hochwasser 4). Ausrüstung und Verpflegung muss komplett mitgebracht werden, in Notfällen kann kaum mit Hilfe von außen gerechnet werden. Hauptprobleme (neben den Wildwasser-Passagen) sind die hohe Fließgeschwindigkeit und die niedrige Wassertemperatur (unter 10 °C). Der South Nahanni ist kein Fluss für Anfänger. Wer hier paddeln will, muss in Sachen Wildnis und Wildwasser viel Erfahrung mitbringen.

Beste Zeit

Juni bis September. In heißen Sommern kann es sein, dass auf Grund niedrigen Wasserstandes im Oberlauf teilweise getreidelt werden muss.

Ausrüstung / Verpflegung

Boot, Paddel evtl. vor Ort leihen, ansonsten komplette Wildnis- und Wildwasser-Ausrüstung mitbringen, ebenso die gesamte Verpflegung. Fischen geht eher schlecht, Jagen ist im Nationalpark verboten.

Anreise / Logistik

Anreise über Vancouver, Calgary oder Edmonton. Dann per Inlandflug nach Fort Nelson/BC oder Fort Simpson/NWT. Wer
Zeit hat und Geld sparen möchte, fährt mit dem Bus von Edmonton nach Fort Nelson oder Watson Lake/Yukon. Abgesehen
von einer wirklich harten Trekkingvariante über die so genannte Overland-Route muss man sich zum Startpunkt einfliegen
lassen. In o.g. Orten gibt es Buschflieger-Companies und Kanuvermieter. Je nach geplanter Tourenlänge sind verschiedene Startpunkte möglich, z.B. Moose Ponds (542 km bis zur Mündung),
Island Lakes (424 km), Virginia Falls (212 km). Nach der Mündung noch 48 km auf dem Liard River bis Blackstone Landing
(günstiger Abholpunkt). Ein- und Aussatzpunkte lassen sich in-
dividuell vereinbaren.

Übernachtung

Man hat die freie Wahl. Vorzugsweise auf Sand- oder Kiesbänken am Flussufer oder auf Inseln. An einigen wenigen Stellen
(Virginia Falls, Kraus Hot Springs) gibt es einfache Campgrounds
mit Bänken und Feuerstelle ohne Kosten und ohne Service.

Sprache

Gutes Schul-Englisch reicht aus.

Besonderheiten

Eine solche Tour mit Kindern anzugehen, wird sicher die Ausnahme bleiben. Sorgfältigste Planung und Organisation hinsichtlich der Ausrüstung, der Verpflegung und der Platzverhält-
nisse im Kanu sind ein Muss.

Nationalpark

Um die einzigartige Flora, Fauna und Geologie zu schützen, wurde der South Nahanni National Park eingerichtet, der am Rabbitkettle Lake beginnt und bis in die Splits reicht (keine angelegten Wege, Grenzen nur auf der Karte erkennbar). 1995 wurde eine Permitpflicht eingeführt, die Anmeldung ist unbedingt erforderlich. Zeitraum, Route und Anzahl der Teilnehmer angeben. Gebühr 2001 (seit 1997 unverändert): Can $ 100,– pro Person.

Wichtige Adressen

Nahanni National Park Preserve
Bag 348
Fort Simpson, NWT (Kanada)
X0E 0N0
Tel. 001/403/695 23 10

Bücher / Karten

- *Peter Jowett*: Nahanni: The river guide (engl.), Rocky Mountain Books 1998 (ISBN 0-921102-23-2)
  Die beste und umfassendste Lektüre zur Vorbereitung einer Tour.
- Flussführer South Nahanni, offizielle Broschüre der Nationalparkverwaltung, zu beziehen dort, sehr informativ, beginnt aber erst am Rabbitkettle Lake.
- *Leosch Schimanek / Cestmir Sebesta:* Durch die Wildnis zum Eismeer. Ein Jahr auf abenteuerlicher Flussfahrt durch Nord-Kanada, Badenia 1999 (ISBN 3-7617-0356-2)
  Authentischer Bericht über eine Floßfahrt u.a. auf dem South Nahanni.

Topographische Karten im Maßstab 1:250 000 (Blatt 105 I: Little
Nahanni River; 95 L: Glacier Lake; 95 E: Flat River; 95 F: Virginia Falls; 95 G: Sibbeston Lake). Zu beziehen z. B. über Ark-
tis Reisen Schehle, Bahnhofstr. 13, D-87435 Kempten, Tel.
0831/521 59 44.

Green River, Utah

Der Green River entspringt in Wyoming und durchquert das östliche Utah bis zu seinem Zusammenfluss mit dem Colorado. Bis zu diesem Punkt hieß der Oberlauf des Colorado früher Grand River und die gleichberechtigten Zuflüsse Green und Grand River bildeten erst gemeinsam den Colorado. Die Umbenennung des Grand erfolgte auf den starken Druck des Bundes-Staates Colorado hin.

Der Green River hat viel zu bieten, angefangen vom riesigen Wasser-Reservoir Flaming Gorge, über die Wildwasser des Desolation und Gray Canyon bis hin zum hier beschriebenen Teilstück, das den landschaftlichen Höhepunkt dieses Flusses darstellt.

Voraussetzungen

Wildnistour unter wüstenähnlichen Bedingungen. Gute körperliche Verfassung auf Grund der hohen Temperaturen. Ausrüstung und Verpflegung müssen komplett mitgeführt werden. Hilfe von außen ist kaum möglich. Paddelschwierigkeiten: keine, Zahmwasser.

Beste Reisezeit

Frühjahr und insbesondere Herbst mit angenehmeren Temperaturen. In der typischen Ferienzeit sehr heiß.

Ausrüstung / Verpflegung

Paddelausrüstung kann man vor Ort ausleihen. Komplette Wildnisausrüstung mitbringen. Besondere Schwerpunkte: Sonnenschutz! Mückenschutz! Wasserfilter! Trinkwasser-Behälter (je mehr möglich sind, desto besser)!

Kompletter Proviant (inkl. Reserve) muss mitgenommen werden. Darauf achten, dass wegen der hohen Temperaturen keine leicht verderblichen Lebensmittel mitgeführt werden. Wer genügend Platz hat, kann sich auch Kühlboxen ausleihen. Trinkwasser ist hier mehr den je eine Lebensnotwendigkeit. Wir hatten einen großen 4-Gallonen-Kanister dabei, dessen Inhalt wir durch Filtern aus einem kleineren Behälter immer wieder auffrischten. Tagsüber tranken wir viel Fruchtsaft, abends Tee.

Anreise / Logistik

Per Interkontinentalflug und Anschluss im inneramerikanischen Flugnetz nach Salt Lake City. Gute und vielfältige Möglichkeiten. Von Salt Lake City / Flughafen verkehrt täglich Bighorn Shuttle nach Monticello mit Halt in Moab. Fahrzeit 4 1/2 Stunden. Rückfahrt dito.

In Moab gibt es eine Vielzahl von Kanuvermietern und -veranstaltern, aber nur zwei, die den für dieses Teilstück notwendigen Jet Boat Shuttle den Colorado stromauf bieten. Tex's Riverways antwortete schneller und war preiswerter. Die verlangte Vorauszahlung sparte uns durch den Anstieg des Dollars einiges an Geld.

Tex's Riverways
P.O. Box 67
Moab, UT 84532, USA

Verschiedene Touren sind auf dem zahmen Abschnitt des Green River zwischen dem Städtchen Green River und der Confluence möglich. Übliche Startpunkte sind Green River Town (195 Kilometer) oder die einsame Ruby Ranch 37 Kilometer stromab. Mineral Bottom ist die letzte Ausstiegsmöglichkeit 84 Kilometer vor dem Zusammenfluss; hier kann man die Tour natürlich auch beginnen. In jedem Fall muss eine Fahrgelegenheit über die 32 Kilometer lange, unbefestigte und teilweise sehr steile Schotterstraße organisiert werden.

Da es unterwegs viel zu beobachten und entdecken gibt, sollte man für die gesamte Strecke wenigstens acht Tage einplanen.

Übernachtung

Meist auf sandigen Inseln oder Kiesbänken. Sie sollten weit genug über dem Flusslauf liegen, da der Wasserspiegel bei Gewitterstürmen um einiges ansteigen kann. Auf keinen Fall in Seitenschluchten campieren. Die im Text erwähnten Flash Floods machen aus ausgetrockneten Bachbetten im Nu meterhohe, reißende Wildbäche. Es kamen schon Menschen ums Leben, die das nicht beachtet hatten. Zelte, Ausrüstung und Boote *immer* fest verankern bzw. anbinden, auch wenn nichts auf ein Unwetter hindeutet. Das ändert sich meist sehr schnell, und in diesen Canyons erreicht der Wind Geschwindigkeiten, die ein Kanu ohne weiteres wegblasen. Speziell im Labyrinth Canyon quälen in den Morgen- und Abendstunden Moskitos. Möglichst nicht zu nahe am Busch lagern, ansonsten helfen Mückennetze und -schutzmittel.

Sprache

Gutes Schul-Englisch reicht aus.

Besonderheiten

Die Benutzung einer chemischen Toilette ist vorgeschrieben. Man kann sie mit der anderen Ausrüstung leihen. Keine Angst, die Entsorgung übernimmt der Vermieter. Lagerfeuer sind erlaubt, aber nur mit Schwemmholz und auf einer Feuerpfanne. Die Asche kann man in die Hauptströmung kippen, größere Rückstände muss man genau wie den restlichen Abfall wieder mit herausbringen. Bitte halten Sie sich daran! Der Existenzkampf der Tier- und Pflanzenwelt in diesem Landstrich ist hart, und es dauert viele Jahre, bis sie sich nach Zerstörungen wieder regeneriert hat.

Auf dem Colorado ist das Tragen einer Schwimmweste Pflicht. Für die Befahrung des Cataract Canyon braucht man ein Permit und geeignete Ausrüstung. Die Tour auf dem Green River würde ich in jedem Fall einer Befahrung des ebenfalls zahmen Colorado zwischen Moab und Spanish Bottom vorziehen. Dort sind viele Rafts auf ihrem Weg zu den Rapids, während wir auf dem Green die Einsamkeit genießen konnten. Darüber hinaus hat er landschaftlich und kulturell mehr zu bieten.

Nationalpark

Unterhalb Mineral Bottom beginnt der Canyonlands Nationalpark. Das Permit für die Befahrung des Green River innerhalb des Parks kostete uns 10 Dollar für die ganze Party.

Infos unter:
Canyonlands National Park Reservation Office, 2282 S
West Resource Blvd.
Moab, UT 84532-8000
Tel. 801-259-4351
Fax 801-259-4285.

John Wesley Powell: The Exploration of the Colorado River and its Canyons (engl.), Penguin Books 1997 (ISBN 0-140-25569-9) Expeditionsbericht über die Erstbefahrung des Green und Colorado River.

»Belknap's Revised Waterproof Canyonlands River Guide«, Westwater Books (ISBN 0-916-37011-9)
Sehr gute Flussbeschreibungen mit geologischen und historischen Hinweisen zum Green und Colorado River

Canyonlands National Park Nr. 210 Needles & Island in the Sky, Maßstab 1 : 62500 (ISBN 0-925873-10-1)

High Uintah Wilderness

Die rund 186.000 Hektar große High Uintah Wilderness liegt im Nordosten des US-Bundesstaates Utah. Am 28. September 1984 wurde sie durch Bundesgesetz unter besonderen Schutz gestellt. Der Mensch darf nichts beeinflussen und das Gebiet nur als Besucher betreten. Die High Uintah Wilderness ist ein Hochgebirge (höchste Erhebung Kings Peak 4.123 Meter), in das keine Straßen führen. Motorisierte Fortbewegung und auch Radfahren (Mountainbiking!) innerhalb ihrer Grenzen sind untersagt.

Voraussetzungen

Hochgebirgs- / Wildnistour. Gute körperliche Konstitution auf Grund der Höhenlage. Ausrüstung und Verpflegung muss komplett mitgebracht werden. In Notfällen kann wegen der Abgeschiedenheit kaum mit Hilfe von außen gerechnet werden. Deshalb möglichst nicht allein reisen.

Beste Reisezeit

Mai bis Mitte Oktober. In den Kammlagen je nach Schneelage auch späterer Beginn bzw. früheres Ende möglich. Wer sich nur kurz und in den Randgebieten aufhält, sollte keine Wochenenden bzw. Feiertage wählen, da dann viele Amerikaner dort zum Angeln unterwegs sind.

Ausrüstung / Verpflegung

Komplette Wildnisausrüstung. Man muss auch in den Sommermonaten auf Schneefall vorbereitet sein. Eine Kletterausrüstung ist für den normalen Hochgebirgswanderer nicht notwendig. Wer in die Kammlagen will, braucht u.U. einen höhentauglichen Kocher, da es oberhalb der Baumgrenze kein Brennholz gibt.

Kompletter Proviant (inkl. Reserve) muss mitgenommen werden. Die Bergseen in den High Uintahs sind ein exzellentes Angelgebiet. Wer die notwendigen Voraussetzungen hat, kann seine Verpflegung so erweitern. Die Jagd ist möglich, aber nur mit einer Erlaubnis und einem Führer.

Anreise / Logistik

Der zentrale Dreh- und Angelpunkt Utahs ist die Hauptstadt Salt Lake City. Direktflüge von Deutschland gibt es nicht, aber sehr gute Anschlüsse im inneramerikanischen Flugnetz. Eine Verbindung mit öffentlichen Verkehrsmitteln zu den High Uintahs von dort oder aus einer anderen größeren Stadt existiert unseres Wissens nicht. Üblicherweise bewegt sich der Tourist mit Mietwagen. Diese Lösung ist aber sehr teuer, da der Wagen während der Tour nur steht und trotzdem Geld kostet. Wenn man eine Kammüberquerung plant, ist diese Lösung ohnehin nicht möglich. Die einzige Alternative, die wir anbieten können und selbst praktiziert haben, ist der Versuch zu trampen. Mit einem vernünftigen Outfit, etwas Geduld und vielleicht dem Angebot, sich an den Spritkosten zu beteiligen, sollte es gelingen. Wer einen Pferdetrip plant, kann auch mit dem Ausrüster Vereinbarungen über das Abholen und Bringen treffen. Um die High Uintahs herum gibt es eine Reihe einfacher Campgrounds, die mit dem Auto erreichbar sind und die man als Start- bzw. Zielpunkt seiner Tour wählen kann. Vom Tagestrip bis zu mehrwöchigen Touren ist alles möglich.

Übernachtung

Mindestens 70 Meter Abstand zu Trails und offenen Gewässern, ansonsten hat man die freie Wahl. Möglichst nicht oberhalb der Baumgrenze lagern (Blitzschlaggefahr bei den häufigen Gewittern).

Keine neuen Feuerstellen anlegen, bzw. durch vorheriges Entfernen der Grasnarbe und anschließendes Wiederauflegen keine Spuren hinterlassen. Ein Kochfeuer ist klein und reicht aus, das Sonnwendfest kann man zu Hause feiern.

Sprache

Gutes Schul-Englisch reicht aus.

Besonderheiten

Die Trails sind nur an den wenigen Kreuzungen beschildert. Ansonsten auf Steinmänner achten. Vorsicht, Wildwechsel können unter Umständen irritieren. Dann, und bei schlechten Sichtverhältnissen (Nebel), ist sicherer Umgang mit Karte und Kompass notwendig. Missweisung beachten. Im Sommer ab dem späten Nachmittag bis in die Nacht hinein häufig Gewitter. Bei der täglich geplanten Gehzeit darauf einstellen! Günstig ist es natürlich, wenn das Lager schon steht, ehe es losgeht.

Wichtige Adressen

Wasatch-Cache National Forest
Forest Supervisor
8226 Federal Building
125 South State Street
Salt Lake City, Utah 84111, USA

Utah Travel Council
Council Hall / Capitol Hill
Salt Lake City, Utah 84114, USA

Horseback Riding
Howard & Michelle Pae
P.O. Box 2048
Orem, 84059 Utah, USA

Karten / Bücher

Utah Atlas & Gazetteer (DeLorme)
– Topographische Karten mit nützlichen Infos von ganz Utah
  im Maßstab 1 : 250000 (ISBN 0-89933-243-9)
High Uintah Wilderness (Utah Map Series Nr. 711)
– Topographische Karten im Maßstab 1 : 75000 / optimale
  Wanderkarte (erhältlich bei: Trails Illustrated, P.O. Box 3610,
  Evergreen, CO 80439, USA)

Hochland von Peru und Bolivien

Es ist die große Auswahl an Unternehmungen, die das Reisen in die beiden zentralen Andenländer so attraktiv macht. Bei guter Organisation ist es möglich, auch innerhalb einer relativ kurzen Zeitspanne die dünne Luft der Hochkordillere zu atmen und wenig später durch den feuchtheißen Dschungel zu wandern. Faszinierend sind die Begegnungen mit den Zeugnissen vergangener indianischer Kulturen und dem bunten Leben der Gegenwart.

Voraussetzungen

Die Höhenlage ab dreitausend Metern bis im Extremfall über sechstausend Meter erfordert eine gute Konstitution, wenn man körperlich aktiv werden will. Neben dem belebten Inka-Trail, wo in Notsituationen schnelle Hilfe möglich ist, gibt es auch sehr einsame Strecken, die man aus Sicherheitsgründen nicht allein begehen sollte. Dann sind Erfahrungen im Orientieren und im Verhalten bei Notfällen eine wichtige Voraussetzung.

Beste Reisezeit

Die Frage ist nicht ganz einfach zu beantworten. Dabei geht es nicht um Sommer oder Winter, sondern um Regenzeit oder Trockenzeit. Die Regenzeit im Hochland fällt in die Monate von Dezember bis April. Trotz der Niederschläge liegt der Vorteil in den geringeren Temperaturunterschieden zwischen Tag und Nacht. Von Juni bis August ist Trockenzeit. Dann muss in den Nächten mit einigen Graden unter Null gerechnet werden.

Ausrüstung / Verpflegung

Komplette Wildnisausrüstung. Kleidung und Schlafsäcke müssen für Temperaturen unter dem Gefrierpunkt geeignet sein. Moskitonetze für diejenigen, die in den Dschungel absteigen wollen. Handlicher Wasserfilter, mit dem das Wasser, welches nicht abgekocht wird (Zähneputzen!), auch in den Unterkünften behandelt werden sollte. Was dem Südamerikaner Trinkwasser ist, muss einem frisch eingereisten europäischen Magen noch lange nicht bekommen! Höhentauglicher Kocher. Obwohl verschiedene Ausrüstungsgegenstände, wie Zelte und Schlafsäcke, bei örtlichen Agenturen ausgeliehen werden können, gibt es keine Garantie für deren Funktionalität. Da es sich um teilweise extreme Unternehmungen handelt, empfehlen wir, vorwiegend auf (selbst) Erprobtes zurückzugreifen.

Auf den Touren muss die gesamte Verpflegung inkl. Reserve komplett mitgeführt werden. Der Einkauf der Lebensmittel ist in den Städten problemlos möglich. Wir haben aus Deutschland lediglich unser bewährtes Cathay-Pemmikan und VIBA-Fruchtschnitten eingeführt. Ist man in der Zivilisation unterwegs, empfehlen wir die einheimische Küche zu probieren. Sie ist vielfältig, schmackhaft und preiswert.

Anreise / Logistik

Anreise nach Cuzco über Lima / Peru oder auch La Paz / Bolivien. Von Lima starten täglich Inlandflüge nach Cuzco. Selbst in der Hauptreisezeit besteht die Möglichkeit, den Flug erst in Lima zu buchen. Wir mussten gezwungenermaßen darauf zurückgreifen, weil sich unsere zeitig reservierten Sitzplätze wenige Tage vor der Abreise als wertlos erwiesen. Die Fluggesellschaft war inzwischen Pleite gegangen. Nur gut, dass wir die Tickets noch nicht bezahlt hatten!

Im Land gibt es ein gut funktionierendes Netz aus Bus- und Bahnverbindungen. Wer keine Berührungsängste hat, wer sich durchfragt und wer sich die Fahrscheine am Schalter holt, wie die Indianer auch, wird erheblich preiswerter reisen als mit dem Reisebüro, und er wird mittendrin sein.

Inzwischen haben sich die Bedingungen für den Inka-Trail drastisch verändert. Neben einer Erhöhung der Eintrittsgebühren ist eine Wanderung nur noch mit ausgewählten Trekking-Anbietern möglich. Nach Medieninformationen muss mit Preisen von rund 275 Euro pro Person gerechnet werden. Legale Solotouren sind praktisch nicht mehr möglich.

Übernachtung

In den Städten gibt es viele preiswerte Übernachtungsmöglichkeiten, angefangen vom einfachen Hostal bis hin zum Hotel. Wir haben uns im Wesentlichen auf die Empfehlungen aus unserem Reiseführer (siehe Literatur) verlassen, und sind sehr gut damit gefahren.

Auf dem Inka-Trail gibt es einige einfache Übernachtungsplätze ohne Komfort und Service. Auf den anderen Touren hat man die freie Wahl, und es gelten die üblichen Regeln für die Einrichtung eines Wildniscamps.

Sprache

Der Individual-Reisende sollte unbedingt einige Grundkenntnisse der spanischen Sprache besitzen. Nur so wird es ihm möglich sein, mit der einheimischen Bevölkerung in Kontakt zu treten. Wer sich bemüht, auch ohne perfekt zu sein, wird auch anerkannt.

Höhenkrankheit

Auch gut trainierten Körpern muss genügend Zeit zur Höhenanpassung gegeben werden. Zu den häufigsten Symptomen gehören Kopfschmerz, Übelkeit, Schlappheit, Atemnot und Schlafstörungen. Am besten ist natürlich eine allmähliche Steigerung der Höhenlage, was aber aufgrund des begrenzten Urlaubs und der schnellen Verkehrsmittel meist nicht ausreichend möglich ist. Wer in Frankfurt / Main startet, kann bei einer günstigen Verbindung keine vierundzwanzig Stunden später auf dreitausendvierhundert Metern Höhe in Cuzco sein. So ist es ratsam, es die ersten Tage hinsichtlich körperlicher Aktivitäten ruhig angehen zu lassen. Auch Kreislaufbelastungen durch Alkohol und Nikotin vermeiden. Durch die trockene Höhenluft wird dem Körper vermehrt Flüssigkeit entzogen, was zur Verdickung des Blutes führt. Wichtig ist es deshalb, viel zu trinken. Koka-Tee (Mate de Coca) ist ein bewährtes Hilfsmittel. Sicherlich gibt es auch Medikamente. Da diese aber nur die Symptome mildern, ist ihr Einsatz nicht ganz unproblematisch. Wenn die Anpassung nicht gelingt, hilft nur ein Abstieg in niedrigere Höhen, oder, sollte das nicht möglich sein, medizinische Hilfe bis hin zur Beatmung mit Sauerstoff.

Besonderheiten

Ein besonderes Augenmerk sollte bei Reisen in tropische Klimazonen der Gesundheitsvorsorge gelten. Dazu gehören in erster Linie die entsprechenden Impfungen, insbesondere die Malaria-Vorsorge. Die Tropeninstitute und die Gesundheitsämter in Deutschland geben hierzu die entsprechenden aktuellen Empfehlungen für die verschiedenen Reiseziele.

Bücher / Karten

– *Kai Ferreira Schmidt, Helmut Hermann:* Peru / Bolivien. Das komplette Handbuch für individuelles Reisen in allen Regionen Perus und Boliviens, auch abseits der Hauptreiserouten. Bielefeld 2000 (ISBN 3-89662-331-1)
Ein hervorragender Reiseführer aus dem Reise Know-How Verlag.
– *Eckehard Radehose:* Traumberge Amerikas. Von Alaska bis Feuerland. München, 2. Auflage 2002 (ISBN 3-7633-3006-2). Detaillierte Informationen zu den Sechstausendern der Anden.

Topographische Karten im Maßstab 1:50.000 für den Huayna Potosi und den Trail nach Coroico: Blatt 5945 II: Milluni; Blatt 6045 III: Unduavi. (Problemlos erhältlich im militär-geografischen Institut in La Paz).
Für den Inka-Trail gibt es Kartenskizzen unterschiedlicher Qualität an nahezu jeder Straßenecke in Cuzco.

Patagonien

Das südliche Patagonien gehört zu den wohl atemberaubends-
ten und widersprüchlichsten Regionen der Erde. Zum einen das
patagonische Tafelland, das geprägt ist von der Monotonie der
unermesslichen Weiten der trockenen Grassteppe. Und zum anderen die spektakuläre Silhouette der eisgepanzerten Andengip-
fel am Rande des patagonischen Inlandeises, mit seinen riesigen
Gletschern, zahllosen blauen Lagunen, immergrünen Südbuchenwäldern … Es bietet eine wilde Schönheit, die sich nur dem
erschließt, der ihre Launen akzeptiert.

Voraussetzungen

Wer mit Zelt und Rucksack nach Patagonien reist, muss sich
darüber im Klaren sein, dass ihn das Wetter mit hoher Sicherheit auf die Probe stellen wird. Insofern ist es vorteilhaft, sich
schon im Vorfeld mental darauf vorzubereiten. Wer ein Problem
mit fast ständigem, starken Wind, mit häufigem Regen und
niedrigen Durchschnittstemperaturen hat, wird auch in der
schönsten Umgebung kaum Genuss empfinden. Ich will es kei-
nesfalls schlimmer darstellen, als es ist, denn mit der richtigen
Ausrüstung und Einstellung wird man durchaus damit zurecht-
kommen. Ein heimatlicher Probelauf zum Beispiel zur Zeit der
Novemberstürme kann als Test durchaus nicht schaden.

Beste Zeit

In den Frühsommer-Monaten November und Dezember bestehen die größten Chancen auf gutes Wetter. Januar und Februar
sind Sturmsaison, danach beginnt der Herbst (März / April) mit
seiner Farbenpracht.

Ausrüstung/Verpflegung

Es gelten die üblichen Regeln für eine Wildnis-Ausrüstung. Mehr denn je sollte sie insbesondere sturmtauglich und in hohem Grade wasserfest sein. Das patagonische Klima ist ein ausgezeichnetes Testgebiet für Outdoor-Produkte. Was sich dort bewährt, kann man guten Gewissens weiterempfehlen.

Die Hauptbestandteile der Verpflegung kann man im Land kaufen. In Chile liegt das Preisniveau niedriger als in Argentinien. Expeditionsnahrung am besten von zu Hause mitbringen. Auf Tour muss der gesamte Proviant inkl. Reserve mitgeführt werden.

Anreise / Logistik

Es gibt mehrere Möglichkeiten, nach Südpatagonien zu gelangen. Von Europa verlaufen die Hauptrouten über Santiago de Chile nach Punta Arenas oder über Buenos Aires nach Rio Gallegos. In Chile und Argentinien existieren gut ausgebaute Busnetze, mit denen man fast alle Ziele erreichen kann. Zur An- und Abreise in die Nationalparks kann man auch die Dienste örtlicher Reiseveranstalter in Anspruch nehmen.

Übernachtung

Es existieren Übernachtungsmöglichkeiten in allen Preisklassen. In den Städten und Dörfern sind wir meist in einfachen Hospedajes abgestiegen. Das sind preiswerte, familiär geführte Unterkünfte. Die Auswahl ist groß genug, und so lohnt es sich, vorher die Zimmer zu inspizieren, Preise zu vergleichen und zu klären, ob das Duschwasser warm und das Frühstück »incluido« ist. Naturgemäß bekommt man in dieser Preisklasse die besten Kontakte zu Rucksackreisenden aus aller Welt.

In den Nationalparks ist das freie Zelten in aller Regel nicht gestattet und auch nicht notwendig. Dafür gibt es jedoch eine ausreichende Anzahl an Campingplätzen (Campamento). Komfort und Dienstleistung wird man dort oft vergeblich suchen. Meist sind es nur einige Stellflächen für die Zelte und ein Plumpsklo. Gehören die Plätze zu benachbarten Hosterias, werden Gebühren fällig, und man kann die sanitären Einrichtungen dieser Berghütten mit benutzen. In Zukunft wird die Infrastruktur sicherlich weiter ausgebaut.

Sprache

Spanische Grundkenntnisse sind notwendig, da sonst schon einfache Tätigkeiten, wie Einkaufen, Verkehrsverbindungen erfragen usw. problematisch werden. Auch wenn man nur wenig beherrscht, braucht man sich nicht zu scheuen, mit den Einheimischen in Kontakt zu treten. Sie werden das Bemühen anerkennen, und der Spaß am Reisen ist deutlich größer.

Besonderheiten

Auch in den Nationalparks sind die Beschilderungen der Wege recht spärlich. Sollte man in die Situation kommen, sich orientieren zu müssen, bitte daran denken, dass die Sonne mittags im Norden steht. Man sollte in der Lage sein, die wahre Ortszeit und die Missweisung zu bestimmen, und das auch bereits *vor* Eintritt einer Krisensituation getan haben. Trotzdem immer wieder mal überprüfen, da sich einige Werte ändern können.

Funktioniert der Kompass nicht (Nadel schleift am Boden), liegt es daran, dass er nur für den Einsatz auf der Nordhalbkugel konzipiert wurde. Dieses Phänomen nennt man Inklination. Auf der Nordhalbkugel wird das Nordende einer exakt in der Mitte gelagerten Magnetnadel nach unten gezogen. Um eine waagerechte Position zu erreichen, wird der Schwerpunkt entsprechend verlagert. Auf der Südhalbkugel ist es genau umgekehrt, so dass die Nadel eine so starke Schräglage einnimmt, dass sie nicht mehr frei schwingen kann. Inzwischen gibt es Modelle, die universell einsetzbar sind. Ansonsten muss man die Kompassdose gegen eine geeignete austauschen.

Bücher / Karten

- *Armin Brunner, Ralf Gantzhorn:* Patagonien und Feuerland. München 1997 (ISBN 3-7654-3050-1)
  Hervorragender Reiseführer mit detaillierten Tourenbeschreibungen.
- *Clem Lindenmayer:* Trekking in the Patagonien Andes (engl.). 2. Aufl. 1998 (ISBN 0-86442-477-9)
  Ausführliche Informationen zu Geschichte, Geographie, Flora und Fauna sowie zur Vorbereitung und Durchführung von Trekkingreisen in Patagonien.
- *Bruce Chatwin:* In Patagonien. Reise in ein fernes Land. Reinbek 1990 (ISBN 3-499-12836-5)
  Wunderbare Reisebeschreibung des berühmten englischen Schriftstellers.
- *Eckehard Radehose:* Traumberge Amerikas. Von Alaska bis Feuerland. München 2. Auflage 2002 (ISBN 3-7633-3006-2)
  Detaillierte Informationen zum Cerro Torre.

Monte Fitz Roy & Cerro Torre: Informative Wanderkarte im Maßstab 1:50000 (ISBN 1-879568-29-2)

Torres del Paine Trekking Map: Informative Wanderkarte im Maßstab 1:80000 (ISBN 1-879568-35-7)

REISEN, MENSCHEN, ABENTEUER

Rosie Swale
Zu Pferd durch Chile
Ein Jahr unterwegs bis zum
Kap Hoorn
ISBN 3-89405-030-6

Christian E. Hannig
Abenteuer Mexiko
Mit dem Fahrrad von Baja
California nach Mexico City
ISBN 3-89405-074-8

Dieter Kreutzkamp
**Mit dem Kanu durch
Kanada**
Auf den Spuren der Pelz-
händler
ISBN 3-89405-045-4

Wolf-Ulrich Cropp
Alaska-Fieber
Wildnis, Abenteuer,
Einsamkeit
ISBN 3-89405-007-1

Hugh Edwards
**Weisses Gold aus blauer
Tiefe**
Das Leben des Mike Hatcher
und der Porzellanschatz der
Tek Sing
ISBN 3-89405-135-3

Stephen Pern
Zu Fuß durch Nordamerika
Entlang der großen Wasser-
scheide von New Mexico
bis Kanada
ISBN 3-89405-046-2

REISEN, MENSCHEN, ABENTEUER

REISEN, MENSCHEN, ABENTEUER

Ilija Trojanow
In Afrika
Mythos und Alltag
ISBN 3-89405-130-2

Charles Blackmore
Durch die Wüste des Todes
Von West nach Ost durch
die chinesische Takla Makan
ISBN 3-89405-119-1

Dieter Kreutzkamp
Traumzeit Australien
Mit dem Fahrrad zwischen
Outback und Pazifik
ISBN 3-89405-107-8

Dieter Kreutzkamp
**Am schönsten Ende der
Welt – Neuseeland**
Outdoor-Träume mit
Fahrrad, Pferd und zu Fuß
ISBN 3-89405-124-8

William Lindesay
**Im Schatten der
chinesischen Mauer**
Zu Fuß durch die Wüste
Gobi zum Gelben Meer
ISBN 3-89405-118-3

Rupert Heigl
**Wo das Abenteuer Urlaub
macht**
Ausgefallene Reiseziele in
Deutschland, Österreich
und der Schweiz
ISBN 3-89405-110-8

REISEN, MENSCHEN, ABENTEUER